乡村旅游开发研究

陈萍萍　著

中国原子能出版社

图书在版编目(CIP)数据

乡村旅游开发研究 / 陈萍萍著. —北京:中国原子能出版社,2020.8 (2024.1重印)

ISBN 978—7—5221—0831—5

Ⅰ.①乡…　Ⅱ.①陈…　Ⅲ.①乡村旅游—旅游资源开发—研究—中国　Ⅳ.①F592.3

中国版本图书馆 CIP 数据核字(2020)第 166781 号

乡村旅游开发研究

出版发行	中国原子能出版社(北京市海淀区阜成路 43 号　100048)
责任编辑	胡晓彤
装帧设计	刘慧敏
责任校对	刘慧敏
责任印制	赵　明
印　　刷	河北文盛印刷有限公司
经　　销	全国新华书店
开　　本	787 mm×1092 mm　　　1/16
印　　张	13
字　　数	210 千字
版　　次	2020 年 8 月第 1 版　　　2024 年 1 月第 2 次印刷
书　　号	ISBN 978—7—5221—0831—5　　　定　价　68.00 元

网址:http://www.aep.com.cn　　　E-mail:atomep123@126.com

发行电话:010—68452845　　　版权所有　侵权必究

前　言

　　随着乡村基础条件的改善和人们休闲消费观念的转变,以田园风光和乡村民俗为特色的乡村旅游在我国迅速发展,成为我国旅游业新的经济增长点。近几年围绕乡村旅游提出很多原创新概念和新理论,如游居、野行、居游、诗意栖居、第二居所、轻建设、场景时代等,新概念和新理论的提出使乡村旅游内容丰富化、形式多元化,有效地缓解了乡村旅游同质化日益严重的问题。乡村旅游作为连接城市和乡村的纽带,促进了社会资源和文明成果在城乡之间的共享以及财富重新分配的实现,并为地区间经济发展差异和城乡差别的逐步缩小、产业结构优化等做出很大贡献,推动欠发达、开发不足的乡村地区经济、社会、环境和文化的可持续发展,可以说乡村旅游对于加快实现社会主义新农村建设及城乡统筹发展具有重要意义。

　　本书从旅游人类学概念的解析入手,简要对乡村旅游文化概念体系、中国乡村旅游发展现状进行分析与讨论,进而结合乡村旅游规划创新的视角,着重对乡村旅游产品创新进行梳理阐述,同时也探索了乡村旅游目的地生态环境规划、乡村旅游目的地环境生态管理的内容,最后基于乡村振兴战略的视角,系统地对乡村旅游振兴的可持续发展进行剖析与研究,以期通过本书的介绍,能够为读者在乡村旅游开发研究内容上提供参考与借鉴。

　　本书由陈萍萍(浙江旅游职业学院)著。在写作过程中,笔者参考了部分相关资料,获益良多。在此,谨向相关学者及师友表示衷心感谢。

　　由于水平所限,有关问题的研究还有待进一步深化、细化,书中不足之处在所难免,欢迎广大读者批评指正。

著　者

2020 年 8 月

目　录

第一章 旅游人类学概念解析

第一节 旅游人类学产生背景

人类的旅行从古至今一直存在,只是从英国工业革命之后,得到了突飞猛进的发展,并逐渐形成一种普遍性的大众行为方式。虽然旅游作为个人社会生活行为并受到关注才历经一个世纪的时间,但是它的事实存在已经超出了人们的想象,并且在其历史演变的进程中,不仅演化成人类文化当中不可或缺的一部分,而且也已经变成当代人生活中不可缺少的一个重要组成部分。然而,即使是现代旅游的发源地且旅游业发展已历经百年的西方,学术界对旅游的研究也仅仅历经了半个世纪而已,而旅游受到人类学家关注的时间则更晚。在20世纪70年代,现代旅游业发生了重大变革,给社会带来较大的冲击。经过这些发展和变化,现代旅游业才受到人类学家的关注。西方是最早研究旅游发展的地方,是最先受大众旅游影响的地方,同时也是旅游人类学研究的发源地,这主要有两方面的原因。

一、物质基础

(一)工业革命率先在西方爆发

随着社会生产力的发展,旅游消费人群扩大,旅游活动逐渐发展成为一种社会生活的特定需要。旅游不仅仅是作为一种单一的社会活动或文化活动,还作为一种社会经济活动而存在,世人开始关注旅游所带来的经济效益,在此基础上,旅游的社会和文化影响也开始得到关注。

所以我们可以这样认为,工业革命让人们的劳动得以"机械化、现代化",进而使得人从繁复的劳作中解脱出来,让人们不仅有钱而且还有闲。此外,交通工具的便捷,也使得长距离而短时期旅游的普及成为可能。尤其是20世纪50年代,随着民用航空客机的普遍应用,"大众旅游"开始大规模地兴起,旅游产生的巨大经济效益和社会文化等各方面的影响以及产生的一系列社会问题备受关注,不仅仅是旅游学家重视,社会学家也开始关注和重视旅游的发展和影响。

（二）社会研究理论及方法的成熟

重视行为及现象的研究，是社会学和人类学共同的学科特征之一，而旅游活动是时代发展的产物，自然不可避免地成为人类学关注的研究对象。而在此之前，社会学理论及其方法的理论积淀，是旅游人类学后来得以产生发展的基础和母体。其中，值得一提的主要有以下几点。

1. 新迪尔凯姆学说

法国社会学家埃米尔·迪尔凯姆是现代西方社会学中一位著名的思想家。在迪尔凯姆的社会学理论体系中有三个重要的观点，即反常态、神圣以及集中表现。将上述三种观点运用到当代旅游社会学研究中，即形成了"新迪尔凯姆学说"，以此研究纷繁复杂的旅游社会现象。

迪尔凯姆提出"反常态"的说法，主要针对社会中没有秩序和准则的社会行为，他认为应该限制和纠正这种反常行为，且在此过程中不能盲目地借助外力的作用，关键在于规范社会内部准则。而内部准则的根本则是源于"神圣"，"集中表现"贯穿于其整个过程。旅游人类学研究中也出现这种观点，在 20 世纪 60 年代，该观点成为解释旅游现象、研究旅游动机和行为的一种重要理论依据。"新迪尔凯姆学说"可以从多角度解释旅游现象，诠释旅游本质，从社会学和人类科学研究角度分析出旅游错综复杂的社会成分。

2. 韦伯主义

韦伯，著名社会学家，与迪尔凯姆、马克思并称西方社会学理论研究的三大泰斗。韦伯认为社会本身不是客观存在的实体，"社会"仅仅是一个名称而已，客观存在的也只是促成社会的个体——人。当把韦伯的社会学研究思想运用于对旅游活动的研究时，相关学者认为，通过对旅游现象内核的认识，能诠释旅游的意义和动机。旅游目的地的选择和社会文化的影响可以通过这种认识得到很好的解释。在研究旅游动机方面，著名学者丹做出以下两点解释：第一，关于旅游动机方面的真实数据在各种社会研究方法的研究过程中均未取得。第二，旅游者本人作为调查对象。关于旅游动机这一问题，无法准确回答，他们也不知道自己为什么要外出旅游。韦伯主义学说中，与旅游行为相关联的思想还包括"新教徒的自由和逃避伦理"，这一研究属于休闲社会学的范围，并且与现代社会生活和工作伦理是相对立的。将这一理论应用于旅游现象的研究中，其中生活、工作与休闲的伦理,对旅游现象中的诸多对立关系提供了有力的理论解释。

3. 布迪厄的文化资本理论

皮埃尔·布迪厄,法国当代著名的社会学家。"竞争"在布迪厄学术思维中居于核心地位。布迪厄认为人们为了逃避自己在社会生活中的偶然性、有限性和最终的荒诞感,而采取竞争,其目的是在群体和制度中,被授予一个名称、一个位置或一项功能,渴望尊严是人类行为的源头。布迪厄将人们参与社会竞争过程中所需要的资本分成三种不同的类型:第一,经济资本。这是资本竞争的基础,包括物质资源、自然资本、金融资本等各种可以直接转变为金钱的一切物质,这些转换都以私有制资产转换制度为基础。第二,文化资本。特纳将布迪厄的文化资本总结为"那些非正式的人际交往技巧、习惯、态度、语言风格、教育素质、品位与生活方式",有文化能力、文化产品和文化制度三种存在形式在教育体制下可以将文化资本转化为经济资本,主要是将教育形式制度化。第三,社会资本。在某种高贵的身份形式制度化的基础上,实现社会资本向经济资本的转化。社会资本主要是由社会义务体系组成。资本是人们参与社会活动的源泉,是历史发展过程的积累。由于社会人群拥有的资本不平均,直接导致了其在社会竞争中的地位不同,这是社会权利结构的体现布迪厄反复强调各资本类型之间可以相互转换。从某种意义上说,人的竞争就是通过各种手段和方法谋求资本相互转化的最佳方案,借此实现资本的增值扩大和资本总量的累积。

4. 文化人类学中的功能主义理论

功能主义思想从系统运作的角度,把旅游现象视为由众多子系统构成的一个社会大系统,重点分析各子系统之间的相互关联和内在联系,以及对旅游系统整体的影响。这个研究过程体现了学科之间的交错特性。例如,在研究需求和动机的过程中,皮尔斯以"主题公园游客游览经历"为研究对象、阐述了游客关于身心放松、追寻刺激、社会交往、自我发展、自尊自信等方面的需求,提出了旅游生涯阶梯模型,是关于旅游动机和需求解说方面的发展和深化的层次理论,另外,期望与满意度关系的研究是结构与功能理论的另一个主题,包括个体旅游者的主观意图和各子系统的功能与运作之间的关系两个方面。关于旅游现象的运行功能,主要是从社会学的角度,运用功能主义思想来进行市场营销研究分析,其结果显示了旅游系统的运作规律,但仍然无法深层次地剖析旅游结构的因素。

5. 研究方法

第一，人类学得以安身立命的田野调查法，有着其他方法无法取而代之的特色。田野调查法的运用，使得旅游人类学认识旅游现象和分析其文化内涵及本质成为可能。

第二，社会学研究主要使用统计和经验模型两种方法，同时，这两种方法也是人类学研究借鉴社会学的常规方法。

第三，比较研究是人类学和社会学的经典研究方法，可以从宏观和微观、群体和个体等不同的角度和不同的层次研究旅游人类学。

二、精神食粮

（一）旅游学学科研究发展的需要

众所周知，发展旅游活动可以获得巨大的经济效益，而随着旅游业在世界诸多国家的迅猛发展，并逐渐由"新兴产业"发展成为"支柱产业"，学术界在对旅游发展实践及相关理论研究中发现了诸多问题，这使得研究者和世人清晰地认识到，如果不认真地解决这些问题，它们不仅会长期存在于旅游发展的实践过程中，而且会阻碍旅游业的发展，甚至将逐渐侵蚀旅游业来之不易的发展成果。同时，鉴于旅游是一种综合且复杂的社会文化现象，学者们有必要重新审视对旅游的认识，因此产生了对旅游进行多学科综合研究的迫切需求。

一些其他社会学科的学者们也参与到旅游现象的研究中，如环境学、社会学、生态学、人文地理学、心理学、人类学等学科。这种新的理论演变，使旅游研究出现了新的发展趋势，动摇了早期旅游研究中经济的核心地位，同时也改变了旅游以经济学为主的研究方向。

（二）人类学学科研究发展的需要

长期以来，人们对旅游活动的普遍认识都是浅薄的、零散的，有人类学学者甚至认为没有必要花费精力去研究旅游，一直对其持漠视的态度，很少有专业的人类学学者，专门从事旅游方面的研究。但随着旅游业在西方国家的发展和由旅游引起的一系列的社会和文化生活方面的问题，人类学学者开始正视旅游业，将人类学的观点、方法等运用到其中，深入研究旅游活动的现象和本质，借此推动人类学学科自身的研究进程。20 世纪 70 年代左右,随着人类学学者对旅游活动的研究逐渐成熟,旅游人类学已经成为西方人类学的一个重要分支学科。

(三)旅游活动的"双重属性"

旅游活动具有双重属性,于是,学者们通过人类学多种多样的理论方法,可以对旅游活动所引发的种种复杂的社会文化现象进行透彻的理解、深层次的解释以及客观的预测,也可以弥补旅游学中对旅游中非经济因素和现象研究的不足和缺陷。这不仅拓展和完善了旅游学与人类学各自研究的领域,也使旅游人类学由此拥有更为广阔的发展前景,因为它能够把人类学理论运用到旅游业研究的实践当中。

综上所述,旅游人类学不仅有理论和方法的双重支撑,还满足了时代及学科发展的需求,于是其应势而生。

第二节　国内外研究状况

一、旅游人类学的国外研究状况

旅游学从研究之初就兼具经济学等多种学科内涵,作为多学科研究,旅游学研究一开始就备受关注。但是长期以来,学者们认为旅游学的研究倾向于旅游现象的烦琐性、表面化、肤浅性、简单性,不值得花费时间和精力去研究,因此造成了专业的人类学学者对旅游学普遍采取漠视的态度,几乎没有专业学者从事旅游方面的研究。20 世纪 50 年代,随着民用航空客机的普遍应用,"大众旅游"开始大规模地兴起,旅游产生巨大的经济效益,对社会、文化等方面产生影响,并带来了一系列社会问题。

在 20 世纪 70 年代出现了旅游人类学,它作为人类学的一个分支,与其他学科相互交叉渗透。自此,理论层面的研究成了不少学者研究的重点和兴趣所在,他们把主要精力集中在这个层面上进行研究,促进了旅游在人类学的学科发展进程。这其中在 70 年代和 80 年代发表过相关著作的有科恩、马康耐,还有特纳和艾什等,这些著作后来被视为该领域研究的经典之作这些著作的共同之处在于都是从学科理论层面研究旅游社会学的基本问题,包括研究基本内容、基本概念、研究角度、研究意义等。在研究过程中产生一系列新的概念用于解释研究中产生的新观点、新理论、新问题。例如,特纳和艾什指出旅游在实现增加收入和财政目的的基础上,可能会极大地破坏自己民族的文化。多克塞结合旅游的生命周期理论指出,在旅游社区的探索发展从初期走向成熟的过程中,旅游者和当地居民之间的关系也发生了变化,从互助变成对立。马康耐为了对现代旅游进行全方位的研究,舍弃原有的社会学理论体系,以新的方法构建现代休闲新理论,并结合旅游文化自身的一些特点创造出一些新的专业术语。他同时指出旅游商品(包括文化产品和文化活动)是从当地文化产品和活动中分离出来的,有当地特色,但没有真实性,只是代表特殊意义的产品。科恩概括了旅游研究的四个主要领域,提出了旅游研究进程中的八种重要的概念性理论取向,认为旅游人类学研究包括四个主要内容:旅游者、旅游者与当地居民的关系、旅游系统的结构与功能、旅游的后果即旅游影响。

在20世纪七八十年代,由于"后工业化"在社会中的作用日益突显,旅游在西方社会中的地位日渐提高,从事旅游社会学专业研究的学者逐渐增加,全球范围内的旅游社会学研究逐步开展起来。一方面从西方发达国家到不发达国家,从欧美到拉丁美洲、非洲、亚洲和大洋洲,甚至包括南极洲在内的全球各个角落的旅游社会学研究都在开展,旅游人类学的研究也取得了长足的进展;另一方面旅游人类学将研究的范围扩展到旅游社会现象的每一个组成部分,主要有以下六个方面:犯罪与恐怖主义、战争与政治动乱、旅游社会影响、性与性别、态度、真实性。其中,既有对始于20世纪60年代的旅游社会影响研究的延续,同时也有对现代社会旅游发展各种社会问题的反应。20世纪80年代以来,对旅游的社会影响研究不但摆脱了以前研究中只重视积极因素而忽视消极因素的片面思想,而且正逐步形成一个比较平稳的体系。

到了20世纪90年代,研究逐渐进入更高水平的发展阶段,研究者更加关注旅游者与当地居民之间的"主客关系",尤其是当地居民对外来游客的态度,更加关注全面性和系统性之间的关系,更加关注社区参与旅游发展的重要性,更加关注客观、公正、综合的旅游评价对社会的影响。研究方法上,在系统研究的同时借鉴经验主义的研究成果,采用一系列已有的经验技术模型,并结合实地情况分析研究,对旅游现象进行系统的研究,对已有的旅游人类学理论和研究成果进行综合评价和检验。其中具有代表性的方法有描述方法、统计和经验模式、个案研究。总而言之,20世纪90年代以来,西方旅游人类学学者的研究进入系统深入阶段,在研究方法、领域、内容、趋势等方面推动了现代旅游人类学的发展,使得旅游人类学研究具有一定的规模。在一个专业研究领域和学科分支内,旅游人类学研究进入了一个全新的阶段。

综上所述,现将旅游人类学在国外的发展历程归纳概括如下。

(一)警示期

这一时期是旅游人类学产生和理论构建最重要和关键的时期。因为该学科所有基本的理论观点、研究方法和初步研究成果都是在这一时期"孕育和出生"。起初,人类学学者把旅游看作是一种表面且肤浅的活动而对它不予理睬,但后来随着旅游业的不断发展,人类学学者开始注意到了旅游中的文化现象,比如旅游似乎成了社会变迁的因素之一。于是,研究者开始用跨文化的观点来对旅游业进行研究。

旅游人类学作为人类学的应用分支和人类学与旅游学的交叉学科被加以定义,是以关于旅游人类学的第一本英文期刊《旅游研究年刊》的创刊为标志。创刊的次年,在重要的国际会议上第一次出现了关于旅游议题的分会。同时也是在20世纪70年代中期开始,西方一些院校在人类学系或社会学系都开设了旅游方面的相关课程。而后出现了"国际旅游研究会"这样的国际性学术会议。在研究内容上,由于人类学学者把旅游看作人类社会中所有文化现象的一种,所以他们认为对旅游的研究必然建立在跨文化比较的基础上。于是,研究者倾注了更多的时间和精力来分析与调查旅游给东道国和游客自身带来的各种冲击和影响,如布尔斯廷从旅游者群体行为和全球旅游系统的关系出发,把"旅游者"这一特殊的社会群体描述成"易哄易骗的傻瓜",认为旅游系统在其国际化和机构化的过程中,实现了群体间的文化同化、行为同化和语言同化:随着现代旅游规模前所未有的扩大,旅游人类学学者对旅游行为的研究着眼点渐渐从揭露事实真相转变为对旅游负面影响所必须付出的代价的评论上,它们也成为旅游人类学学者正在研究和解决的课题。这一阶段,旅游人类学在理论研究和个案实证方面都取得了丰硕的成果。

其中,在学科理论体系的创建和个案实证研究两方面都取得突出成就的旅游人类学研究先驱主要有以下几位。

1.维克托·特纳和路易斯·特纳

维克托·特纳发表了《远处的中心:圣徒的目标》一文,从空间的角度详细地提出了"中心""旅途历程""远处的中心""边缘和其他"等一系列"旅游仪式过程"的旅游人类学的概念,并深入描述了概念之间的本质关联性,认为旅游的全过程可以分为离开常住地进入旅游状态、超越情绪阈限融入旅游环境、返回常住地重新投入日常生活三个阶段,在角色强弱变化的过程中,旅游者经历了"心理状态"和"精神状态"的跌宕起伏。一方面,旅游社会学的研究在"神圣历程"观点的引导下逐步转向对个体人的本质研究上,即人在社会化过程中产生的追求新事物、新思潮的研究;另一方面,比较社会上传统的人口流动和旅游活动产生的人员流动的区别。这两者遵循反向流动规律,旅游目的性带来的人员流动是人们离开日常生活的价值中心,去往另一个生活中心,去实现一种没有压力、没有负担的无拘无束的生活价值,这是旅游者另一种存在价值的体现。

路易斯·特纳和约翰·艾什在《金色部落:国际旅游与休闲边缘》一书中延续了维克托·特纳的观点,提出"中心对边缘的控制理论",即发达国家作为国际化旅游输出系统的中心,对作为边缘旅游接待系统的发展中国家的掌握和控制在旅游人类学的研究中,这种依赖性的矛盾冲突曾进一步发展为"旅游帝国主义"和"旅游新殖民主义"的"冲突批评理论",对"旅游增进民族了解""旅游带来世界和平""旅游走向世界大同"等理想化的观点提出了挑战。值得一提的是,路易斯·特纳的这种观点和纳尔逊·格雷本的"神圣历程"理论有着许多的相似之处。

2. 马康耐

马康耐出版的《旅游者:休闲阶层的新理论》一书,在后世广泛流传的同时,也受到大多数人的批判。在书中,马康耐把"旅游者"描述成附属品,是在旅游系统之下的附带,无处不在、无时不有。这些人是为了追求早已失去的生活意义的信徒,是"解码"吸引系统的符号。由此马康耐将旅游比喻为"人生礼仪",因为旅游作为一种个人或家庭的社会化行为也潜藏着某种"通过"的意味。

马康耐在这本书中阐述了中产阶级作为旅游者时去旅游的目的和意义,即他们以寻找一种文化的经历作为旅游目的,而他们在寻找的过程中可能会遇到各种各样的问题,其中一个比较重要的问题就是关于各地传统文化的真实性问题。有些地方为了迎合各国游客而设计的一些传统文化旅游产品,其"舞台真实"有待考察,这些旅游产品是对传统文化的发扬还是破坏?针对这一问题,马康耐分别从社会、文化、经济的角度进行了精辟的分析,他的见解引起了各地人类学家的兴趣他的主旨思想是,不同的游客对文化的真实性的认知不同,要求也不同,传统文化的真实性会随着场合的变化而变化。因此,"舞台真实"到底是好事还是坏事,研究者们产生了不同的理解。但无论如何,在书中马康耐系统地阐释了"舞台真实"的理论观点,并在此基础上从社会学的角度诠释了景观吸引系统的符号意义。应该指出的是,马康耐的"舞台真实"理论是对戈夫曼关于"结构与意识以及前后台二分"等理论的发展和延伸。马康耐认为:现代社会生活中融入了各方面的文化生产和经验,这种融合使得现代社会中的个体对他人的生活产生了浓厚的兴趣,这种愿望从主观方面说是通过"人与人之间关系"来实现的,从客观方面说则是通过"对真实性的文化再现"来实现的。

从上述观点分析,旅游系统可以分为表示主客体之间接触的空间即"前台"和为"前台"的情况做准备的封闭空间即"后台",马康耐的理论中阐述的"舞台真实"主要是以综合景观吸引系统在社会结构和社会交往意义上的前后台关系为主,即"表演者""观看者"以及既不表演也不观看的"局外人"三者在社会中的真实关系。马康耐关于旅游景观系统的理论认为,只有做到"后台"的严密性和保密性,才能保证"前台"的"真实性"和"可信度"。同样,在旅游过程中如何反映出旅游地的真实情况和当地特色的真实性,就是旅游地特色的体现。马康耐认为旅游过程中游客的经历就是一个舞台真实性的过程。在旅游过程中游客看似已经进入旅游地的"真实生活的后台",但现代旅游是具有一定的组织化、社会化和机构化的,游客看到的都是经过装饰以后的生活后台,越是关注度高的旅游地,装饰性越强,只有极少数"远离热线、偏远冷僻"的地方,才能让旅游者经历真正的后台生活。这与旅游者最初的动机恰恰相反,旅游者的目的正是为了了解和体验旅游地的真实生活,以区别于自身日常生活的生活方式,但是由于舞台化的装饰特点,使得旅游者在旅游的过程中背离了自己的初衷。旅游地经过"前台"和"后台"的结合统一,经过装饰的"前台"和貌似真实的"后台",它们本质上都是披着神秘面纱的朦胧之中的真实,而旅游者作为局外人看不到真实情况,无法真正了解当地人的生活状况。在现代旅游高度发达的社会中,游客看似确实走进了当地人的生活空间,其实却并不是走进了当地人的真实生活。从另一个角度看,由于现代社会高度发展的旅游业,旅游地的居民对游客的到来已经司空见惯,习惯这些人的出现和存在,甚至可以忽视这些人,依旧正常生活、工作、休闲,保持一颗平常心,而且他们还可以把游客当成一道独特的风景线来欣赏。

马康耐用下述六种方式解释"舞台真实场合"的旅游景观系统。

第一,舞台是戈夫曼所界定的"前台",即旅游者极力回避的社会空间。

第二,舞台是经过装饰和加工的"旅游前台",其看似与后台是相同的。

第三,舞台称为"经过彻底地组织包装而看起来完全像后台的一个前台"。

第四,舞台是对"既不表演也不观看的局外人(即当地人)开放的后台空间"。第五,舞台是经过加工可供游客进入参观的后台,如一般意义上的"闲人免进场所"。

第六，舞台是戈夫曼所界定的"后台"，是可以给人们无限想象空间的地方。马康耐对"舞台真实性"的独特见解真实地反映了在旅游人类学发展过程中的"真实性"的内涵及其与旅游人类学发展的关系。

此外，马康耐还认为，景观系统的差异集中表现是"泛旅游时代"社会差异的一种形式，人们逐渐克服因地域、环境、习俗不同而产生的差异。在旅游逐渐神圣化过程中的景区、景点逐渐形成了一系列相互关联的"景观符号系统"，旅游者集中在这些景观符号系统中。他将这种现象解释为将游客集中于旅游中心等同于将消费者集中于"商业中心""购物中心"等，用特定的时空将有共同意愿的人集合在一起，空间群聚形式由此深化在旅游中。

总的来说，马康耐从全新的角度，深入探讨了旅游吸引物的社会学特质及其社会表现形态，系统地提出了旅游吸引物的结构差异、社会功能、旅游空间、舞台真实、文化标记等观点。

3. 科恩

科恩基于韦伯的"熟悉与陌生二元统一体"，提出的"熟悉与陌生"概念，是旅游人类学研究中一种重要的二元极化同一体思想。这一思想的目的是探讨旅游者在人与人交往、认识过程中因个性差异、行为习惯差异产生的独特性。在交往层面，旅游者和当地人的交往过程中，按照旅游的目的和感受可分为四种类型：有组织的大众旅游者、个体大众旅游者、探索型旅游者、漂泊型旅游者。前两者是有组织性质的旅游，大都采用商业性质的统一性服务方式，后两者是个体自身意义的旅游，随个人心愿、性情，不受任何约束，只是最低程度地依赖旅游机构。基于此，科恩认为探索型旅游者和漂泊型旅游者不会像前两种游客那样对旅游地社会生活造成很大程度的影响。还有一些特殊的旅游群体，他们是旅游雇员、商业旅行者、参加会议人员、出访官员等。科恩又根据旅游者对旅游地的认知情况以及发生关联的方式，把旅游者按照个人经历的特点和差异分成五种模式：娱乐型旅游模式、消遣型旅游模式、经验型旅游模式、试验型旅游模式以及存在型旅游模式。科恩的这种分类方式是根据旅游者的精神层次进行的，即根据旅游者旅行的目的、精神寄托的方式、自身存在价值的多少等，由低到高而发展演变的。科恩认为，相较于发达国家的旅游发展模式，发展中国家的旅游发展模式呈现单一线性模式，是一种常态发展。旅游系统的形成和发展来自社会内部因素而非受到外力的作用。旅游在这种模式下，其目的是为了提升人民的生活品质，而不是追求经济利益，发展中国家是以游客输出国的方式出现。科恩把后现代旅游中的求同行为归纳为三种，即工具和手段上的"后福特主义"、景观和吸引系统的"大迪士尼化"以及服务接待系统的"麦当劳化"和"可口可乐化"。

而马康耐将科恩的研究进行了深入发展和完善，得出"舞台真实"理论。科恩在《对旅游社会学的再思考》这篇文章中，提出了"旅游空间与舞台猜疑"的观点。科恩认为马康耐的理论体系在游客对景观的认识和了解上存在严重问题，而就这点看来，其理论就不能对所有的旅游景观情形做出合理解释，因此，科恩又完善了"旅游空间与舞台猜疑"，并从景观的本质和旅游者对景观的印象这两点出发，构建了旅游的类型框架。

此外，瓦林·L.史密斯、纳尔逊·格雷本、丹尼逊·纳什也都是美国旅游人类学研究的先驱者，除了以上7位旅游人类学研究先驱以外，其他研究者的研究同样体现了该时期旅游"影响"研究的主流特征，比如说西梅尔研究了目的地居民的态度对游客旅游体验的影响。科特克认为大量度假家庭和钓鱼爱好者的涌入使巴西一个渔村的公社生活遭到全面破坏。麦基恩通过对巴厘岛的研究，认为旅游是良性或有益的发展途径。皮·桑亚研究了布拉瓦海岸地区的大众旅游，提出旅游强化了正常规则的观点。努涅斯非常深入地分析了旅游地因外来因素的影响产生"可口可乐化"现象。格林伍德在《切开零售的文化》中的观点最有代表性，他在书中指出在巴斯克地区的阿拉德，许多凸显当地传统文化，深受人们喜爱的节日被旅游商品化了。

到了20世纪60年代，这一研究成为旅游研究中一个极具代表性同时又意义深刻的研究领域，且范围宽广。贾法瑞认为：20世纪60年代旅游影响研究文献主要是反映旅游对经济方面积极正面的影响，20世纪70年代的文献开始突出旅游现象在社会和文化等方面的负面影响，20世纪80年代以来，旅游影响的研究出现了新的观点，将旅游影响、环境影响和可持续发展相结合，均衡三者之间的关系，并系统地阐述旅游影响的观点。

考察旅游影响的综合性和历时性为旅游人类学研究奠定了基础，尤其是考察岛国和发展中国家的旅游业及其综合性评价和影响"旅游影响的研究主要是从正、反两个方面综合分析实际案例的经验，研究旅游给当地社会的经济、文化、生活带来了哪些影响。

总的来说，这时期旅游人类学研究具有以下特征：随着旅游的发展，人类学家普遍发现早期的旅游发展在保护传统文化和自然环境方面所存在的消极因素，并对旅游的这种情形发出警示，同时从人类学的理论视角出发，把人类学的理论成果直接运用于旅游的研究当中并重新解读旅游的本质，认为旅游发展所带来的效用不能只从经济利益角度进行分析,就环境污染、社会污染、季节性事业增加、文化艺术商业化等现象提出"警示"。换句话说,旅游影响的研究开始于 20 世纪 60 年代,最初只是研究旅游给当地经济带来的影响和意义,后逐渐转向旅游社会文化、旅游经济、环境与生态变化等方面。在旅游所带来影响的研究中,还是以最初的研究为主,且主导因素的研究多为负面研究。

(二)适应期

这时期的旅游人类学研究者们不再对旅游发展给旅游目的地社会、环境和文化等影响进行简单的好坏道德评价,更多的是在实际的研究中发现自己原来研究及结论中的种种缺陷和瑕疵,然后做出某些修正。这一阶段主要是一个反思检讨式的旅游人类学研究阶段。当然,其研究内容仍然是以旅游业影响的研究为主。

首先,理论研究的坚守和创新。一方面,纳尔逊·格雷本和丹尼逊·纳什在此阶段的研究依然在瓦林·史密斯的旅游是"以体验变化为目的而自愿离开家庭去参观某一个地方的暂时休闲",这一理论前提下,坚持他们十年前所构造的旅游人类学研究体系和理论认识,所以他们在相关的理论研究上并没有更多的创新,只是在研究数量上增加了个案实证的研究;另一方面,斯万提出了民族旅游可持续发展研究的三因素:发展的过程、遇到的问题及解决的策略,为民族旅游研究提供了框架;再一方面,约翰·格雷戈瑞·佩克和艾丽斯·希尔·莱皮探讨美国旅游业对美国三个社区即北卡罗来纳州三个沿海城镇所产生的重大影响,并提出了一种有关权力、利益和交换形态的理论,以此来评估娱乐性旅游业所产生的不同效应以及变迁的本质。

其次,瓦林·史密斯根据当地不同的影响考察了爱斯基摩人的旅游业,并总结出它的微观模式和边缘人的特征。"玛格丽特·伯恩·斯温主要根据性别差异分析了库拉莫拉·库拉亚拉旅游业的文化生存问题。查尔斯·厄尔巴诺维兹再次从经济角度研究汤加王国旅游业的发展,并对自己先前研究所得出的结论进行了修正,得出了汤加人积极面对旅游所带来的种种影响的结论。他认为只要控制恰当,旅游业的发展不管对于汤加人还是游客都是有益的,最后他还得出了旅游不会消失的肯定回答。菲利普·弗里克·麦基恩从经济的双重性和内在的文化变迁两个方面来说明巴厘岛的旅游状况。埃里克·克里斯特尔从政治环境和道德观两方面对托六甲的旅游业发展进行了相应的考察。巴厘岛和托六甲在地域上都属于印度尼西亚,尽管埃里克并没有刻意地将同一地域的两个不同地区进行比较,但从他的研究中我们可以看出,具有上千年礼仪传统的巴厘岛似乎比闭塞的托六甲更能接受日益增多的游客。同时他还注意到由于各种原因,印度尼西亚的旅游业对于增强当地的社会稳定有显著作用。马西森和沃尔指出旅游社区中的各种影响,如环境、经济、生态、社会文化等都是一个复杂的研究过程,这个过程中的主体是游客、当地居民、目的地环境。麦克米恩和凯特也持同样的观点,强调不能仅仅研究游客这个单一群体,在研究伯里兹城的安伯格里斯岛的旅游影响时,他们针对游客对当地旅游发展的影响程度的不同将游客划分为投资型游客、国外退休移居游客、巡游型游客三种。简单来说,通过对个案的分析研究,来探讨和研究非西方社会旅游业的产生和发展。这些地区以"原始"传统文化和民族特色吸引游客,以促进旅游业的产生和发展。

再次,戴维·格林伍德从人类学的视角探讨了旅游文化商品化的问题,并对旅游活动中的表象、涵化、仪式,还有真实性等用人类学的理论加以研究,最后他还指出有些国家的政府用本国的"地方色彩"来吸引游客,但是这样做不可避免地给旅游目的地国家的文化带来破坏。奥里奥尔·皮·森耶把研究重点放在东道主与游客的关系上,以对加泰罗尼亚的一个疗养小镇的研究来说明旅游和旅游中游客的观念变化,并对欧洲大众旅游业进行了颇具见解的分析。他着重分析在欧洲国家开发受欢迎的旅游度假村,促进欧洲旅游业的发展等问题,同时也涉及一些关于人类学的基本理论和文化真实性的研究,以及文化作为一种商品化的需求的探讨。

最后,西伦·努涅斯在旅游人类学理论构建的预测性前景研究中,首先用人类学的观点综合、全面地分析总结了关于旅游人类学的研究。他还着重指出了旅游理论的研究方向,这对今后旅游人类学理论研究具有重要的指导意义。

肯达尔和威尔在总结归纳旅游影响研究阶段成果中指出,在研究过程中遇到的障碍、研究方法和手段,即研究尺度和衡量标准的不一致,影响研究结果的可比性,并使之缺乏可信度,难以对结果进行检查,经验研究的零散性特点,使之无法系统完整地衡量旅游对经济、社会文化、环境等方面的影响,衡量旅游影响的方法和标准尚未出台,学术界也未重视旅游影响研究的方法。兰克福德和霍华德发表了《建构旅游影响态度衡量尺度》一文,首先,作者以综述的形式,总结概括了衡量旅游影响的标准,并运用专家评价法,对这些标准进行分类汇总,其次,作者按照自己对旅游影响的标准分类,设计调查问卷,开始实施案例调查研究,对衡量尺度进行预试,再次,将问卷调查的结果以定量分析的方法进行分析完善,最后,根据分析完善后的标准变量再次制定问卷调查,以实际案例为依据,衡量尺度从而得到了实证。该项研究最终得出了一套由28个变量因子组成的,衡量旅游影响的态度尺度。艾比和克朗普顿也发表了类似的研究成果,他们的这项旅游影响衡量方法与尺度的研究因文献综述的全面、研究方法的恰当、尺度推导步骤的严密、尺度净化与实证过程的精确、可信度与效果测试的真实,而获得了年度最佳论文奖。

总的来说,在这一阶段学者们对旅游发展所带来的效用存在着多种争议,而且这些争议也都同时在旅游发展的过程中表现出来。但是从 20 世纪 80 年代开始,人们就不再局限于各执一词的无休止的"好与坏"的讨论,而是更加理性地、有策略性地将问题转移到如何适应旅游发展这样一个背景中去考察,更多的学者尤其关注旅游目的地社会和它们的社会文化建设以及如何在环境保护方面进行更多更积极的讨论。总之,该阶段的特征是从积极的方面去适应旅游的发展。

(三)知识体系确生期

在旅游人类学发展的第三阶段,西方旅游人类学学者继续为学科的发展而不懈努力,于是在该时期,无论是学术观点还是研究视角和方法都涌现出了诸多创新的成果。

首先,学术理论观点的进一步发展和创新,典型的代表就是格雷本用"现实典礼"取代了"神圣之旅"这一先前对于旅游的一般理论表达他仍然强调旅游只是一种形式,只是旅游者在脱离日常生活和工作环境的场所,寻求不同生活的过程,同时,他也强调了旅游者在旅行过程中,从来不是为了寻找与日常生活完全不同的生活方式,旅游者通常都是寻求相对稳定的因素,即使在旅游过程中也渴望不要与自身正常的生活环境、方式有太大的差异。

传统意义上的研究认为旅游的主要目的就是逃离日常生活、工作环境,寻求新的环境和生活方式。长期以来,旅游经营者都以此为依据开发旅游地和相关的旅游产品,这一点旅游研究者非常认同。但是希尔纳密以芬兰旅游者在格兰加纳海滨度假地的日记作为研究旅游动机的素材——他认为日记记录了旅游者在旅行过程中最真实的内心想法和全部情感——他关于旅游目的性的分析具有颠覆意义。在日记中,芬兰人表明自己不期望太多新奇的东西,而更多的是渴望与自己生长环境相类似的气候、与自己家庭文化相类似的环境等,这一点恰好印证了格雷本的观点,从而为旅游地开发和旅游企业经营和管理开辟了新的思路,提供新的发展方向。

克朗普顿和丹从旅游过程中的休闲和工作的关系出发,解释旅游者社会群体的普遍性,建立了两种相互对应的旅游角色形态,即休闲关联的旅游角色和工作关联的旅游角色,皮尔斯利用多层面分析尺度对旅游者群体的普遍性行为进行归纳和分类,产生了旅游者社会群体的五大类型群聚,具体包括以下几点。

第一,环境旅游群聚,如人类学家、保护主义者、探险家。

第二,高密度接触旅游群聚,如旅行家、海外留学生、海外新闻记者。

第三,追求精神满足的旅游群聚,如嬉皮士、宗教圣徒、传教士。

第四,追求快乐的旅游群聚,如乘喷气式飞机的观光游客、旅游者、度假游客。

第五,开发性旅游群聚,如商务游客、乘喷气式飞机的观光游客等。

在旅游群体角色类型的形态学研究基础上,皮尔斯归纳了旅游行为和动机的普遍性,发展了马斯洛的需要层次理论,并提出了旅游生涯阶梯模型。梅奥和贾维斯在对旅游动机中的幻想因素一项的研究中,探讨了旅游者的动机状态和"儿童""父母"以及"成年人"等社会角色的个性状态之间的关系,主要分析旅游主题和旅游景观符号以及旅游语言符号之间的关联。厄尼的著作《游客的眼睛:当代社会的休闲与旅行》,这本书从游客视觉角度出发,采用认识论的观点分析旅游景观视觉效果的设计、塑造和呈现的意义。随后科恩将现代旅游的通感认识进一步细化为"视、听、嗅、味、声、触"等多个方面。由于现代旅游的主要目的就是探索真实存在,寻求生活乐趣,而在旅游中经历各种虚假和欺骗,这些都促使学者运用"通感器官"对旅游环境和旅游经历进行全方位重点研究。洛克尔·墨菲在针对澳大利亚的背包旅游者进行的一项关于冬季旅游的研究分析中发现,这类"背包旅游者"具有年轻、对价格的敏感度高、旅游累计时间较长的特点,他们展现出四种关于旅游活动的目的:摆脱都市工作压力、放松身心,追求旅游带来的刺激和增加人际交往,在旅游中实现个人价值,追求旅游带来的满足感。这项研究结果显示,这些群聚的人群国别不同、肤色不同,旅游生涯的长度也不同。戴莉斯认为全球化趋势下的旅游主要依靠游客对地方文化的认同感,以文化旅游的形式表现出来。密斯和克兰尼齐研究农村社区居民对旅游发展的消极看法,选取美国洛杉矶西部四个乡村社区案例进行论证,提出"旅游依赖"的假设。其研究的主要结论指出在社区旅游高速发展的同时,居民对旅游的消极态度会日益增强。艾伦等以社会交换理论为出发点,论证了旅游地居民参与到旅游活动中的重要性,即可能产生的收益和可能产生的成本之间的利益关系。之后,贾罗斯基等在艾伦研究的基础上,明确指出旅游地经济收入等因素直接影响人们对旅游的态度,并提出综合模型方案。

其次,研究方法不再固守文化人类学研究方法在旅游人类学研究方法中的神圣地位,而是积极提倡学科间研究方法的借鉴和交叉运用,甚至研究的手法也另辟蹊径,贾法瑞首先对旅游的"科学化"进程进行了回顾和展望,紧接着从旅游科学性角度,论证了旅游学是一个包涵各个学科的领域和学科,所以旅游学在其发展过程中,借鉴和运用了其他相对成熟的学科理论和方法,比如心理学、管理学、经济学、文化人类学等。随着旅游学自身的不断成熟,旅游学的理论和方法其实也可以为其他相关学科提供借鉴。同样的道理,旅游人类学为了弥补其自身定量研究不足的缺陷,可以向旅游学借鉴相应的理论和方法,使旅游人类学的研究更加科学。在研究手法上,正如提到希尔纳密对芬兰旅游者旅游笔记的研究,他认为旅游者日记不仅可以作为旅游史的研究材料,还可以用来研究旅游动机,这让人为之赞许,因为这确实是在研究手法上的一次创新,同时也是一种新的研究视角成功尝试的有力实证。

　　旅游研究在 21 世纪初期主要以可持续发展为主,大多数旅游著作都是以可持续发展为主题,同时存在不同于现在可持续发展旅游研究的视角,来研究旅游人类学。特劳斯代尔研究菲律宾生态旅游和潜水旅游对环境的影响时运用"适当旅游影响评估"技术,综合评估其可持续性,这是一种快速、简便、成本低的创新性评估方法,适用于在日益科学化,但没有可操作性的各种评估技术中。为了分析旅游者的个体差异,扬纳基斯和吉普森运用主要因素的分析方法,分别从"刺激与宁静""熟悉与陌生""结构与独立"三个二元统一体层面,得出 14 种特殊角色形态。这些角色形态包括喜欢热带、亚热带的辽阔大海和阳光沙滩的旅游角色,喜欢去夜总会,以与异性交往、追求浪漫为目的的追求行动的角色,人类学家角色,这类人旅游过程中关注的是旅游地居民、语言、文化与风俗,考古学家角色,他们关注的是旅游地的文化古迹、历史文明、考古遗址等,有组织的大众旅游角色,主要以风景游览、购买纪念品、集体活动为主要目的,追求刺激的角色,他们热衷能够给身体和精神带来刺激的各种活动,开拓探索者角色,喜爱探险性质的旅游,他们热衷探索还未能完全开发出来的旅游地,豪华观光客角色,主要以享受为主,任何方面都追求高层次、高品质,衣食住行都要求豪华、一流,喜欢具有贵族交往性质的活动,追求知识的角色,其主要目的是与人交流,了解各地人民的生活方式、风土人情、自然环境等,独立的大众旅游角色,以自由行为主,游览大众化的风景,自主安排一切行程,上层旅游者角色,选择好的交通工具和酒店,一切行程都是一流的,流浪者角色,没有目的的旅游,走到哪欣赏到哪,逃避者角色,多数选择僻静、人烟稀少的旅游地,放慢脚步,静静欣赏,热爱运动的角色,旅游的同时积极运动,选择具有运动性质的旅游项目。

　　最后,延续前两个阶段的旅游变化和影响研究成果,并在原有研究成果的基础上取得研究内容的突破。其中,苏涅尔等人关于墨西哥坎昆度假地发展对当地居民影响的研究是此类研究中的个很好案例,苏涅尔等人以其研究表明,当地现代旅游业迅猛发展,规模不断扩大的原因主要有两个:一是当地居民参与到旅游业中,从事一些没有技术含量、工资收入较低的工作,当地居民意识到这种工作是对他们本身的一种剥削,从而导致了人口边缘化;二是当地居民可以通过发展旅游业从中获利,提高经济能力和经济独立性,尤其是当地的妇女们通过从事与旅游业相关的工作获取经济收入,摆脱贫困。这项研究中有积极方面的案例,同时也存在一些消极方面的案例。这凸显出旅游业与当今时代发展之间的紧密联系,学者们多以全球化背景下的旅游业为研究主体。似乎所有人都沉浸在对全球旅游业快速稳定发展的美好憧憬之中,如旅游业组织机构、世界旅游理事会等相关部门对未来旅游业的发展持积极态度。

此阶段旅游人类学的研究在前面两个阶段的基础和条件下发展出一种更加全面、综合的知识体系。首先,立足于把旅游看作是一个全球产业的基点;其次,从一个更高的层面去看待和认知旅游中存在的各种复杂因素,注意旅游发展中的各种因素平衡,不仅仅只是经济的,更多的是文化和社会的各项因素平衡;再次,此阶段中的旅游人类学研究集中体现并继承和发扬了前面两个阶段的研究发展形势和部分或限制性的视野;最后,把旅游当作一个整体或一个系统去理解其自身的结构和功能,从而在该研究领域建立起一个完整的知识体系。当然,这一阶段的旅游人类学研究并非完美无瑕,研究者尽可能在全球视野下完成研究的同时,也难免有一些研究内容或方法上的缺失,正如布拉姆韦尔认为的那样,旅游人类学的研究在这段时间里对旅游经济和企业文化的内容等问题涉及太少。尽管如此,这一阶段的研究还是取得了辉煌成就。

（四）努力和未来期

严格来说,这一划分并没有实际意义上的阶段性,因为这一阶段的研究还正在进行。到目前为止,该阶段旅游人类学研究正在努力地把第三期知识体系特征进一步发扬、完善。为此,各国的旅游人类学家也在为旅游人类学的研究能够在起始的所谓第四阶段有所创新而一直不懈地努力着。该阶段也明显呈现出不同于以往的研究特征,那就是第三世界国家特别是东方国家,对旅游人类学研究的积极参与。一方面,他们引入、学习和借鉴西方旅游人类学的理论方法;另一方面,他们也努力为本国的旅游人类学的学科构建和本土化研究努力着。其突出的表现就是在中国云南西双版纳举行的旅游人类学大会,有将近一半的旅游人类学研究者都来自中国、泰国、印度、越南、老挝等发展中国家。他们不仅提交了凝聚着旅游人类学相关研究成果的论文,而且在参会期间与各方就学术研究进行了广泛的交流和探讨。

首先,在理论研究方面的深化。古尔索等人在艾伦和贾罗斯基对基于社会交换理论所提出的东道主旅游反应模型的基础上进行了理论深化和发展,他们认为东道主对旅游发展的态度受到九大因素的直接或间接的影响:旅游资源的利用、经济效益、社区利害关系层次、社会效益、社区设施,当地经济状况、生态价值、社会成本和文化效益。霍特拉研究了由于游客和旅居者的文化背景不同而产生的适应性差异,分析文化休克 U 形曲线理论的缺陷,并没有遵照"欢愉—幻灭—抵触—适应—同化"的链接反应,同时以背包旅游者为参考,研究文化差异的影响,试图构建一个文化混淆动态模型。

其次,多学科交叉、多角度研究的方法。大多数学者认为,旅游人类学是多学科交叉的,旅游学与人文社会学或者社会学交错在一起,并不能通过单一方法和角度来研究。按照丹和科恩的观点,在人类学的范畴研究旅游现象主要采用以下较为普遍的视角:将旅游现象研究作为休闲社会学研究的附属内容,将旅游现象研究作为移民社会学研究的其中一项,旅游是一种特殊的人口流动、迁徙现象,具有极强的季节性和休闲性,将旅游现象研究视为"具有合法地位"的旅游人类学,主要强调"旅行"所涉及的各个方面。旅游人类学研究通过这些角度展现出的核心内容是"追求真实""逃避""休闲人口迁移""社会治疗效应""陌生人状态""玩耍""中心与边缘""消费主义文化""历程和仪式""语篇分析"等。研究过程涉及各个方面、各个领域,属于跨学科交叉研究。

旅游人类学的研究核心是旅游与社会文化之间的关系,由于研究有广泛的内涵和形式多样的方法,因此我们应综合审视,并将旅游文化研究放到现代化社会变迁的大时代背景之下开展。由此,旅游人类学关注的焦点逐渐转移到全球化与地方化上。伯恩斯指出,一方面,文化旅游强调的是地方化的旅游形式;另一方面,商业旅游则体现的是国际化、全球化的旅游。两者之间相互矛盾,背道而驰。另一案例是新加坡的虎豹别墅在转型"东方迪士尼乐园"失败之后又重新恢复主题公园,这一案例体现了全球化与地方化之间的矛盾。全球化的过程会受到很多地方性因素的制约,如传统文化、地方政权、人情世故等,这反映出全球化不能完全取代地方化的现实。

通过上述研究,我们发现旅游人类学与其他学科之间的关联越来越密切,由研究的内容、方法和核心任务等可以看出各学科研究之间的界限越来越模糊,越来越难以区分。

这四个阶段中,旅游人类学的研究视角、内容、方法、研究思想及观念等不断发生变化,集中展现了旅游人类学学科体系的构建过程,也体现了旅游人类学从产生到逐渐成熟的发展轨迹。

二、旅游人类学的国内研究状况

(一)旅游人类学原著的翻译、介绍和成果引进

在《人类学:旅游与中国社会》一书里,学者们向读者翻译和介绍了埃里克·科恩、爱德华·布鲁纳、纳尔逊·格雷本、希特·彼特思等国外著名旅游人类学家的论文、论著。虽然这本书只是收录了旅游人类学研究的单篇论文,但也让我们认识和了解了西方旅游人类学家运用人类学理论探讨旅游问题的视角、方法以及旅游人类学所蕴含的原理与内容。此外张晓萍翻译的瓦伦·史密斯主编的《东道主与游客——旅游人类学研究》,宗晓莲翻译的丹尼逊·纳什著作《旅游人类学》以及张晓萍的论文《纳尔逊·格雷本的"旅游人类学"》和《旅游人类学在美国》,宗晓莲的论文《西方旅游人类学两大研究流派浅析》,在介绍国外旅游人类学家的主要观点和对旅游人类学学科构建所做出的努力的同时,还向读者呈现了国外旅游人类学研究的现状和新趋势。

在研究方法与理论方面,光映炯在《旅游人类学再认识》一文中提到西方人类学家经常采用"跨文化比较"的研究方法,张晓萍则在《西方旅游人类学中的"舞台真实"理论》中,系统说明和分析了"舞台真实"这一颇具争议的研究理论,并从社会背景、利害关系、深度内涵、游客追求真实的目的等方面进行了分析。此外,宗晓莲在《西方旅游人类学研究述评》一文中,简介并全面评价了西方旅游人类学家多角度研究旅游的方法。

张晓萍认为,旅游人类学研究的主要内容是旅游业给社会带来的各种文化现象的产生、发展、变换,其重点体现在两个方面:第一,研究旅游者和其自身的本质;第二,研究东道国内旅游业在社会、经济及文化等方面的影响,以及研究主体和客体之间的互动关系。宗晓莲在《西方旅游人类学研究述评》中指出:目前西方国家研究旅游人类学主要是从游客、接待地社会和游客所在社会三个不同视角开展。光映炯则明确指出:"就当前形势分析,旅游人类学的主要研究范畴是:民族旅游、旅游和旅游者、旅游开发的商品化与真实性、旅游与文化的相互影响和制约。"另外,徐新建则侧重关注西方旅游人类界的关注焦点,即礼仪、朝圣、娱乐

与休闲以及跨文化比较等内容

（二）会议的成功召开和相关旅游人类学著作的出版

多次人类学（民族学）、旅游管理和人文地理等学科国际研讨会的成功召开，让国内学者与国际知名的旅游人类学研究者有了面对面学习和交流的机会。国内外学者就旅游人类学的方方面面展开了充分讨论。并且这次研讨会的召开对旅游人类学研究的信息资源共享、加快学习西方旅游人类学理论研究方法的步伐、拉近国内与国外相关研究距离、加深彼此间的相互了解、推动国内旅游人类学学科建设、学科进一步发展等诸多方面有着深远影响，同时其本土研究也取得了显著成效。其中比较有代表性的研究成果：彭兆荣、张敦福分别做了题为《现代旅游中家园遗产的生态链——广西秀水村旅游开发潜在的危机》《当游玩变成一种消费机器——中国社会形式变迁的旅游人类学研究》的主题报告，柯群英的《精神旅游与宗教》、王宁的《旅游语境与文化沟通》、明跃玲的《文化重构与民族传统文化的保护——以湘西民族旅游文化为例》、保继刚的《主题公园的发展反思》、阿拉坦·宝力格的《祭祀游艺的人类学研究——以蒙古族祭敖包为例》、马晓京的《旅游商品化》、郭立新的《全球化背景下的文化遗产管理》、孙九霞的《社区参与旅游活动类型对主客关系的影响》等。

值得一提的是，在此期间，厦门大学的彭兆荣教授将多年的人类学知识储备和田野调查经验转化为文字，并出版了我国第一本旅游人类学专著——《旅游人类学》。它的出版弥补了我国旅游人类学理论研究的空白，是我国学者对旅游人类学学科体系构建和理论开拓的大胆尝试，值得赞许。随后，宗晓莲将其旅游人类学博士论文整理出版。它以实用性起步，并向学术性渗透，被誉为中国旅游社会、文化影响研究领域的标志著作，使我国旅游人类学学术水平又向国际化程度迈出了一大步。这两本著作可以说是多年来我国旅游人类学研究在理论和实用方面取得的重大突破。同年，杨振之的《前台、帷幕、后台——民族文化保护与旅游开发的新模式探索》和马辨炜的《文化符号的建构与解读——关于哈尼族民俗旅游开发的人类学考察》介绍了最新的理论研究成果。

（三）西方旅游人类学理论和方法在中国的实际运用

众所周知，我国云南大学人类学系、香港中文大学人类学系和美国伊利诺伊大学人类学系联合举办国际旅游人类学研讨会，标志着中国旅游人类学学科的诞生。从此,中国的旅游人类学学者们一方面在努力学习西方旅游人类学知识;另一方面也在积极地将该学科的理论知识运用到实践当中。以"旅游人类学"为检索词,在中国知网数据库中进行搜索,可知国内学者对旅游人类学的关注度在持续上升。

国内学者的个案研究,主要集中在以下几个方面。

1. 旅游社会文化影响的旅游人类学研究

徐崇云、顾铮在《旅游对社会文化影响初探》中指出,对于旅游社会文化影响的研究通常会被对旅游经济影响的关注所掩盖,戴凡、保继刚在《旅游社会影响研究——以大理古城居民学英语态度为例》中探讨了旅游对目的地居民语言的影响,彭兆荣在《"参与观察"旅游与地方知识系统》中分析了旅游与地方知识的关系,刘赵平、张文和李伟在他们各自的文章《再论旅游对接待地的社会文化影响——野三坡旅游发展跟踪调查》《审视阳朔旅游的发展——社会文化影响的调查与比较》《民族旅游地文化变迁与发展研究》中分析得出旅游对接待地的社会文化影响是多元化的结论,赵玉燕的《巫蛊、惧感与旅游——山江苗族社会的历史与文化再生产》和梁旺兵的《跨文化视角中的旅游客主交互与客地关系研究》从跨文化的视角分析了旅游所带来的主客互动。

国内较早开始研究和探讨社会文化对旅游人类学的影响的学者中以宗晓莲为代表,她的论文《试论布迪厄的文化再生产理论对文化变迁研究的意义——以旅游开发背景下的民族文化变迁研究为例》,以人类学视角为出发点,研究旅游发展与文化变迁的关系。另外,她运用实地调查的方法,分别在丽江纳西族和丽江古城取得了第一手资料进行研究,并在硕士学位论文《丽江纳西族的文化传承》、博士学位论文《旅游开发与文化变迁——以丽江大研古城五一街、新义街为例》中阐述了旅游业的日益繁荣发展对旅游地民族文化的影响,重点剖析了相关案例,真实还原了旅游目的地受旅游发展的影响现状。

国内对此类问题的研究出现了三种截然不同的看法。第一种看法是"旅游地文化受到游客带来的自身文化的影响,使得当地特有的文化产生变化,破坏其原生态文化"。目前我国正面临着由旅游热而引发的新的文化遗产被大量破坏的窘境。第二种看法是旅游的发展过程同时也是增强和保护自身文化的过程。例如,杨慧在《民族旅游与族群认同、传统文化复兴及重建——云南民族旅游开发中的"族群"及其应用泛化的检讨》一文中,指出民族旅游在其发展互动过程中促进了民族传统文化的复兴,民族独有的文化群体不断壮大、发展,民族文化被复制、发扬到世界各地,走向世界大舞台。第三种看法认为旅游的发展对当地文化既有好处也有坏处。例如,田敏在《民族社区社会文化变迁的旅游效应再认识》中指出旅游对旅游地文化影响的两面性,即产生有利作用又产生不利影响,这是一种本质属性;同时也有学者认为,当代文化旅游给旅游地和当地人带来的利大于弊,尤其是带来更大的经济利益。

2. 旅游规划的旅游人类学研究

国内学者在这方面主要侧重于旅游文化资源开发与旅游文化产品开发的研究。彭兆荣在《"东道主"与"游客":一种现代性悖论的危险——旅游人类学的一种诠释》一文中,指出发展中国家在旅游发展建设中,不能单纯地将自己的民族特色文化用作金钱交易,这种交易无法长期发展下去必然导致悲剧的发生。对于发展中国家来说,需要特别注意的是,不能既牺牲民族的特色文化,又减弱可持续发展的进程。张晓萍在《旅游文化资源开发的人类学透视》一文中,通过分析"文化旅游"与"旅游文化"这两个不同概念的人类学理论意义,揭示了旅游与文化之间相互依存的关系,认为"文化旅游有发展前景但不能盲目发展。只有保持发展与保护的平衡关系,在发展与创新过程中保持民族特色文化,才能让旅游发展更具生命力,勇往直前"。宗晓莲与甘万莲合著的《文化人类学研究与旅游规划》一文,在论述"文化人类学在旅游规划工作中的应用"时,指出了如何运用人类学方法进行旅游规划。人类学常用的研究方法有田野调查法、整体论法、主位研究法、比较法等。此外,学者在分析研究社会文化现象的基础上形成的文化人类学方法,对于同样与社会文化事务有着密不可分关系的旅游规划工作有一定的借鉴意义。

3. 社区参与的旅游人类学研究

学者们针对旅游目的地与旅游之间的关系进行动态研究,分析旅游的可持续发展,但学者们的研究都是基于旅游业发展受到社区的影响时,才将目光投向社区,并结合相关案例,分析社区在旅游发展中所占据的重要位置和所起的作用:唐顺铁认为,社区是实体,本身具有可持续发展性,能够从多方面为旅游提供可持续发展的方法和路径。刘纬华认为,社区参与旅游发展是旅游可持续发展宏观系统中不可或缺的机制。在生态旅游研究中,万绪才等人认为社区居民全面参与到生态旅游之中有益于生态旅游区的良性发展。黎洁和赵西萍针对社区参与旅游在理论中存在的问题进行了分析,主要探讨社区参与旅游发展的动力、最终意见、如何实现收入平均分配等。在多理论探索和多学科渗透研究原则的指导下,刘纬华针对社区参与旅游问题,从参与的动力、机制及公平分配等方面,尝试提出解决方案。另外,胡志毅、张兆干认为可以从三个方面加强社区参与,即旅游规划、旅游地环境保护、旅游地社区文化维护。诸葛仁等人在研究实践中发现中国的社区参与旅游程度非常低,在某种程度上甚至可以说是被动参与,缺少一种制度来激励群众自觉参与保护。张宏胜研究发现,居民参与旅游的主要原因是旅游发展能够给其带来利益,促使居民主动参与与旅游者交往的基础条件是他们能够参与旅游地的发展决策和确立旅游收益分配方式。

在社区的旅游人类学研究中表现较为突出的学者是孙九霞、保继刚。他们以实际案例为基础,深度研究分析社区参与旅游,研究中西方社区参与旅游的差异,并在此基础上提出了中国式社区参与的构建模式。这一成果体现了中国旅游人类学社区参与研究由实证到理论的重大突破。

4. 旅游文化产品开发的旅游人类学研究

陶犁在其文章中运用人类学方法与原理,深入探讨了民族文化旅游产品的开发类型、开发模式。宗晓莲与甘万莲合写的《文化人类学研究与旅游规划》也对这一问题进行了研究。她们认为,人类学研究与旅游规划工作关系密切,利用文化人类学研究的特点,可以帮助规划者系统了解旅游系统的相关情况,同时还能帮助分析旅游规划的各种问题,并提供解决措施。张晓萍在《从旅游人类学的视角透视云南旅游工艺品的开发》一文中,从旅游人类学角度分析云南旅游工艺品发展现状、特点及其存在的问题。

5. 旅游审美的人类学研究

章海荣认为"关于旅游审美的人类学思考,从生命与人类栖居大地间的关系层面上,从人类生存的艺术感悟或诗化哲学中,我们或许能阐释旅游和旅游审美的存在及其意义"。另外,彭文斌的《中国民俗旅游的发展及中国学术界的参与趋势——兼论西方人类学界对民俗旅游发展"后效应"的思考》在考察中国民俗旅游现状时运用人类学方法与原理。黄海针对文化人类学在国际旅游市场上的发展问题,在其文章中进行了全面的深层次研究。

将上述论文归纳,可对中国旅游人类学的研究做出以下总结。

在借鉴国外旅游人类学学术研究成果的基础上,国内旅游人类学的研究成果不断涌现,尽管时间短,但无论是在学科发展还是在研究进展方面都取得了很大成效,只是相关研究成果的数量并不多。所以从中国旅游人类学目前研究所取得的成果看,数量不太多,质量也不是很高。而且其在理论的研究深度、范围的广度、研究的实用性等方面都远不能与西方学者们的研究相比。在国内,旅游人类学研究范围主要集中在旅游对目的地文化的影响,很多本属于旅游人类学研究范围的内容,比如旅游企业管理、旅游市场等在国内很少有人涉猎,对于旅游人类学的方法、理论等问题,虽然已经有学者加以探讨,但是从本源来看,仍然是对西方旅游人类学理论和方法的变相使用,实际提高并不大,并且缺乏真正从中国旅游发展现实、中国社会文化特点出发的理论和实践探索。

从研究人员来看,不仅仅只有专门从事旅游人类学研究的旅游人类学家,还有民族学家、社会学家,而更多的是旅游学研究者,对旅游人类学的理论和方法进行学习、借鉴和实际运用。其中最为突出的是孙九霞和保继刚的"社区参与的旅游人类学研究"的系列文章。在此系列文章中,他们更多的是借用了旅游人类学的研究方法,如田野调查、利益相关者的分析等,分别讨论了阳朔世外桃源、阳朔遇龙河、西双版纳傣族园中社区参与问题,在表明社区参与在实践操作中的困难的同时,也为有效执行等提出了合理建议。目前旅游人类学研究呈现多学科共同融入的现象。同时也出现了研究者对基础知识、理论发展背景不了解,无法完全掌握的情况。许多关于旅游人类学研究的资料都缺乏真实性,其来源的可信度不高,内容粗浅、形式简单,有的甚至是口口相传得到的。很多时候都是研究者自行设计表格,到地方上走访一趟,填写表格,将所收集的信息整理之后形成自己的观念即可。根据这种不正确的调查形式,研究者得出的结论缺乏可信度和真实性。导致这种现象的主要原因是很多人类学学者从未真正涉足过旅游人类学领域。由此看出,由于中国旅游人类学研究起步较晚,旅游人类学研究队伍的各个方面都与国外旅游人类学研究队伍存在较大的差距,而且并未形成完整的规模。目前国内的旅游人类学研究者尚未做出重大贡献,仅仅有几位学者成功引进、翻译与介绍了西方旅游人类学的研究成果。

虽然我们看到国内学者在运用人类学研究方法与原理探讨中国旅游问题等方面取得了一定的研究成果,但更应该知道,与西方相比,很多理论研究只是停留在表面,缺乏深度,很多研究成果形式简单缺乏新意,不容易被国际社会认可:中国社会的急剧变迁和经济的日益全球化,为中国旅游人类学提供了广阔的研究领地,但快速发展的旅游文化、旅游地也增加了研究难度,这既是更好地研究旅游人类学的机遇,也是对传统的人类学研究提出的挑战。为了更好地研究旅游人类学,适应学科发展现状,旅游人类学研究者都必须重新学习相关的理论知识和研究方法,无论具有何种学科背景,重新学习都是必要的,旅游人类学学者对旅游人类学的研究需要进一步思考和反省,正确认识中国现实情况,逐步实现理论上的跨越和提升。借鉴西方的旅游人类学理论,结合中国现实情况,这样我们才能创建真正意义上的中国旅游人类学。我们的研究应该是全方位的,不应该只是从自己的利用角度出发,应综合考虑旅游地的利益,研究不是简简单单的验证,而是寻找和发现的过程。只有这样,科学研究才能得到真实的数据,研究成果的质量才能提升,并最终促进中国旅游人类学走向成熟,我们要通过积极努力的行动改变现状,促进中国旅游人类学研究的发展,有朝一日能为国内旅游人类学研究的进展"添把火",为深化国内旅游学研究、促进国内旅游业持续发展"加把柴"。

第三节　旅游人类学的价值与优势

旅游实践的发展表明,对旅游活动绝不能仅仅只从一个视角或局部进行单一或分支研究,而更应该从综合的角度来审视旅游活动这一复杂的社会现象,于是对旅游的研究视角和方法从旅游学进一步拓展到了以定性内在本质分析见长的人文领域。同时,20世纪六、七十年代,旅游活动开始在世界各个角落急速蔓延,此时人类学家不得不放弃原有的认为旅游研究是肤浅的、不严肃的陈旧观念,开始了对旅游活动的关注和有别于旅游学的另类研究,更有学者甚至认为,如果人类学不对旅游活动加以研究的话,那么就无法正确认识,至少无法正确全面认识我们所在的生活、社会和人类。最后,旅游人类学也就在这种看似无心、实却有意的时机下应运而生。

而这种研究视野上的转变,事实上是由旅游作为一种错综复杂的社会现象和人类活动或行为的双重性所决定的。一方面,旅游活动的完成离不开旅游者与旅游业各种行为的相互关系,其中包括与旅游活动密切相关的政策取向、服务供应、社会支持、产品生产等各方面因素的支持,其直接的表现就是旅游活动的经济特性,在表面上很容易被人觉察;另一方面,旅游作为一种人类需求,不仅仅表现为可见的外在的经济性质,还包括只有通过分析才能判断的人与人之间的关系,因为这种关系有的有形,有的无形,而且如果这种关系转移到人与物的关系上,大都不易被觉察,所以它的存在使得旅游现象具有不可见的文化特质,即人文社会科学的内涵。

马里奥蒂在著作《旅游经济讲义》中从经济学角度分析了关于旅游的双重特性,系统地剖析和论证了这个特性。在书中,马里奥蒂得出的结论是旅游活动属于一种经济社会现象,分别从旅游活动的形态、结构和对社会产生的影响等方面进行了分析阐述。

因此旅游研究首先对旅游者、旅游业及两者之间的关系的性质、特点、作用机制、功能结构等宏观外表开始研究。其次,当研究探索达到一定程度时,就能够进一步了解旅游文化的内涵,看到旅游的真实面貌及旅游文化内涵与社会发展之间的关系,可以从微观角度分析研究旅游中的细节问题,即"由文化出来"。于是申葆嘉倡导旅游研究应该运用"经济进去,文化出来"的方法,这样可以清楚地认识旅游的真实面目和本质内涵。而旅游人类学的研究方法和角度恰好符合旅游研究的这一趋势,因此这种方法就有了存在的可能。旅游学被视为人类学研究在特定领域的延伸和扩展,或者说是旅游学作为边缘学科、为了发展寻求支持而与人类学完美结合,因此二者的有机结合存在因果性和必然性。旅游发展以经济为核心的总的发展方向被旅游人类学扭转。旅游发展的目标逐渐转变为提高人们的文化素养、道德修养,加强外部交流,相互学习、借鉴优秀文化精粹,发展中华文明等。最后,旅游文化研究的重点被放到国内外旅游者和旅游接待地之间相互接触和沟通过程中产生的各种文化关系和现象上,多采用旅游人类学中的主客关系理论、跨文化沟通理论等核心理论,将旅游文化看作一种社会文化来对待和研究。这样有利于中国旅游紧跟世界旅游的脚步,符合世界旅游的发展规律,即持续、健康、稳步发展

旅游人类学有下述几个方面的学科价值。

第一,旅游研究借助人类学学者研究中以人为本的理念,运用独特的视角和研究方法,从多方面运用广阔的视野进行研究。

第二,学者运用人类学的理论观点、研究方法实现了对旅游活动的现象和本质的深入认识,这样有助于加快研究的进程,同时也使人类学研究自身得到提高。

第三,旅游学是人类学研究在特定领域的延伸和扩展,或者说是旅游学作为边缘学科,为了发展寻求支持,而与人类学结合。

第四,旅游人类学的学科性质、研究方法和研究途径,不仅能帮助人们更好地理解旅游者和他们的旅游行为,而且还能更好地帮助人们理解和比较其中所涉及的不同生活文化形式,并可以将每一方都置于相互联系的整体之中来加以研究,以此帮助解释各种复杂的旅游文化现象,为未来的旅游研究指明前瞻性的方向。

第五,旅游人类学的研究成果既可以得到政府或相关旅游组织或企业的关注、认可和采纳,同时它也可以为政府或相关的旅游组织或企业做实用性研究,从而使得学术研究与实际运用联系起来,深刻地体现出实用价值。

在中国,旅游人类学学科的价值、特点和优势具体体现在以下几点。

首先,开展旅游人类学的研究,是中国旅游理论研究和国际接轨的不可缺少的重要环节,是当前旅游研究的发展趋势。

其次,借鉴国外的先进经验,结合中国旅游业发展的实际,对本土文化进行研究,具有重要现实意义。

最后,把旅游人类学的理论和观点运用到我国的旅游业研究当中,指导政府对旅游发展的宏观调控,指导各类旅游企业的经营管理,指导对外旅游和文化交流的发展方向,这样可以使我国的旅游业发展少走弯路,并朝着健康、可持续发展的方向继续迈进。

几年前,已有学者就如何创建中国旅游人类学学科发表了个人见解。该学者不仅指出中国开展旅游人类学系统研究的必要性和可行性,还向读者介绍了广州大学关于旅游人类学学科建设的探索和思考,并提出《中国旅游人类学》一书的内容结构框架。不可否认,这是国内学者为中国旅游人类学学科建设所做的大胆尝试和努力,然而,从上述中国旅游人类学发展及研究现状的梳理可知:中国旅游人类学学界对西方同行的研究成果尚处于引进、学习阶段,大量个案实证研究仅仅只是借用西方旅游人类学理论和拓展其研究对象及范围,并没有在方法论和理论研究方面有实质性突破和创新。而此时,西方的旅游人类学研究则已发展到对旅游过程、参与体验、文本虚实以及话语权力等"后现代"问题的深入研讨层面。所以,中国旅游人类学学科体系的构建任重而道远。就目前的研究现状而言,我们可以发挥"洋为中用、古为今用"的"拿来主义"学习优势,扬长避短,在旅游人类学实用性和本土化上做更多的努力和创新,结合当前中国社会和经济发展的新局面和新要求,为中国旅游人类学的发展而努力。

第四节　旅游人类学的方法论体系

一般而言,方法论大致包含两个互相关联的部分:一是有关方法论的理论问题;二是具体的研究方法。关于方法论的学理问题,从大的方面说,人类学研究最关心的是社会群体的文化表现和社会行为人类学家必然会在这样的学理背景下去面对社会和社会群体的各种活动。既然旅游已经成为当代社会一种具有广泛群众基础和经济基础的社会活动,对整个社会文化变迁起到越来越明显的作用,它必然会对传统的社会结构和功能产生巨大的影响和作用。

人类学毕竟不是研究单一性"过去"的社会,也不是专门研究"僵死的或化石般"

的社会组织,与其说传统的人类学侧重于研究那些相对于工业社会"封闭的""落后的""小规模的""弱势群体的"社会、社群和社区,毋宁将它们视为某一种具有文化发生学意义的案例和样本。重要的是,它们本身存在着从发生到发展的历史过程。

今天,既然旅游已经在这个历史进程中被打上了深深的烙印,而一些少数民族、弱小族群也开始对广大游客持开放的心态,在"世界一体化"的进程中,这些地方必将以自己独特的方式迎接来自世界各地的游客,接受他们带来的文化、习俗,甚至这些民族中的一部分人也将成为游客,去向世界各地例如,云南纳西族文化的发展变迁与当代旅游业密不可分,没有当代旅游业,他们将无法参与到联合国教科文组织的"自然与文化遗产"的评估中,更不会获得荣誉,这些都离不开外界因素的作用,如中国旅游部门的政策、法令和法规。如果没有近十几年旅游业的发展,纳西人、纳西文化、纳西社会结构与社会关系绝对与现有的情形存在巨大的差异。既然这一切都为人类学研究所关注,那么,旅游人类学在方法论上便有了充分的学理依据。

旅游人类学在研究方法上的具体表述和使用,具有多种多样的形式,根据研究者的具体项目的不同而发生变化。比如说,研究者的主要目标是游客,那么其就需要采用更多的社会人类学中的量化指标,通过比较的方法来达到研究目的,很明显,就具体游客或某一个旅行团在旅游活动中的有限时间而言,研究者即使完整使用"参与观察"的方法,所得到的信息也十分有限、得到的认识也十分肤浅。因此,借助社会学研究中的统计手法和量化数据就是一种必要的补充。如果研究者的研究目标是东道主社会,即了解旅游对东道主社会的作用和影响,那么其可以采用传统人类学的田野调查方法在研究游客的行为、心理时,采用访谈、观察和量化等多学科的研究方法便较为有效,不过,作为人类学研究方法的常识和常项,以下方法需要加以强调。

既然人类学的"基本功"与民族志研究分不开,那么传统的人类学田野调查法中的"参与观察"方法自然不可或缺。人类学家通过对某一种族、某一社会群体长时间的观察,从当地的自然环境、社会关系、生产情况、生活方式、风俗习惯等全面去了解和认知,通过这些认知来介绍这一民族的居民、环境、文化等。并在此基础上去寻找特定人群的精神活动,包括认知、信仰、精神、心理等。

多数人类学家认为,社会文化是一个特定的系统,是一个具有族群特征和地缘特征的知识体系,要弄清其中的关系,特别是客观与主观的相互关系。当一种外来力量进入并影响这一个社会体系和结构的时候,我们就会很清楚地看到哪些因素发生了裂变。如果我们把当代的旅游行为视为"世界经济一体化"和"全球化"的一种必然产物,当它不可阻挡、不可避免地进入社会生活的方方面面时,我们就可以很清楚地看到因为旅游活动的出现给某一个民族、族群、社区、村落所带来的变化。比如为了适应"民族旅游"的发展,少数民族地区加快了铁路、公路的建设,而随着这些现代化的交通方式进入山寨、村庄,大量的商品也进入其中。交通、商品、游客随着旅游到来,对传统民族文化无疑起到了巨大的"触动"作用,人类学家通过传统的田野调查方法不仅可以把握传统文化的轮廓和脉络,而且也可以亲眼观察、亲身体验旅游的社会化对传统社会造成的震荡。所以,我们首先要强调的还是传统人类学民族志的田野调查方法。

旅游人类学属于一个应用性、新兴的分支学科,其中一个显著的特质便是与其他学科的整合研究。因此,整合的方法也就显得很有必要。一方面,作为一种特殊的社会活动,当代的旅游行为本身包含着许多复杂的成分。从最简单的外部条件来看,人们必须在经济收入达到基本富足且有剩余的情况下才有可能实施旅游计划。这一经济前提又至少与三个因素有联系:国民经济的社会运行相对健康、稳定,能够享受旅游休闲的人群和阶层越来越大,人们可以在家庭预算中将旅游开支列入其中,良好的旅游社会环境和与旅游相关的产业、行业相对发达。游客可以通过货币交换的形式来获得旅游行为的实现。鉴于此,社会化的旅游活动并不是某一个独立的学科可以全部囊括的。因此,旅游人类学也必然会采用一些相关学科的方法,除了用人类学访谈的方法外,还需要借用诸如社会学统计、社会分层、经济交换、地理测量的方法,历史学中常用的历时性方法,甚至政治权力分析的方法等。当然,旅游活动研究也与旅游行业、旅馆业以及其他服务行业的研究密切相关。事实上,近些年来许多学科都对旅游活动进行了大量研究,这些来自不同学科的研究成果都从某一个学科的角度对旅游活动进行了大量深入的分析,它们为不同学科在方法上的整合提供了可能和便利。最有代表性的著作有:格拉本的《旅游人类学》、格雷的《国际旅游中的经济学原理》、米切尔的《旅游地理学》、马修斯的《政治科学与旅游》、斯特林格的《旅游社会心理学》和科恩的《旅游社会学》等。

我们之所以会在旅游的文化研究、地理研究、社会学研究和人类学研究中听到那么多不同的声音,其原因大致有以下几种情况。

第一,由于研究者在获取和使用资料上的不同,包括获取数据来源的不同、研究方法的差异、学科背景和知识体系的差别等,造成在分析上的侧重点不同。比如旅游社会学的研究大量采用统计的方法,通过对不同的社会分层采用抽样、问卷等方式,了解不同的游客对旅游的态度和评价,旅游人类学则需要采用田野调查法中的"参与观察"的方法、亲历旅游的过程,而地理学家则更关心旅游与自然、环境、生态等的关系。

第二，理论上意识形态的差异，这包括研究者的意识形态差异，比如西方"新马克思主义理论"的信奉者在对旅游进行分析的时候，会很自然地把旅游代入社会的阶级、阶层理论中，利用"经济基础/上层建筑"这样的理论框架去分析。而"后殖民主义理论"的信奉者则会习惯性地把"游客/东道主"纳入"我者（西方）他者第三世界"这样一个范式里面去思索。这些明显地带有理论上意识形态观念的研究，必然会产生不同的分析和解释。

第三，偏向于理论的研究与偏向于决策或行政部门的研究，其观点有时会出现很大的分歧。许多第三世界国家的旅游决策和行政部门，特别是后者，对待旅游发展的着眼点会出现"急功近利"的弊端，旅游会被认为是行政部门的"任内业绩"，因而与利益挂钩。相反，从事旅游理论研究的人员会更多地考虑旅游的长远利益。理想的旅游研究应该是多学科力量的整合、理论与实际的结合、长远利益与短期效益的配合。

无须讳言，旅游人类学也面临着一些问题和窘境。富兰克林和克朗曾经发表过一篇题为《旅游与旅游理论的困难》的文章，大致总结了当代旅游研究和旅游理论中的一些困境，主要表现在以下三个方面。

第一，旅游研究面临着一些悖论。一方面，作为一种客观存在，旅游研究试图通过个案调查去记录旅游实际发生的过程和它的多样性。而旅游研究同时又是一种政策指导下的产物，作为一种客观形态的旅游和政策之间的矛盾是很难在研究中被调解的。换言之，很难在政策与客观的旅游活动之间获得一个平衡点——既符合旅游活动的内部规律，同时又能完全适合于政治性的政策导向；另一方面，旅游活动与旅游研究之间迄今为止仍然存在着这样一种背离，即旅游研究得出来的分析和理论并不能很好地应用到实际的旅游活动中，基本上仍局限在很小的理论家的圈子里。

第二，我们所理解的旅游基本上成为一种物化性事物，一种生产、一种行为，尤其体现为一种经济事物。第二旅游研究在方法上受到限制，一方面，旅游研究被限制在旅游的影像之中，而旅游影像又与一系列相互分离的地方化事件相联系，这些地方化事件又与非常复杂的东道主社会历史因素掺和在一起；另一方面，旅游活动本身就包括具体、琐碎、相互分离的多种活动，诸如离开家庭、到达目的地、参加旅游活动、购物等衣食住行的具体事务，因而在研究中很难把这些日常琐碎性事务与逻辑性的理论分析完美地结合起来。旅游研究的窘境还表现在社会历史文化中存在诸多不确定因素。旅游作为一种社会现象，原本就与瞬息万变的当代社会关系密切。实际上，当代游客的旅游动机中也存在一种逃避心理，主要是因为当今社会复杂多变,人们无法紧跟时代变化的脚步,无法完全掌控自己的社会地位,这在心理学上属于"迷醉"心态。这就是为什么有学者认为,在"后现代游客"中存在着一种处于"非条件性的变形"的"迷狂"状态的原因。当人们对不断扩张的欲望的控制超出其极限的时候,便会出现这样一种状态。很明显,这是西方哲学中"酒神精神"原型的移植,所表现出的基本情状是由于人们对现实以及未来不可预测因素的无知、无助、无力和无可奈何,便遁入像酒神狄奥尼索斯那样一种"迷狂"的情态之中。"后现代游客"的旅游动机当中确有几分这种因素。所以,如果研究者要对游客的旅游动机和心理原因进行分析,在理论和方法上必须借用一些心理学的知识和手法。

在旅游人类学研究中,历史性的整体比较研究常被运用到具体的个案研究中。这类研究主要是通过分析一个大的社会事件是如何改善某一地区或者某一民族旅游条件,使旅游在短时期内"升温",进而了解它对当地文化和民族传统所带来的重大影响。比如,在某一地区修建机场、建设港口、开通铁路、开辟经济特区、开通高速公路等,这些政策性很强的重大措施的施行、巨大工程的完成等无疑都会给地方带来经济上的"强力拉动"。由于现代旅游在很大程度上依赖于这些政策和工程,特别是交通通信工程的发达与便利,所以它自然会带动所谓"大旅游带"的形成。然而,对于那些旅游东道主社会来说,这些政策和大工程仿佛就像一把利刃,将他们的生产和生活状态割裂开来。旅游给这些地方和民族带来的影响是巨大的,使地方和民族文化产生类似于断裂的情形。对于这样的案例研究,"交叉式的比较"是一个不错的选择。它以确定的大事件为基点,一方面可以对某一个地方或者族群作纵向的历时性透视;另一方面可以对大事件所辐射的范围做横向的共时性比较。

第二章　乡村旅游文化概念体系

第一节　旅游产业的解析

一、旅游产业的背景分析

在当代世界,衡量一个国家实力最重要的指标是其资本规模以及通过资本再生产的能力。所以纳什认为,当代世界最大的资本家就是美国,它在世界上占据着核心地位,当今世界体系中美国是所有民族国家中最具有生产能力的国家。当然,这里的生产能力不仅包括了资本的再生产,也包括权力的再生产和各种社会价值再生产的能力。这种资本的"社会核心化"产生了社会的"权力中心化"。同时,这一过程必然导致与资本的核心角色和超级大国的权力化,相对应的其他领域和广大第三世界的边缘化。

一方面,我们看到了在旅游工业的生产过程中,到处飘荡着资本的影子:在涉及现代旅游的基本概念和要素里面,资本保障着它们,特别是在提供物资设备方面,资本起着至关重要的作用。第三世界的广大地区存在着许多可以开发的旅游资源,可迄今为止少有游客光顾,其中一个主要原因就是缺乏资本的投入。

另一方面,世界经济的一体化进程,使人们意识到它可能给人类未来的生产和生活带来社会价值一体化的灾难,文化的多元性与多样性在这一过程中面临着与生物多样性一样被破坏的危险。从这一层面看,旅游至少在客观上起到了对不同国家、不同民族、不同文化的了解和认识的作用,有助于人们提高对文化多元性和多样性保护的觉悟和意识。旅游活动可以使人们产生这样一种认识。随着世界经济一体化趋势的发展,文化的多元性与多样性遭受破坏,旅游的基本功能也就丧失了,这是因为人们参与旅游的一个主要动机就是要观察、了解和体验不同于游客日常生活的社会样式和文化差异,人们通过旅游活动除了可以清晰地看到资本这一"怪物"的面目外,还可以看到旅游机构所起到的作用。很显然,现代旅游与过去那种带有政治、军事或宗教使命的旅行以及个人冒险性的旅行不同,其原因之一就是为了保证现代旅游的顺利和高效,为了适应这种要求,各种类型的旅游组织和旅游机构大量出现,它们既有国际性的、国家性的和地区性的,也有行政性的、参与性的和研究性的。这些担当不同职能的旅游组织与机构对旅游政策的评估、咨询、决策等都起到了不可或缺的作用。有的学者因此主张对这些旅游组织和旅游机构进行必要的专门研究，以考察和比较旅游政策的产生、实施以及实施效果。传统的人类学在对社会进行研究时，历来把社会组织作为最为重要的内容，所以，旅游人类学也必然要对与旅游产业相关的组织、机构的机制及其功能进行深入的研究。

二、我国旅游产业发展现状研究

我国旅游业目前的发展现状可以概括为以下几个方面。

第一，人民用于旅游的消费支出逐渐增多，旅游消费水平逐渐提高，旅游消费结构呈现多元化的趋势，旅游总体水平逐步向发达国家看齐。据预测，21世纪末我国人均国民生产总值将大幅提高，到那时人们的旅游意识也将趋于常态化，目前我国人均国民生产总值仅仅达到满足国内旅游需求的水平，这是造成当前旅游消费水平普遍偏低的主要原因。伴随着经济水平的提高，人们对旅游过程中提供的服务、配套设施等的要求也将提高。在旅游过程中人们要求吃得好、住宿条件好，交通条件好。这类基本满足性要求已经逐渐向舒适性需求转变，当前我国国内旅游消费结构中吃住行占的比例较大，能达到75％～85％，其他相关方面仅约占15％～25％，而在旅游业相对发达的国家，如新加坡，其旅游消费中娱乐购物游览约占消费总额的60％。在我国旅游消费中主要以物质消费为主，精神消费为辅。随着我国旅游业的发展，多样化的旅游产品的开发，旅游配套设施的进一步改善，今后在我国国内旅游消费中精神消费的比例必将提高。

第二，旅游人数及团队数量将稳步增长。当前我国国内旅游人数年平均增长率在10％以上，随着国民经济水平的不断提高，旅游人数也必将持续增加。目前我国国内旅游多数以散客为主，主要是因为国内旅行社增长速度较慢、经营风气不正、服务质量差、诚信度低，使得游客更倾向于自由行。随着旅行社的发展及服务质量的改观，今后将会有更多的人选择跟团游，旅行社提供吃、住、行游览观光一条龙服务，具有方便、费用相对较低、节省时间等优点，这也将吸引更多的旅游者。

第三，旅行路线的改变。随着社会经济的进一步发展，人们将不再满足于距离较近的短途旅行，而是向往距离较远的中长途旅行。旅游的区域不断扩大、热门目的地维持热度，一些冷门地方也能随之不断升温。交通便利程度是旅游业发展的重要影响因素，便利的交通能使人们缩短旅途的时间，增加游览的时间。因此,随着交通条件的改善,人们逐渐将眼光放远,南方人可以感受冰城的温度,北方人可以体验亚热带的温暖,大陆人可以亲近辽阔的大海,沿海人可以探寻奇峰异谷的神秘。

第四,旅游方式由单一化向多样化发展。目前旅游主要以观光为主,内容单一,形式单调。总的来说就是白天看景,晚上睡觉,白天疲惫,晚上无聊。但随着日常生活的多样化发展,旅游项目也应趋向多样化,游客能在旅游中体验更多的乐趣。人们旅游的目的不再单单是游山玩水,而是要享受更好的服务。人们旅游的形式也逐渐由观赏型转变为享受型,并逐步发展出民俗旅游、探索型旅游、科学考察旅游、生态旅游、保健康复旅游、体育旅游、文学旅游、美食旅游等各种形式的旅游。

第五,旅游形式构成中公费旅游比例降低,自费旅游比例增加。目前国内公费旅游主要以职工奖励旅游、会议旅游、公务旅游为主。虽然公费旅游占有较大比例,但其呈现下降趋势。而随着人民生活水平和经济收入的提高,更多的人将采用自费旅游形式。

第六,国内旅游业的服务质量和配套设施日益提高和改善。国内旅行社的数量增加,旅游相关支柱产业日趋完善,能够满足消费者日益提高的生活需求。旅游交通状况将不断改善,但由于我国旅游者人口基数庞大,旅游过程中交通拥堵状况仍将频发,尤其在热点地区的节假日时期表现得更为明显。

第二节　文化与旅游文化

一、文化概述

文化的概念十分复杂,概括来说,对文化的定义,可以分为宏观、中观和微观三个层次。从宏观的层次看,文化涵盖人类文明所有成果,主要包括物质文化、精神文化、制度文化三个部分。这三个部分,既各有其相对独立性,又彼此相互依存和相互制约,构成一个有机联系的文化整体。其中精神文化和制度文化共称非物质文化,与物质文化相对应。从中观的层次看,文化就是人化。人化主要指精神成果的创造性转换,是人类精神领域客观形态变化的反映,核心内容是作为人类精神产品的各种各样的创造性知识。从微观的层次看,文化主要是指学术思想与价值观念的对象化(内化和外化)。

文化是人类在生存过程中不断改造自然而产生的,以人化为宗旨、以价值观念对象化为实质的人类文明进化过程。文化具有存在于人的一切活动中的特性,这种特性不像政治、经济、科技、自然活动等有具体的对象,而是能够影响、制约、人的一切行为活动的深层次的东西。文化涵盖的范围非常广泛,包括人类社会进步、社会发展、文明进步等物质的、精神的因素,甚至个人的心理、思维、行为等也包含其中。一般而言,文化具有以下基本特性。

(一)文化是人类实践活动的对象化

文化是人在社会实践活动中,不断适应环境、改造环境,提升自我价值的过程,是各种活动的历史积淀。这一过程是人类个体与社会群体之间综合素质的不断完善与进步,是对自然资源的不断改造。文化的本质含义是人类价值观念在社会实践过程中的对象化,或者说是人类创造的文明价值经由符号意义在传播中实现的过程,包括文明成果创造和内在身心智慧塑造两个方面。

(二)文化是历史积淀下来的被群体所共同遵守或认可的共同行为模式

文化是群落中的人们共同具有的。文化是同一文化群落中人们共同的社会心理、共同的价值体系等的综合。它对个体具有强制性,一个人如果明显背离其所生活地区的文化时,他的生存就会陷入困难。法国著名社会学家埃米尔·涂尔干强调,文化对个体具有强大的影响力,存在于个体之外、围绕在个体周围。因为日常我们都是以文化所规范的模式和行为存在,所以感受不到文化的强大影响力。但是一旦我们试图反抗文化时,这个影响力必将显现。

(三)文化就是自然的人化

文化意味着自然界的人化,一个混沌的、自在的自然界不适合人,它不是文化的,而是自然的、天然的、野性的。人则按照自身的需要、理想改变自然,赋予自然以人的意义、人的目的、人的本质力量,并把自己的生活状态(其中蕴涵人的理想和价值)物化、凝聚到对象上,或者创造出人工自然,于是自然就这样被"文化"了。文化是人类在进化过程中衍生或创造出来的,是人类共同创造的社会性产物。

二、旅游文化

旅游既是一种文化现象,又是一种社会经济现象,是社会经济文化发展的必然产物。旅游实质上是一种文化交流的活动、旅游者是旅游的主体,其旅游的目的是体验不同的文化即旅游文化。旅游文化是旅游业发展的灵魂,是旅游业可持续发展的源泉。

旅游文化的特点如下。

(一)民族性

旅游文化是民族历史、民族生活、民族精神、民族性格的一种体现,体现了民族文化基础。一个国家或地区的旅游业如果没有自身特色,缺失民族传统文化,将无法体现本国、本民族的文化内涵,失去吸引力和市场竞争力。民族个性是旅游文化的精髓,不同民族间的相互吸引、交流,是旅游文化最具魅力的方面。民族传统节日是一种最重要的旅游文化资源,也是民族文化的基本组成部分,是民族文化的浓缩和集中展示,它凝聚了民族的价值观念、文化心理、伦理道德、宗教信仰、风俗习惯。同时民族传统节日还集民族建筑艺术、民族服饰艺术、民族饮食特点、民族神话传说、民族歌舞艺术于一体,成为观察和认识某一民族特有文化形态的主要窗口,成为理解与把握某一民族文化风貌的重要渠道。在中国一些富有鲜明民族特色的少数民族传统节日里,比如蒙古族的那达慕大会、傣族的泼水节、彝族的火把节、土家族的摆手节、藏族的雪灯节等,游客可以从看、听、吃、穿、游、购、玩中切身地体验到不同民族特有的文化内蕴。

(二)移动传播性

旅游主体在追求自由的本质力量的驱使下,不断跨越两个或多个文化空间和社会环境,并吸附大量的旅游中介体参与进来,形成一种动态的线性结构,并呈现出一种移动传播性特征。一方面是移动性特征。旅游主体由于其永无止境的探索与精神超越,总是使自己处于运动状态之中,使旅游文化系统的各个环节因其移动而呈现出移动性特征,使旅游出发地、旅游客源体、旅游中介体乃至旅游目的地的文化联系在一起;另一方面是传播性特征。不同地域的文化,随着旅游主体的运动而漂移和扩散,旅游主体是其所在民族、地区文化的载体。中国旅游者承载的是中华五千年的文明,西方旅游者同样承载的是西方悠久的文明。由于旅游主体的移动,其所承载的文化,也随着旅游者的运动而传播。与此同时,旅游主体在移动中所接触到的异质文化也会对其产生影响。旅游主体将会把目的地文化传播到出发地,从而形成不同文化的碰撞、交流和融合。

(三)区域性

由于旅游主体、旅游客体与旅游介体的区域差异性,旅游文化也表现出强烈的区域性,从而在不同类型的地区形成别具一格、精彩纷呈的旅游文化。比如同样是江河文化、长江文化、黄河文化、淮河文化、珠江文化都有各自不同文化发展的历史,展现不同江河文化的特色,同样是山的文化,泰山的雄伟、华山的险峻、峨眉山的秀美、青城山的幽静等,都分别折射出不同地域的山文化的韵味。旅游文化的区域性差异是旅游活动得以发生的根本条件。

(四)传承性与创新性

任何一种新的文化形态的产生和发展,都不是凭空的,而是借助于原来文化成果中那些合理而有益于发展自己的部分。旅游文化的传承性体现在物质层面、制度层面和观念层面上。随着历史的发展和时代的进步,旅游文化不断得到充实、繁荣和提高。在传承历史旅游文化的基础上,吸收外来文化的优良成分,不断创新出既符合历史文脉,又体现时代精神的新的旅游文化。

第三节　乡村旅游文化特征

一、乡村旅游文化的双重性

乡村旅游行业以自然存在的乡村场景、生产生活风貌、自然环境等为条件,并将其发展成旅游的项目,吸引旅游者和观光客到乡村生活、旅游、娱乐等。因为乡村旅游活动的特定性,所以乡村旅游文化在很多方面展现出双重性特征,主要表现在以下方面。

(一)乡村旅游文化是旅游消费文化中旅游经营文化的综合体

观光旅游者与旅游行业经营者就是乡村旅游文化中的对立统一体。文化产品的消费者就是观光旅游者,他们的活动方式主要是以消费的形式存在,其目的就是在感官上得到一些审美感受,而旅游消费文化是其体现和创造的主要形式,日常生活中文化产品创造者就是旅游行业的经营者,他们主要通过创造有特色、有韵味的生活方式来达到获得经济利益的目的,这些充分诠释了其行业的经营文化,而我们所说的乡村旅游文化就是旅游消费文化和旅游经营文化的统一综合体。

(二)乡村旅游文化是延续性与暂时性的综合体

我们平时生活中的观光旅游者的旅游生活是非常短暂的,一般只有几天或者几星期。某个个体或者某个团队的一些乡村旅游文化生活大多数以其旅游活动的开始为开始,以其活动的结束而结束,具有暂时性的特征。恰恰是因为这种暂时性的特征,使得旅游消费和我们日常生活的消费有比较大的差异。旅游在人们正常的生活中是一种对精神生活的向往和追求,也是一种对生活中烦琐的事物短暂的逃脱或者反叛。为达到内心的安宁,是对文化的一种回归,增添了别样的生活色彩。然而就整体而言,旅游活动一直不会停止,虽然个体或团队的一次旅游活动结束了,但是整个社会中的各项旅游活动依然在运作,依然在进行。同时我们的乡村旅游文化依然也在不断地进步,不停地发展。此外,旅游行业的工作模式相对来说是比较稳定的,一般不会产生较大的变动,旅游接待文化固定之后,不会因为观光旅游者的变更而对其产生影响。所以我们说,乡村旅游文化也具有一定的稳定性特征。

(三)乡村旅游文化是文化差异与文化统一的综合体

我们日常生活中的种种旅游活动源自旅游个体或旅游团队对文化空间中新与异、奇与美的追求,存在着对空间不同的文化的探索和体验,表达了对时间上存在差异的传统文化和新型文化的追求和向往。富有特色的乡村旅游文化是在我们社会中不同文化冲突的背景下产生的。我国经济学学者指出:产品的质量和差异在很大程度上决定着国际贸易所需要的总量。长久以来的实践证明,在旅游行业中,旅游产品文化上的差异决定着市场对其的需求。所以,塑造有特点、有特色的旅游产品是旅游行业的首要目标。

如果文化差异性的扩大超出其正常范围的话,则文化之间无法进行正常的交流和认同,文化旅游的吸引力就会被削弱。实际上,我国一些资深学者在对世界旅游业的分布和演变规律进行分析研究时就开始重视起来了。在发展乡村旅游文化时要保留其特有的民族、地域特色,但是也不能过于看重其民族性、地域性,要谨慎地对待,并对中外文化之间的关系进行详细的审查,使其不脱离于传统但是又不局限于传统,这样既能彰显出民族地方所具有的特色,又使其含有世界上的新的文化思想。只有这样做,才能将乡村旅游业更好、更快地发展下去。

二、乡村旅游文化的大众性

根据文化创造的主体和范围的不同,我们可以将其详细准确地分为两大类,一是"雅"文化;二是"俗"文化。这里所说的"雅"文化是指精英文化,是一种上层阶级的文化方式,它具有比较明显的人文理性的特征;而"俗"文化指的是大众文化,它是一种社会大众的文化方式,具有三个比较明显的特征,即商品性、娱乐性和消遣性。时至今日,旅游活动文化已经不单单是社会上层阶级的文化方式特权,它逐渐在社会大众中流行开来,是我们社会生活中大众对其紧张生活的抵抗,当今的乡村旅游文化将大众文化特有的娱乐性鲜明地表现出来。与此同时,旅游行业的大众化对其发展起到了积极的推动作用,为旅游行业的发展奠定了坚固的基础,所以,乡村旅游文化不是书斋文化,而是极具特色的民间文化;不是高堂文化,而是普及大众的庶民文化;不是上层阶级的"雅"文化,而是大众之间的"俗"文化,它具有非常广泛的大众性。

三、乡村旅游文化的双向扩散性

在平时的旅游活动中,旅游个体或旅游团队不但是文化产品的消费者,同时也是文化传播的介质。与一般的文化传播又有所不同,通过旅游个体或旅游团队所引起的文化的扩散具有双向性。一方面,旅游客源所在地的文化是由旅游者带入旅游接待地的,从而对接待地的文化产生了直接的影响;另一方面,旅游接待地的文化同时也会被旅游者引入客源地,进而对客源地的文化产生深远的影响。旅游者的不断流入,不单单会对其接待地的经济文化构成产生影响,还会对接待地生活的各个方面造成一定的冲击力,恰恰是由于这种冲击力,会使客源地和接待地的文化差异逐渐缩小。随着我们国家旅游行业的不断发展,势必引起旅游行业各界对乡村旅游文化的双向扩散性的高度重视。

四、乡村旅游文化的承袭性

乡村旅游文化的承袭性是指其具有代代相传的沿袭特点,主要表现在时间方面,这是可以从纵向角度加以考察的。时至今日,现存的乡村旅游文化基本上都是从旧文化中发展过来的,人们从先辈那里继承并发扬了文化成果,并以日益更新的方式将其发展壮大下去。并且,承袭民族的思维方式和行为规范不仅仅意味着沿袭,更要在意文化方面不断更新和变化。

五、乡村旅游文化的地域性

地域性特征指的是以空间为基础来探索不同地域所具有的特色文化的特质,能把游客吸引过来是其文化地域化的魅力所在,只有把这种地域化扩大,使之形成极具特色的地域性,才能使这种魅力长期留存下去。我们可以将其概括为"五里不同风,十里不同俗"。地域性文化形成的重要原因就是民族分布的地域性,而这种具有地域特色的民族文化代代传承下去,并逐渐沉淀到一个民族的灵魂当中,凝聚着民族成员的集体力量。深入探索文化的民族性和地域性不仅可以满足旅游者的好奇心理,还可以为科学考察提供资料,推动科学的迅猛发展。

第四节　乡村旅游文化的原理体系

一、乡村旅游文化的理论

在人类的发展历程中,文化整合在客观上是比较常见的现象,其本质就是不同渊源、不同性质和不同目标取向的文化,经过一系列的吸收、融合,将功能进行完美的协调。文化整合不仅仅是特定的区域文化从建立到发展的一个过程,更是文化发展的最终结果。要对乡村旅游文化进行详细的研究,就要从文化整合的角度出发,从更深的层次对乡村旅游文化进行深度的剖析,了解其内涵要想提升乡村旅游文化的品位,就要将乡村旅游文化在社会物质精神文化方面的作用全面地发挥出来。

(一)乡村旅游文化产业整合理论

乡村旅游文化产业跟其他文化产业一样,都是一种商品和文化特质的综合体,它把商业价值与文化价值紧密地结合在一起。所以,发展乡村旅游文化产业能同时提高区域内的硬实力和软实力,这也是它和一般产业的不同之处。

(二)对乡村旅游文化特色资源进行整合的理论

如何把自然旅游资源和人文旅游资源完美地整合到一起呢?首先,应该把对自然旅游的特色资源调查、分析和评价当作基础。其次，要根据不同地区的乡村旅游发展的水平与差异性来实施对应的功能、优势，以此满足游客不同层次的需求。最后，我们还要把区域内不同地区的乡村旅游资源的形象、色彩、声音等特征进行系统的整合，将其文化内涵完美地体现出来，把自然环境所代表的意义和寄托的情感整合起来，并对此进行特色命名。需要注意的是命名要具有丰富的文化内涵，这样不仅能把景观的主体形象表现出来，还能将其意境和氛围完美地诠释出来，从而激发旅游者的兴趣。人文资源所具有的内涵是固定不变的，关键在于我们要对其进行挖掘和系统的整理。

（三）传统与现代的旅游文化的整合理论

我们国内的自然和人文旅游资源都具有深厚的文化内涵，浓缩着中国几千年的历史文化。将传统和现代旅游文化进行系统的整合，对于推动旅游行业的发展有着重大的意义。那么具体应该怎样实施呢？

第一，对一定区域内具有特色的乡村传统文化进行深入的探索和研究，并发掘其文化魅力和内涵，这样做能促进优秀文化的发展。

第二，要将一定区域内的乡村传统旅游文化的价值和魅力最大限度地展现出来。例如，我国的传统草原旅游文化在其发展的历程中，不但将具有本地特色的传统文化发扬光大下去，还将现代文明的有利因素融入其中，这样既保持了草原旅游文化的风采，传递了草原文化，还增强了草原旅游文化适应社会和市场的能力，使其向更远大的目标策马奔腾。最后需要注意的是，要加大现代旅游文化的建设力度，大力开发现代化旅游项目。要想发展旅游业就要不断地探索，不停地创新，在其开发的过程中要以地域所具有的特色为基础，不要盲目地模仿。

我们的时代在不断地发展和进步，人们对旅游行业的重视和对其文化的需求呈现多元化的发展趋势，因此我们在发展地域性的乡村文化的同时，还要注重引入现代文明，如建设新的主题公园和开发高科技旅游项目，这样才会将乡村文化逐渐发扬光大。

（四）乡村旅游文化的区域性整合理论

在乡村旅游发展的过程中我们要注重区域性旅游文化的整合。

第一，要把各类旅游文化资源的层次区分开来，牢牢抓住其根本的内容，更加深入地开发旅游文化，明确其区域性旅游的目的，突出旅游地的特色。

第二,要加大力度进行区域旅游文化整体的布局,在其发展的整个进程中,要密切地关注地域之间的联系。例如,针对江苏旅游文化的整合过程,可以按地区划分出三种一级旅游文化圈,具体表现为以苏州和无锡为中心的吴旅游文化,以南京为中心能将多个朝代的历史文化深刻地表现出来的古都名城文化,以及以徐州为中心的楚汉源头旅游文化。这三个旅游文化圈各自带动着周边城市旅游业的发展。最后就是要大力加强区域文化组织和市场的整合力度。我们要严格遵循旅游文化发展的规律,努力创造出旅游文化发展的良好条件,使之适应旅游行业的市场竞争环境,并加强构建区域内旅游业和谐发展的有效机制,将区域旅游业整体的实力尽快地提升上来,以适应全球性旅游行业竞争的冲击。

二、乡村旅游文化的发展需要创新理论

(一)乡村旅游文化在主体上的创新理论

什么是旅游文化呢? 就是把旅游的本质进行综合性发展的文化样式,旅游的目的可能是寻求人性的解放和自由、实现自己对自然的超越、树立完美的文化人格,甚至可能是社会的进步和发展,从中我们可以看出,旅游主体的意愿在旅游文化中占有很大的比例。旅游个体或旅游团队进行乡村旅游活动的过程中,其所承载的种种文化形态,在与当地村民交往时会鲜明地表现出来。乡村旅游文化在主体上的创新也是人类旅游发展历程的创新。

1. 系统更新乡村旅游主体的旅游文化观念

要想针对乡村旅游文化进行创新,就要先对乡村旅游主体的旅游文化观念进行系统的更新。在某种意义上,乡村旅游主体所包含的创新思想和意识决定着乡村旅游文化创新的程度,也就是说旅游文化的创新是与旅游者观念的更新同时存在的,为了更好地适应现代化旅业的发展趋势,改善传统旅游行业的现状,我们必须对乡村旅游主体的旅游文化观念进行系统的更新,这样才能更好地让乡村旅游适应现代化生活方式,让其融入人们的日常生活中,以一种更好的方式被旅游个体或旅游团队所接受,赋予乡村旅游文化新的含义,使旅游文化的理念得到不断的升华,将生态旅游、绿色旅游和红色旅游等旅游新文化不断传递给旅游者,同时,我们要让乡村旅游文化与人们的日常生活紧密地联系起来,只有这样才能保持旅游文化持久的生命力。

2. 提升乡村旅游主体整体的文化素质

只有文化才能给予人生存的意义,背弃人和文化的发展状态是一种没有灵魂的发展状态。只有提升乡村旅游个体或者旅游团队的整体文化素质,才能创新乡村旅游文化的内涵。旅游个体或旅游团队不仅想要得到旅游产品和对应的服务,更迫切需要的是充实的、有价值的旅游生活过程。如果一个固定区域内的旅游个体或旅游团队缺少超越性的追求,那么其将无法从内心深处体会区域旅游文化的真谛,也会影响旅游活动正常的开展。旅游文化活动是一项娱乐、审美、求知等各方面因素综合的文化活动,如果缺失文化修养,旅游主体的旅游历程也将达不到完美状态,所以,一个区域内的旅游质量和规模是受乡村旅游主体本身的文化素质影响的。只有将旅游主体的文化素质(包括自然知识、人文知识、社会知识)提升上来,才能有力地推动旅游业的正常发展。

3. 提高乡村旅游主体的旅游审美与鉴赏能力

好奇心、求美、求新是我们人类与生俱来的本能。而旅游个体或旅游团队对审美的追求体现在整个旅游过程中,他们凭借着自己的生活经历、对事物的认知能力和对景物独特的见解,在旅游中不断进行筛选,并把自己的情感和景物紧密结合起来,来抒发内心的触动。正是基于旅游个体或者旅游团队具备一定的审美鉴赏能力,旅游活动才能完美地进行。

对乡村旅游主体文化进行创新,关键在于旅游个体或者旅游团队自我意识的提升,依靠现代化的旅游理念来提高自己的思想水平,用科学文化知识来升华自己的审美观念。乡村旅游主体的创新不仅是旅游个体或旅游团队的责任,更是整个社会的责任。

(二)整合乡村旅游介体文化的创新理论

乡村旅游主体与客观文化的媒介就是乡村旅游介体文化,它连接着主客体文化,乡村旅游介体文化在旅游的整体活动过程中起着重要的推动作用。乡村旅游介体文化主要分为两大部分:第一,乡村旅游企业文化;第二,乡村旅游行业文化,其中乡村旅游行业文化的传播主要是通过相对健全的行业管理的准则来实施的,使之创造出对旅游企业发展有利的环境,也有助于旅游企业的合理规划和布局。什么是乡村旅游企业文化呢?就是指在一个乡村旅游企业的生产经营和管理当中所创造出来的具有企业专属特色的精神和物质的完整体系,其中包括企业价值观念、企业精神、企业伦理道德等方面的内容。乡村旅游企业文化是乡村旅游介体文化的主要组成部分。

乡村旅游业迅猛发展的同时，市场竞争也日益激烈。在激烈的市场竞争中，乡村旅游企业要寻求稳定的发展，就要加强企业的文化建设和创新，把卓越的乡村旅游企业文化当作追求的目标。

（三）整合乡村旅游客体文化的创新理论

什么是乡村旅游客体呢？就是旅游者在乡村旅游活动中所要面对的对象。充分挖掘乡村旅游资源文化内涵的最终目的就是创新乡村旅游资源文化，要有效合理利用乡村旅游的资源，构建极具民族特色的景观，"垄断"具有自身特色的乡村旅游资源，加强乡村旅游在市场中的竞争力，尽可能地开发乡村旅游资源的文化底蕴。这主要分为三个层次：第一，将其蕴含的文化内涵充分挖掘出来；第二，将已经开发出来的文化内涵进一步提升；第三，注意在开发过程中所衍生出的全新的旅游文化。

1. 深入挖掘自然旅游资源的文化内涵

自然旅游资源包括地质地貌、水文水体、气候气象和动植物等自然要素。天然形成的环境资源，其鲜明的地域特色赋予了自然旅游独特的魅力。

针对自然旅游资源文化内涵的发掘主要从以下几个方面考虑。

第一，自然旅游资源的科学性。自然界中各类景观都是客观存在的，形态结构各不相同的自然实体为人们了解、研究自然提供了理想的科学研究场所，我们要对其发展规律进行认真的探讨和研究，将其蕴含的科学原理全面地挖掘出来。第二，自然旅游资源的审美特性。挖掘自然旅游中自然美的文化内涵能提升旅游者的审美能力。自然旅游资源的自然美与和谐美是对旅游个体或旅游团队产生吸引力的关键所在。我们在对乡村旅游资源进行开发时要抓住其关键点，多角度、全方位地去考虑。第三，对乡村旅游附带的文化深度挖掘。乡村旅游附带文化就是指在乡村旅游的自然景观中附带有一定的神话故事、民间传说等基础文化信息。这些赋予了旅游地浓厚的文化气息和历史意义，高质量的乡村旅游附带文化是以一定的公众基础形成的，是一种对历史面貌的文化再现，能够增强自然旅游资源的文化内涵。

2. 深入挖掘人文旅游资源的文化内涵

人文旅游资源中传统人文景观和现代人文景观的结合,是人类创造的物质和精神文化的直接体现。要想对人文旅游资源的文化内涵进行深入的挖掘和研究,主要从以下几个方面来考虑。

对经过漫长历史征途遗留下来的人文旅游资源,首先,我们可以从其所具有的历史价值入手,挖掘其所蕴含的艺术特征。我们要实事求是,尊重历史,还原历史真相,保持其独特的传统文化特色。其次,针对现代人文景观资源的整合,我们要多角度地进行思考和研究,最大限度地避免固执地坚持本身的文化,导致忽略文化内涵的发展和开拓的情况。要通过现代社会的科学技术深入开发文化内涵,这样才能不断赋予其新的文化价值,只有这样才能使旅游产品不断地革新和进步,使其在激烈的市场竞争中依然保持鲜活的生命力。最后,需要关注的是在人文旅游中还存在着一种以抽象人文吸引物为主体的社会旅游资源。要着重对此类文化旅游资源进行深入研究和开发,如地方方言文化、居民的风俗习惯等,使之与人文景观彼此呼应,凸显出景观的文化内涵,还能陶冶旅游者的情操,给予旅游者不同的文化享受。

三、乡村旅游文化"力"理论

乡村旅游文化中蕴含着"力",而这里所说的"力",与物理学上的"力"不是同一个概念。人们将其形象地称作"软实力"。而我们生活中的文化力就代表着国家的软实力,代表着国家和民族的意志、人们的价值观念,这是综合国力发展的根本,也是国家经济发展的基础。

就目前来看,人类社会的竞争由"武力竞争"逐渐转变成了"经济竞争",而后又转变为"文化竞争",因此,未来世界发展的主要战略就是发展文化,各国努力增强文化的竞争力,这个战略方针也是中国现阶段突破自身国际定位和实现民族伟大复兴所必须遵循的。我们务必要把文化的现代化转型当作发展的首要目标,要解放和发展文化的生产能力,持续提高我国文化的总体实力、增强我国在国际市场上的竞争能力。当代文化产业的发展已经成为中国经济发展的新亮点,文化产业已经成为文化力理论研究中最突出的现实领域。乡村旅游文化产业是文化产业的一个重要组成部分,乡村旅游文化的竞争力的高低直接影响国家文化竞争力的强弱。

第三章 中国乡村旅游发展现状分析

第一节 乡村旅游与农村经济关系辨析

一、乡村旅游与农村经济的区别与联系

(一)乡村旅游与农村经济发展相互独立

乡村旅游与农村经济发展是两个相互独立的概念,两者之间并没有绝对的联系,即乡村旅游其实只是农村经济发展道路上的一个偶然现象,是诞生在特殊的社会环境之下的。促进农村经济发展是社会主义现代化的基本要求,是解决"三农"问题的关键所在,而恰好城市居民因向往农村生活方式选择到农村放松休闲,由此催生了乡村旅游,使得乡村旅游成为农村经济发展的一个重要推动力,但这并不意味着农村经济离开了乡村旅游就无法得到进一步的发展。

(二)乡村旅游与农村经济发展相互促进

虽然说乡村旅游的诞生与农村经济发展并没有必然的联系,但是在乡村旅游诞生之后,其就成为农村经济不可或缺的一部分,两者相辅相成,共同发展。

一方面,随着农村经济的不断发展,农民的生活质量也在不断提高,这种情况下农民开始着手精神文明建设,从而增加了农村的文化内涵,同时农村经济发展直接造成了农村所能够支配的资金更多,农村的基础设施也在不断地完善。这个时候城市居民面对千篇一律的生活方式急需要寻找一个新的休闲放松路径,农村完善的基础设施和独特的乡风文化为城市居民提供了一个良好的选择,从而刺激了乡村旅游的发展。从某种意义上来说,并不是每一个村庄都能够实施乡村旅游的,只有那些基础设施比较完善,乡风民俗具有特点的村庄才能够发展乡村旅游,而这些都是以农村经济发展为依托的。

另一方面,对于农村而言,乡村旅游的发展也带来了极大的影响,主要体现在以下三个方面:一是乡村旅游使得农村经济结构中第三产业的比例逐步提高,农村产业结构开始优化。二是乡村旅游需要大量的服务人员,对于提高农村地区的

就业率是有极为重要的意义的。三是乡村旅游也意味着消费,能够增加农民的收入。四是旅游主体是城市居民,城市居民到乡村旅游必将带来一些新的思想,这对于农村经济的发展也是极为有利的。

(三)乡村旅游与农村经济发展相互制约

乡村旅游与农村经济相辅相成,但是也不能忽视两者之间存在的一定的制约关系,这种关系主要体现在以下两个方面。

第一,从农村经济的角度来看,乡村旅游的发展固然为农村经济发展提供了极大的帮助,但是随着旅游人数的增加,农村的经济环境与生态环境必将受到一定的冲击,如此一来,当农村失去了对游客的吸引力之后,农村经济发展速度会大幅度下降。

第二,从乡村旅游的角度来看,在乡村旅游过程中,城市文化的大量涌入会潜移默化地对乡村文化造成一定的影响,这种影响造成乡村文化逐渐地失去特色,成为城市文化的"附庸",如此一来,乡村旅游也就失去了价值。因此,在发展乡村旅游过程中,我们必须要把握好两者之间的平衡。

二、乡村旅游对农村经济发展的作用

(一)乡村旅游对农村经济发展具有积极作用

具体而言,乡村旅游对农村经济发展的积极作用主要体现在以下四个方面。

第一,乡村旅游能够促使农村经济结构升级优化。一般来说,游客多是消费层次较高的居民,而大多数情况下农村的社会经济环境是很难满足游客的需求的,这就促使乡村经济不断地优化自身,满足游客的需求。因此,乡村旅游的发展并不是简单地涉及第三产业,对于农村经济而言,乡村旅游的发展对第一、二、三产业的影响是十分全面的。例如乡村旅游中的农家乐和休闲观光旅游等能够促进农村第三产业的发展,乡村旅游中的生态采摘园则能够促使农业的转型升级,乡村旅游中游客的各种工业品需求则能够促进农村第二产业的发展等。

第二,乡村旅游提高了农民就业率。我国是一个农业大国,提高农民就业率一直以来都是解决"三农"问题的关键所在,而乡村旅游的发展对于提高农民的就业率有着积极意义。例如乡村旅游涉及的交通运输业、餐饮业、现代农业等都是典型的劳动密集型产业,乡村旅游刺激这些产业的发展,也就意味着能够为农村提供更多的就业岗位,如此一来,那些因农闲季节闲置在家的农村劳动力就得到了安排。

第三,乡村旅游能够完善农村的基础设施。正如上文所述,并不是每一个村庄都能够发展乡村旅游,乡村旅游的兴起与农村的经济水平有着一定的关系。由于乡村旅游的游客大多来自城市,而城市基础设施较为完善,游客对于旅游环境的要求就会相对较高,例如住宿、网络、停车场等,如果农村不采取措施解决这些问题,那么是很难吸引游客的,乡村旅游也就很难发展起来。因此,乡村旅游的发展过程从某种意义上说本身也是一个基础设施建设逐步完善的过程。

第四,乡村旅游推动了农村经济的可持续发展。乡村旅游的开展离不开农村地区的生态环境、自然资源,而自然资源又是不可再生的,因此在开展乡村旅游的同时必须注重生态环境、自然资源的保护。人们为了使乡村旅游能够可持续地发展下去,必然会重视本地自然和农村的环境质量,努力维持生态系统的循环发展。在有关政府机关的指导下,乡村旅游开展的过程中需要对当地的旅游资源进行合理的规划利用,避免旅游活动的进行对资源环境的破坏,确保农村地区文明的乡土氛围和生态环境的优良,从而实现乡村地区经济的可持续发展。

(二)乡村旅游对农村经济发展的不利影响

对于农村经济而言,乡村旅游发展所带来的负面影响主要集中在以下三个方面。

第一,乡村旅游对农村的生态环境造成了破坏。众所周知的是乡村旅游近年来之所以成为旅游的热门,很大程度上是由于农村的生态环境较之城市更加良好。但是随着游客的大量涌入,乡村的生态环境也开始遭到破坏,导致这种现象产生的原因是多方面的,一方面游客的增加也就意味着生活垃圾的增加,而农村的污水和垃圾处理设施本身就不是很完善,大量增加的生活垃圾和污水无法得到有效处理,从而对农村的水体、土壤等造成巨大破坏;另一方面由于农村距离城市较远,因此自驾出游是乡村旅游最为常见的一种方式,而这不仅造成当地交通拥堵,更造成了空气污染。此外,部分游客的不文明现象也是乡村生态环境遭到破坏的一个主要原因,例如随手乱扔垃圾等。

第二,乡村旅游造成当地物价上涨,不利于农村经济的发展。理论上来说,作为农村的主人,农民是乡村旅游资源的提供者,也应当是乡村旅游发展的最大受益者。然而事实并非如此,对于很多农民而言,乡村旅游并没有给自己的生活带来太大的改变,原因在于以下两个方面:一方面是游客大量涌入乡村所带来的直接后果就是乡村产品需求大于供给,如此一来农村的物价开始逐步上升,农民采购货物的成本也开始上涨,这个时候农民就不再是乡村旅游的最大受益者;另一方面则是当一个地方成为乡村旅游的热点之后,必然会受到资本的注意,大量资本的进入会造成农民毫无竞争优势,能够从乡村旅游中获得的收益十分有限。乡村旅游造成当地物价上涨,农民很难从乡村旅游中获得收益,久而久之,发展乡村旅游的热情就会下降,经济发展速度也会放缓。

第三,乡村旅游破坏了当地的农村文化,不利于农村经济的发展。乡村旅游在发展过程中,给当地的农村文化造成了巨大的冲击。城市孕育的强势文化强有力地影响着经济欠发达的乡村旅游地的弱势文化,极有可能同化乡村的弱势文化。加之,受当前我国急功近利的经济发展模式的影响,部分地区的政府大搞面子工程,同质发展严重,这极大地破坏了乡村淳朴的原始文化,不利于社会的经济发展。同时,随着旅游经济的发展,受商业利益驱动和人口流动的影响,使黄、赌、毒等不良现象进入农村,扭曲了乡村文化,致使农村发展中文化优势丧失,不利于农村的经济发展。

三、农村经济发展对乡村旅游的作用

(一)农村经济的发展为乡村旅游发展提供各种物质保障

良好的农村经济是乡村旅游发展的重要物质保障。纵观国内乡村旅游发展较好的地区,我们不难发现都位于东部经济较为发达的区域,原因就在于这些地区的农村经济发展较好,拥有更多的资金来建设基础设施,来加大宣传力度,满足游客的需求,因此成为乡村旅游的热点也是理所当然的。反之,西部地区的农村虽然在文化上更有特色,但是由于交通不便、水电通信和公共医疗条件较差的缘故很难吸引游客,这些归根结底都是农村经济发展较为落后造成的。

(二)农村经济的发展促进了乡村旅游产品和服务的多样化

正所谓没有需求就没有供给,消费者的需求决定了产品的类型,在发展乡村旅游之前,农村的产品供给以生活产品为主,但是在乡村旅游发展之后,面对游客的多样化需求,农村的产品结构也在逐步地改变,娱乐性产品的数量与种类开始增多。例如以往农村的产品供给多以蔬菜水果为主,但是为了吸引游客,袖珍大白菜、方形西瓜等产品被开发出来,这些都是农村产品多样化的直接体现。

第二节 中外乡村旅游发展对比

人类所从事的乡村旅游活动,具有悠久的历史,不仅发生在中世纪的城市居民那里,也应该发生在古代的城市居民那里,时间最早可以追溯到世界上第一座城市建立之日起。不过,当时的乡村旅游是一项以自发的、无组织、短距离、小规模为基本特征的古老而传统的乡村旅游活动。

一、国外乡村旅游发展特点

(一)乡村旅游在欧洲的发展

1. 意大利

意大利是世界上发展乡村旅游较早的国家。意大利的乡村旅游产业已经形成规模,朝着规范化的方向发展。意大利成立了"农业与旅游协会",该组织的主要职责就是促进当地的乡村旅游发展,其日常工作以向人们介绍乡村生活的趣味,鼓励人们主动参与农业活动,为人们提供骑马、钓鱼、采摘、品尝等指导为主。"农业与旅游协会"的成立是意大利乡村旅游发展走上科学化、规范化道路的开端。

目前意大利比较成熟的乡村旅游项目主要有农场度假、农场观光、乡村户外运动、乡村美食旅游等。手工制作、古文化体验、乡村节日之旅、乡村美食、骑马等都是很受欢迎的项目。

与其他国家相比,意大利的乡村旅游发展主要具有以下四个特点。

第一,乡村旅游规划十分科学。意大利乡村旅游并不是独立发展的,而是全国统一,根据不同的旅游资源来规划旅游专题线路,保证了游客能够最大限度地享受到乡村旅游的乐趣。

第二,成立专门的旅游协会如"农业与旅游协会"等是意大利乡村旅游的另一大特色。

第三,乡村旅游是农业部门而不是旅游部门的职责,农业部门承担着对乡村旅游进行资助、管理、引导的责任。

第四,政府在乡村旅游发展中发挥着极大的作用,而不是单纯地依靠市场经济来发展乡村旅游。

2.西班牙

与欧洲其他国家相比,西班牙的乡村旅游起步相对较晚。但是在政府的资助下,目前乡村旅游已经成为西班牙最主要的旅游形式之一。

西班牙乡村旅游可以追溯到将废弃的城堡改建,然后开展旅游活动,但是这种旅游活动严格意义上说并不属于乡村旅游。西班牙真正地发展乡村旅游是在20世纪60年代,为了迅速发展乡村旅游,政府主动出资修建了大量的乡村旅游社区来为游客提供服务,因此截至20世纪末期,西班牙的乡村旅游已经初步形成规模。目前西班牙的乡村旅游项目主要有房屋出租、别墅出租、乡村观光、骑马、登山、漂流等。西班牙85%的城市居民都有在周末自驾到农村休闲的习惯。

与其他国家相比,西班牙乡村旅游主要具有以下三个特点。

第一,西班牙乡村旅游十分重视主客之间的交流和农村生活的体验。游客在进行乡村旅游时衣、食、住、行与农村居民并无区别,通过与主人共同生活来加强乡村旅游的体验感。

第二,西班牙乡村旅游是单一与灵活性的结合,单一指的是乡村旅游多以农场为主,灵活性则指的是在农场中可以根据游客的需求开展各种旅游项目。

第三,西班牙乡村旅游十分重视传统习俗的渗透,这也是其对国际游客有着强大吸引力的主要原因。

3.法国

法国乡村旅游真正得到发展起步于"农业及旅游接待服务处"的成立,该部门的成立标志着乡村旅游逐步受到政府的重视。之后,"农业及旅游接待服务处"联合其他社会团体建立了"欢迎莅临农场"的组织网络,邀请全国的农民加入,从而使得法国乡村旅游摆脱了以往"单打独斗"的局面,真正形成一个整体。

法国的乡村旅游项目包括农场客栈、农产品市场、点心农场、骑马农场、探索农场、狩猎农场、露营农场等,形式十分多样。

法国的乡村旅游别具一格,具有以下四个特点。

第一,不同于其他国家在一个农场内开展多个乡村旅游项目,法国的乡村旅游项目明显地更具有专一性,例如狩猎农场只提供基本的住宿和餐饮服务,以打猎为主等。

第二,为了促进乡村旅游的发展,法国政府专门出版了相关的宣传手册,这在世界范围是不多见的。

第三,法国乡村旅游农场的建设是统一规划的。20世纪末期,法国推出了"农庄旅游"计划,帮助1.6万户农民建立了家庭农场。

第四,法国乡村旅游实施本地化策略,即政府鼓励当地居民积极参与到乡村旅游中,并提供相应的指导服务,其他组织进入本地乡村旅游项目的难度较高,保证了本地居民能够从乡村旅游中获得最大收益。

(二)乡村旅游在北美的发展

1. 美国

美国有着悠久的乡村旅游传统,亲近自然的乡村旅游最受旅游者青睐。乡村旅游成为中产阶级生活的一部分,假期经常在城边不贵的乡村食宿接待设施和私人农场中度过,旅游食宿设施的形式一般是乡村旅馆和农场上私人闲置房间。

在美国,乡村游主要包括农业旅游、森林旅游、民俗旅游、牧场旅游、渔村旅游和水乡旅游等。美国乡村旅游的主要类型有观光农场、农场度假和家庭旅馆等。观光休闲农场是集观光旅游和科普知识于一身的农场,家庭旅馆代表了一个50亿美元的产业,主要分为乡村家庭旅馆和城市家庭旅馆。20世纪60年代末期,这两种形式的家庭旅馆在美国都很盛行,尤其是80年代后,得到了迅速的发展。外出用餐、购物、自然旅游、游览古迹、划船、打猎、骑马、骑自行车、登山、节庆活动都是美国游客喜爱的乡村旅游活动。

美国的乡村旅游具有以下七个特点。

第一,减少中间环节,提高经济效益。美国夏威夷全州农业旅游产值中有1/3来自农产品的直接销售。

第二,举办乡村旅游巡回展览和专题研讨会议,向全国的农牧业生产者提供乡村旅游知识培训,鼓励所有农牧业生产者加盟协会和组织。

第三,政府在资金和政策上给予大力扶持,向从事乡村旅游的个人和团体提供优惠贷款和补贴,提高经营水平和抗风险能力,同时也制定了严格的管理法规。

第四,发挥非营利性组织的作用。美国出台正式的关于乡村旅游与小商业发展的国家政策,并建立非营利行业组织——国家乡村旅游基金,从事项目规划、募集、发放资助、提供宣传。

第五,切合实际,更多地瞄准国内市场,特别是周边城市的居民。乡村游的发展主要是靠国内居民,特别是周边城市的居民所带动的。美国在选择乡村旅游目标市场上着重打好"本地牌"。

第六,注意突出地方特色,在市场定位和宣传上从本地资源特色和文化历史中挖掘题材,突出与众不同的"卖点"。

第七,通过节会营销树立本地乡村旅游品牌,进一步拓展乡村旅游市场。

2. 加拿大

加拿大可以说是世界上第一个推出现代意义上乡村旅游的国家。虽然其他国家早有乡村旅游项目,但是受时代的限制,他们的乡村旅游与传统的旅游并没有太大的区别,而加拿大则是第一个实现乡村旅游从传统向现代转变的国家。1991 年,加拿大一位名叫南思·史尔斯第一次提出了现代意义上乡村旅游的概念并将其落实。在南思·史尔斯家乡新不伦瑞克省的圣马丁村的门前就是一片美丽的景色。这个小村只有 450 人,坐落在小路的尽头隔在村子和芬迪国家公园之间那 40 公里的土地是加拿大东部仅存的一段原始海滨,长有 300 米,有景色令人叹为观止的峡湾,也有世界上最高的海潮,以及戏水的海豚。1991 年,一位朋友在圣马丁村开了家乡村客栈,邀请史尔斯担任向导。从那时起,这位 3 个孩子的母亲便将兴趣融于工作,兴致勃勃地干起来。渐渐地,她建立起了一家生意兴隆的公司,专门带游客(大部分来自美国和英国)参观她自己家的"后院"。她的公司力推荒野行、研究动植物、观鸟之旅,每次为期 5~17 天,参加者在途中可欣赏到壮美的风景,了解当地的人文历史、地质、动植物的分布状况。许多顾客都是精力充沛的人,喜欢接受考验。美食之旅也是加拿大乡村旅游的突破点,加拿大的旅行社根据游客的需要,将美食设计到乡村旅游中。除品尝地道的乡村美食外,还组织游客寻找美食的材料来源。加拿大各省区独特的土壤结构、水源、海洋潮汐、天气状况、气候冷暖和传统及现代化的耕作方法等,产出多种多样的当地特产,提供各具特色的美食材料。美食与乡村之旅的结合丰富了乡村旅游的文化内涵。如英属哥伦比亚省、安大略省和魁北克省的"地区美酒之路"、魁省的"果汁之路"等。除了乡村美味外,其他的旅游活动项目包括乡村农业文化、乡村农业展览、乡村传统节庆活动、主题农业之旅、在农场或牧场住宿或参加骑牛比赛等。味觉、视觉、亲身感觉,如此乡土风味的全方位接触是大都市所不能比拟的。

加拿大的乡村旅游具体有以下四个特点。

第一,合理规划,规范管理。美国与加拿大的乡村旅游之所以能够取得巨大的成功,为当地经济的发展做出巨大的贡献,与这两个国家在乡村旅游发展初期就进行合理的规划有着十分密切的联系,集中体现在加拿大和美国政府主动将旅游权力下放到地方政府,以此来保证地方政府能够根据本地区的实际情况来开展旅游项目。因此,纵观加拿大和美国的乡村旅游,我们可以发现第一个主要特点就是乡村旅游基本上不存在千篇一律的现象,这与当地政府挖掘本地的经济文化特点有着密不可分的联系。

第二,社区居民积极参与。作为乡村旅游的主体,农民的参与积极性对于乡村旅游的发展有着十分重要的影响。而加拿大乡村旅游之所以迅速发展成为现代乡村旅游的一个代表与当地居民的支持有着密切关系,一方面在开展乡村旅游项目之初,当地政府就采用多种方式来进行宣传,使得当地居民切实了解到发展乡村旅游的利弊,在经过仔细思考之后,大部分居民对于乡村旅游都是持肯定态度的,其积极性自然较高。例如加拿大的梅森波特利地区的居民就非常支持当地乡村旅游事业的发展。他们为游客提供当地独特的自然文化资源,并通过开设旅馆、饭店、手工艺品店,开辟露营地以及提供运动设施等来支持、促进旅游业的发展。

第三,游客具有较强的生态环境保护意识。游客的生态保护意识较强是加拿大乡村旅游的另一大特色,大量游客的涌入必然会对农村地区的生态环境造成一定的破坏,而这种现象在加拿大基本上不存在,这与游客的生态保护意识有着密切的联系。例如在加拿大,游客为了不破坏生态环境,让其他人也能够享受到大自然的恩赐,在旅游时都会主动带着垃圾袋,真正做到了"留下的只有脚印",甚至部分游客主动捐钱捐物来帮助当地维护生态环境。

第四,重视乡村生态环境的可持续发展。一般来说,旅游区的生态环境都较为脆弱,对于环境变化是十分敏感的,因此很多旅游地的生态环境极易遭到破坏,加拿大的生态环境也不例外,加拿大之所以在发展乡村旅游之后,生态环境仍旧保持不变,原因在于当地政府重视乡村生态环境的可持续发展,不采取"杀鸡取卵"的方式。例如部分人们的旅游景点,加拿大给予了极大的限制,在不列颠哥伦比亚省城瓜伊哈那斯国家公园游客不论进入哪一个景点,每次的人数不得超过12人。在温哥华岛,任何人如果想去太平洋海岸的"西岸小径"漫游,必须在3个月前登记。

(三)乡村旅游在亚洲的发展

1. 日本

日本的乡村旅游创始于20世纪70年代,近些年得到大规模发展。日本借鉴法国、丹麦、德国等欧洲国家的先进经验,大型农园的规模较大、设施较齐全。

日本的乡村旅游主要类型有观光农园、市民农园、农业公园、乡村休养、交流体验等,主要的活动有农业观光、农事参与、乡村度假、参观学习、品尝购物等。

与欧美国家相比,日本的乡村旅游主要具有以下三个特点。

第一,日本乡村旅游不存在农产品交易市场,而是采取直接销售的方式,即农民直接将农产品销售给游客,不经过市场,如此一来乡村旅游对当地经济的带动作用就得到了极大的提高。

第二,日本效仿意大利等国家成立了专门的协会,这对于乡村旅游管理与服务水平的提高是有着极大的好处的。

第三,日本效仿西班牙十分重视乡村旅游的参与性,每一名游客在旅游中所享受的待遇与当地居民并无区别,从而加深了游客的体验感。

2. 韩国

韩国的乡村旅游是随着大规模的经济开发产生和发展起来的。韩国自 20 世纪 60 年代起经济开始腾飞,由农业国逐渐变为中等发达国家,实现了城市化。目前,韩国 90% 以上的人住在城市,农渔业人口不足 10%。四通八达的交通网为韩国发展乡村旅游提供了便利条件。目前,乡村旅游收入在韩国国内旅游收入中所占比例已达 9.4%。韩国乡村旅游内容十分丰富,如海滩、山泉、小溪、人参、瓜果、民俗都成为乡村旅游的主题。韩国各地有约 800 个与乡村旅游有关的民俗节,如"蝴蝶节""泡菜节""人参节""鱼子酱节""拔河节""漂流节""钓鱼节"等,并且都具有鲜明的乡土特色。最近,韩国乡村旅游又增加了不少新项目。"主题列车活动"让游客坐车行到哪里,看到哪里,吃到哪里。"韩式美食旅行"让游客前往农村品尝颇具特色的韩式套餐:"茶园旅行"让游客到茶园采茶。"周末农场"适应双休日的特点,供城市游客携一家老小去耕作和收获,体验劳动的艰辛和乐趣。韩国农林部正在推广的"绿色农村体验村庄"项目则是将自然生态、旅游、信息化和农业培训结合起来的高端乡村旅游。

韩国的乡村旅游具有以下三个特点。

第一,乡村旅游活动项目十分丰富并且地方特色突出。在开展乡村旅游时,韩国充分发挥了地方特色,每一个小的特点都能够成为一个独立的旅游项目,从而使得乡村旅游项目十分丰富。

第二,重视节庆活动是韩国乡村旅游的另一大特点,可以说每一个节日都是一个旅游的高峰期,当前韩国各地有 800 多个与乡村旅游相关的节日活动,从而提高了对世界游客的吸引力。

第三,对农民开设的家庭旅馆给予支持。为了让农民与渔民能够从乡村旅游中获益,韩国对于农民开设的家庭旅馆给予了极大的支持,例如规定每户农民开设的家庭旅游最多拥有七间房间能够不用交税等。同时,韩国也成了"民泊协会"来协调农民与政府、游客之间的关系。

二、中国乡村旅游现状

乡村旅游主要以农村的自然资源、优美环境、农家建筑物、文化等资源为依托,将乡村的自然景观与旅游业相结合,使人们与大自然亲密接触,吸引游客前来观光旅游。这种新兴的旅游方式不同于传统的旅游方式,传统的旅游方式针对的客源地较远,而乡村旅游针对的客源地较近,多以附近的市民为主要客源。

乡村旅游在中国的起步时间较晚,从 20 世纪 80 年代末期开始,中国出现了乡村旅游的雏形,但是这个时期的乡村旅游并没有脱离传统乡村旅游的范畴。进入 21 世纪之后,随着国外乡村旅游观念的流入,中国的乡村旅游得到了迅速的发展,集中表现为乡村旅游景点迅速增加、乡村旅游规模不断扩大、乡村旅游分布范围逐步增加等,当前中国的乡村旅游已经初具规模,并呈现出多样化发展的态势。

根据中国报告大厅的研究数据显示,我国已建成的旅游景点中有一半以上的景点分布在我国广大的农村地区。每年乡村旅游景点的游客接待数量超过 5 亿人次,从中取得的旅游收入超过 2000 万元。单是"春节"和"十一"两个旅游黄金周,每个黄金周的乡村旅游人口约达到 1 亿人次,游客主要以城市居民为主,约占 70%。

我国地域辽阔,从而使我国不同地区的乡村景观风格不一、各具特色,乡村旅游的内容较为丰富,加上市场对乡村旅游需求的多元化,旅游资源开发和利用形式的多样化,这就造成了我国乡村旅游形式的种类繁多,不拘一格。但大多数乡村旅游的形式都离不开以下三种模式。

(一)市场依托型

市场依托型指的就是农村依托大城市,将大城市居民作为主要客源,乡村旅游也重点为大城市居民服务。目前国内发展较好的有北京、杭州等一线城市的近郊乡村旅游,这些乡村旅游项目有的依托当地独特的自然风光,有的以特色农业或者农家乐为主题来吸引大城市游客。市场依托型乡村旅游模式的优点在于拥有稳定的客源,交通便利,可以说是发展最为成熟、市场潜力最大的一种乡村旅游模式。

(二)资源依托型

顾名思义,资源依托型乡村旅游指的就是农村依靠当地的特色资源来发展乡村旅游。一般来说,这种乡村旅游模式比较适合那些具有民族或者地方特色的村庄,多以人文资源为主题。资源依托型乡村旅游的优势在于资源的独特性决定了其他地区很难复制,因此所面临的竞争压力也较小,但是众所周知的是具有民族特色的村庄多在少数民族地区,这些地区远离大城市,交通不便,因此客源并无法得到保证。当然,客源较少也意味着村庄的民族文化特色得到了很好的保存。

(三)景区依托型

景区依托型的乡村旅游,是指发展旅游的乡村周围有著名的景区,这些乡村利用这些著名景区现存的交通、名气、客源等优势来发展自身旅游业。周边景区带来的客源带动了当地的住宿、餐饮、购物等旅游配套服务设施的发展,乡村旅游的发展带动了当地经济的发展,扩大了当地土产品的名气和销量,增加了农民收入。

第三节 中国乡村旅游所面临的困境

一、乡村城市化

影响人类 21 世纪发展两大关键要素的一个主要原因。而从国内社会经济发展的角度来看,新型城镇化建设已经成为社会主义新农村建设的主要着眼点,成为城市经济发展的重要推动力,而乡村旅游的发展则是乡村城市化的一个催化剂。然而,乡村城市化固然是农村社会经济不断发展的重要产物,但是对于乡村旅游的发展而言,乡村城市化却是有着极大的弊端的。这种弊端主要体现在以下三个方面。

第一,乡村城市化对乡村的自然景观与人文环境有着极大的影响。从理论上说,乡村城市化并不是简单地将乡村转变为城市,而是要不断地提高乡村居民的生活质量,使之向城市居民靠拢。但是国内当前对乡村城市化的认识明显集中在将乡村转变为城市上,而在转变过程中,乡村的居住环境、居住文化、环境文化等必然会随之发生变化,这种变化可能是良性的,有利于乡村居民的生活质量提高,但也有可能是劣性的,例如乡村生活的特色正在逐步消失,成为与城市一样的生活方式。总的来说,在乡村城市化进程中,乡村的自然景观与人文环境正在面临着历史性的变革,部分有特色、有价值的乡村景观随着乡村城市化进程逐步消失,但是一些新型的乡村景观也在逐步地产生。对于乡村旅游的创新发展而言,乡村景观与环境的变化所带来的影响也是不确定的,它可能会造成乡村旅游失去特色,旅游经济发展速度逐渐放缓,但也有可能创造出新的旅游景点,推动乡村旅游的进一步发展。

第二,乡村城市化深刻影响着传统乡村的耕地状况与生态环境。在乡村城市化特别是城镇化的发展过程中,土地的供需及利用矛盾也变得更加尖锐。城镇化过程中土地问题的焦点是建设用地与保护耕地之间的矛盾,其实质是吃饭与建设、发展与保护的矛盾。土地作为一种稀缺而宝贵的自然资源和不可替代的重要资产,它的合理利用和配置直接关系到社会经济的可持续发展。我国城市化水平逐步快速提高,平均城市化每提高一个百分点,耕地随之减少31.7万公顷。耕地面积减少的同时,耕地质量也在日益下降,农村的环境不断恶化。大量优质耕地被征用开发为工业或建筑用地,人均耕地递减,逼近耕地警戒极限,并危及粮食安全,迫使农民过度开发利用耕地,加大耕地利用强度,扩大开垦劣质耕地,又导致大量林地、水面、绿地等非耕地转为耕地,使林地、草地、水面数量急剧减少,林、草产品数量日益下降。这些问题致使土地利用结构和空间布局不合理,必然会严重破坏生态平衡,造成土地退化、水土流失、环境恶化。这必将危及农业生产的土地基础,直接影响到新农村建设中生产发展的目标和要求的实现。

第三,农村城市化深刻影响着传统农村的农业结构、农民的生存状态与文化观念。在城市化进程中,大量剩余劳动力进城务工,而这些农民工素质不高、文化水平低,加上二元户籍制度和身份制度的影响,农民工处于非正规劳动力市场的队伍里,在城市无法找到满意的工作,他们的居住环境、生活水平、子女就学、医疗条件、文化生活都不能和城市居民相比,流入城市的农村人口成为城市社会底层群体"二等公民",农民难以完全市民化,城市内部出现新二元结构。人口城乡迁移"门槛"和二元户籍制度使得多数农民不愿放弃作为生存之本的小块土地的经营权。这就使得农村的"兼业"现象严重,他们守着"进有致富之路,退有善生之本"的重土安乡念头,形成了"离土不离乡,进厂不进城"的局面。农民工成为"两栖"劳力,在家只种"应付田",不肯在土地上下功夫和增加物化劳动投入,造成了农业粗放兼业甚至出现农田抛荒现象,浪费了宝贵的土地资源。城市新二元结构与"两栖"劳力的严酷现实,促使越来越多的农民寄希望于新农村建设,成为"生产发展、生活宽裕、乡风文明、村容整洁、管理民主"的新家园的真正主人。在这种情况下,我们必须在稳定发展粮食生产的基础上,积极推进农业结构调整。按照高产、优质、高效、生态、安全的要求,调整优化农业结构;而发展乡村旅游正是新农村建设中优化农业结构、发展农副业生产的有效方法,也是乡民构筑乡村田园理想的契机,关键是怎样构建具有传统乡村性特色的现代的自然和人文乡村景观。

二、乡风商业化

自中华人民共和国成立以来,社会主义改造、经济体制改革和新农村建设背景下乡村旅游的兴起使得乡村的民俗文化逐步地发生了巨大的变化。正如乌丙安先生认为的:"民俗文化艺术的人为传播和获取经济收益结合在一起,使民俗文化急剧变迁中的民俗文艺也呈现出两重性格和两种形态。"这两种形态一种是民俗文化的原始形态,它是乡村的最本质文化特征的表现,是乡村居民在历史中锤炼出的与乡村生活最适合的文化形态,是乡村精神文化建设取之不竭的文化资源,还有一种则是在乡村社会经济发展中的民俗文化再生形态,或者说是为了适应乡村社会经济的发展而对原始民俗文化的一种改造,它的出现与市场经济和乡村旅游有着十分密切的联系。从某种意义上说,这种文化形态已经不再属于乡村民俗文化,而是打着民俗文化的幌子的一种经济文化。满足游客的文化艺术欣赏,进而获取相应的经济效益是这种民俗文化诞生的基本目标,也就是说,无论这种民俗文化是否适合乡村的社会经济现状,只要它能够为居民带来足够的收入,那么对原始的民俗文化进行篡改也并不是不能接受的。在乡村旅游中,这种民俗文化常常表现为民风不古、民俗扭曲等。

民俗是构建社会主义和谐社会的重要力量,而民风不古也是构建和谐社会的一种重要阻碍,在市场经济确立的过程中,五彩缤纷的民俗逐步地被市场经济理念冲垮,享乐主义、功利主义逐步地取代传统的民俗文化。但是乡村旅游的迅速发展使得民俗文化再次焕发和升级,游客对民俗文化的好奇使得很多民俗文化得到了保护与发展,从表面来看这对于民俗文化的保护与发展是极为有利的。但实际上,乡村旅游从本质上说属于市场经济的产物,民俗文化虽然因乡村旅游的兴起得到了重视,但是更因乡村旅游这一市场经济表现像是受到了极大的伤害,表现为民俗文化的伪造、破坏和同化。

在乡村旅游中,民俗文化不再是乡村居民的精神食粮,而是成为一种商品,是近年来旅游部门和旅游科研者主动参与扶贫工作的一个重要创举,很多省市区都在积极开放当地的民俗文化来吸引国内外的游客,丽江、西双版纳、九寨沟、张家界等原本相对贫困的地区都因民俗文化的宣传而逐步地脱贫致富,可以说民俗文化成为乡村经济发展的一个重要资源。乡村旅游的发展对于乡村地区运用现有的民俗文化和挖掘早已摒弃的民俗文化是有着极大的意义的。

但是在发展乡村旅游中,也不乏对民俗文化胡乱篡改,将民俗文化作为摇钱树,导致民俗文化受到极大戕害的问题。例如在乡村旅游中,乡村饮食一直以来都是游客关注的一个重点,在游客严重,乡村的饮食或许粗糙,但是却更为天然,有利于养生,由此出现了很多地方打着"乡村野菜"的名号来吸引那些追求养生的游客。再比如部分风景区出租的民族服装也是一种欺骗,无论哪个民族在形成自己的民族服装时都需要紧密结合自身的民族文化特点,但是从部分景区所谓的"民族服装"我们就可以看出这些服装纯属胡乱编造,如土家族的女装原本色彩淡雅,以深蓝色为主色调,而出租的服饰却是大红大绿,男装甚至还炮制出了一顶帽子,帽子上钉上了艳丽的野鸡毛,完全失去了土家民族服装的特色。再如传统的民间习俗和节日庆典,为迎合旅游者的需要被压缩、删改,成为随时可以搬上"舞台"的表演,而不再按传统规定的时间、地点举行。或者经过生搬硬套、随意拼凑而形成所谓神秘民俗。

民俗文化属于乡村旅游"软"资源,在乡村旅游发展中被逐步破坏,无独有偶,部分乡村的旅游硬件也逐步遭到破坏,例如山西平遥的古建筑在成为旅游热点之后建筑群体受到了极大的破坏等。旅游是一种持续性行为,乡村居民与游客的接触是长期的,因此在乡村旅游的发展中,很多乡村居民的思想观念也逐渐地发生了变化,原本淳朴的乡风开始消失,取而代之的是各种经济意识。

民俗商业化改变了民俗的要素,民俗的作用发生了根本性质的变化,民俗中的一部分经过异文化群体的利益选择,被物质化和商业化,成为一种失去灵气的品牌产品或概念。传统民俗的泛商业化倾向,将会败坏中国几千年流传下来的民俗文化精神内涵,原汁原味的独特文化一旦丢失,将贻害无穷。如果作为旅游资源的民俗文化被破坏了,可持续旅游、创新发展就根本谈不上了。保护民俗文化,实际上就是保护一部分旅游资源,使之长久地延续下去。

三、乡民边缘化

（一）城市新二元结构与"两栖"劳力——被城市边缘化

前面谈到,在乡村的城市化进程中,大量剩余劳动力进城务工,而这些农民工素质不高、文化水平低,加上二元户籍制度和身份制度的影响,流入城市的农村人口成为城市社会底层群体"二等公民",农民难以完全市民化,城市内部出现新二元结构,农民工成为"两栖"劳力。这种城市新二元结构与"两栖"劳力的形成,是当代农民被城市边缘化的表现,中国太多的农村劳动力即使在这样迅速的城市化进程中也不可能被正常吸纳。乡村旅游的发展则可以将一部分剩余劳动力利用起来,但这些剩余劳动力仍然面对文化素质提高的要求。而且随着农业现代化水平的提高,更多的农业劳动力解放出来,乡村旅游也消化不了愈来愈多的剩余劳动力,调整产业结构,大力发展农副产品深加工还是重要的一个出路。

（二）旅游为他人——被旅游边缘化

很多人将乡村旅游视为解决农村剩余劳动力过多问题的主要途径,理论上来说也确实如此。但事实上并非如此,乡村居民在乡村旅游中被旅游边缘化的现象是十分明显的。原因在于以下两个方面:首先是乡村旅游属于第三产业服务业,从这个角度来说,从事乡村旅游需要较高的综合素质,而乡村居民的综合素质较之城市居民普遍较低。这种情况下如果一个地区的乡村旅游得到迅速发展,那么必将会吸引大量的外来工作者,如此乡村居民除了属于本地居民这一优势之外,毫无竞争优势可言,这个时候乡村的剩余劳动力问题并没有得到根本的解决;其次是乡村旅游迅速发展,但是乡村居民却很难享受到旅游所带来的收益。在乡村旅游中,一切最好的衣、食、住、行等设施都是为游客服务的,乡村居民只能从中获得一定的经济收益,但是这些经济收益在物价不断上涨的乡村给乡村居民带来的改变是极为有限的,乡村居民被旅游边缘化也在所难免。

（三）主人翁地位的失落——被现代边缘化

作为乡村旅游资源的主要持有者,乡村居民理应是乡村旅游的主体,但是在乡村旅游发展中,这种主体地位却逐渐地边缘化,主要表现在以下两个方面:一是作为农村土地的所有者,乡村居民却无法正常地对土地资源进行开发利用。虽然说很多农户通过开设农家乐等在乡村旅游中获得了一定的收益,但是纵观乡村旅游中的旅行社、饭店等我们就可以发现这些大多数是由城市人投资的,从而从乡村旅游中分走了大部分利益,原因就在于乡村居民缺少足够的开发资金,能够用于旅游资源开发的资本十分有限;二是乡村旅游中所需要的大量工业产品并没有给农村经济带来发展,食物、饮料、手工艺品很多都是从外界运输进来的,农村居民在其中只是一个销售者,能够享受的收益并不是很多,也就是说,在很长一段时间内,手工业和农业给当地居民带来的收入是十分有限的,反而因乡村旅游的发展,农村的种植业产量在不断地下降。而导致这些产生的根本原因就是乡村与现代社会的脱节。

(四)乡民异化

在很多人眼中,乡村生活应当是一种静谧和谐、忙闲有致、自得其乐的生活方式,但是随着乡村旅游的迅速发展,一方面农村的游客在不断增加,大量的商品与服务需求使得农村居民不得不从之前悠闲的生活中走出来,为游客提供服务,生活逐渐地忙碌起来,看似富裕的生活背后隐藏的却是悠闲和谐生活环境的消失,乡村居民也逐渐地成为"城市居民";另一方面随着乡村旅游而来的是市场经济思想,功利主义开始在乡村兴起,传统的道德信仰与淳朴的民俗文化开始逐步地消失,乡村居民的幸福指数开始下降。

第四节　乡村旅游发展的制约因素分析

一、市场区位条件

市场区位条件大致可以分为交通区位和环境区位两种类型,其中交通区位指的是乡村旅游景点与游客或者潜在游客之间距离以及交通便利情况,环境区位则主要指的是旅游景点的自然人文景观。

对于乡村旅游而言,市场区位是十分重要的一个因素。纵观国内发展较好的乡村旅游景点,我们可以发现大多都是市场区位条件较为良好的地区。反之,如果市场区位条件较差,那么乡村旅游就无法保证拥有稳定的游客群体,如此乡村旅游也就无法得到发展。

二、旅游资源条件

旅游资源是指对旅游者具有吸引力的自然存在和历史文化遗产，以及直接用于旅游目的的人工创造物，可以是有具体形态的物质实体，也可以是不具有具体物质形态的文化因素。旅游资源是构成旅游吸引物的主要内容，是旅游地吸引旅游者的重要因素，也是促进旅游发展的必要条件：旅游资源的性质和旅游资源的价值决定旅游地的吸引向性和旅游活动行为的层次。

在短期内虽然旅游景点有的市场区位条件对于乡村旅游的发展有着巨大的影响，但是从长期的效益来看，决定乡村旅游发展前景的却是旅游资源条件。一般来说，乡村旅游资源越具有独特性，对游客的吸引力也就越大，乡村旅游的发展潜力也就越大。就乡村旅游地旅游资源的效益功能而言，乡村旅游地旅游资源的效益功能影响着其生命周期，乡村旅游地旅游资源的经济、社会和生态效益越好，乡村旅游地的生命周期就越长。从供需角度看，乡村旅游地旅游资源的吸引力因素实际是供给因素决定着旅游产品生产者和经营者，也就是说，乡村旅游地旅游资源的吸引力因素直接影响着旅游者的需求，这也就影响着乡村旅游地的生命周期。

三、旅游环境质量

旅游地的环境质量是乡村旅游地发展旅游的重要条件。从不同视角进行研究，旅游环境的概念也不同。以旅游者为中心的研究视角，可以将旅游环境定义为，旅游环境是以旅游者为中心，使旅游活动得以存在和发展的各种旅游目的地的自然、社会和人文等外部条件的总和。以旅游资源为中心的研究视角，可以将旅游环境定义为，旅游环境是以旅游资源为中心，围绕在旅游资源周围的自然生态和人文社会等各种因素的总和。

旅游环境是一个综合性概念，根据不同的分类标准，有不同的类型。以区域作为指标可以将旅游环境分为森林旅游环境、滨海旅游环境、乡村旅游环境、城市旅游环境等类型，以资源的性质作为指标可以将旅游环境细分为自然旅游环境、人工旅游环境和半自然旅游环境三种，以空间为指标可以将旅游环境分为旅游客源地环境、旅游目的地环境和旅游行程环境三种等。单从乡村旅游环境的角度来说，本书主要是从旅游社会环境和旅游自然环境两个角度进行分析，其中旅游社会环境主要指的是旅游地的基础设施、社会经济、人文氛围等,旅游自然环境则主要指的是旅游地的自然气候、地理环境等。

如果说旅游资源的丰富与否决定了乡村旅游的未来发展前景,那么旅游环境则决定了乡村旅游的起点。一般来说,旅游环境越好的地区在乡村旅游发展初期对游客的吸引力越大。好的开始是成功的一半,而旅游环境则恰好决定了乡村旅游能否有一个好的起点。

四、旅游地居民态度

旅游地居民态度是指旅游目的地居民对当地旅游业发展所持的观点和看法。旅游地居民态度对于乡村旅游发展具有重要意义,有益于和谐旅游氛围的建构,有益于旅游者满意的旅游体验,有益于旅游目的地良好形象的建立。旅游目的地居民态度分为积极态度和消极态度两种形式。旅游目的地居民从旅游发展中所获得的经济利益和旅游目的地居民对旅游发展的价值认可都将使旅游目的地居民对旅游发展产生积极态度。

乡村居民对乡村旅游发展的态度是不断变化的,这种变化大致可以分为欢迎、冷淡、不满和厌恶四个阶段。在乡村旅游发展的初期,由于乡村的经济发展较为缓慢,乡村旅游能够有效地增加当地居民的收入,这个时候绝大部分乡村居民对乡村旅游都是持肯定态度的,十分乐意游客过来旅游;而当乡村旅游业初步形成规模,这个时候大量游客的增加使得乡村居民无法再像以往那样来招待每一名游客,这个时候乡村居民的态度普遍地较为冷淡,游客付出多少才会得到多少服务,最初的那种淳朴之风在逐步地消失。当乡村旅游景点成为一个热门地区时,理论上说能够极大地提高乡村居民的收入,但是这个时候乡村居民对旅游发展的态度却是一种不满的态度,原因就在于乡村旅游发展所带来的一些弊端开始暴露。例如,当地的生态环境遭到破坏、民俗文化开始异化等,对于收入已经提高的乡村居民而言,这种变化是难以接受的,因此对乡村旅游开始不满,随着游客数量的进一步增加,乡村居民的态度则逐渐地上升到厌恶层次,游客与居民之间的关系也逐渐恶化,这种厌恶将逐步导致乡村旅游进入下滑期。法国的巴黎居民就是一个典型的代表,每年的旅游旺季,法国巴黎都会遇到交通堵塞等问题,对当地居民的工作生活带来极大的影响,也由此引发了居民阻止游客进入市区的行为。

五、乡村旅游产品

乡村旅游产品是旅游经营者通过开发和利用旅游资源为旅游者提供的旅游吸引物与服务组合。乡村旅游产品是一种综合性产品,乡村旅游产品的生命周期是客观存在的,受到各种主客观因素的影响。将这些主客观因素进行归纳,包括吸引力因素、需求因素、效应因素和环境因素。

1. 吸引力因素

吸引力是乡村旅游产品能否发挥应有作用,成为推动乡村经济发展重要动力的关键因素。旅游产品归根结底是一种商品,而商品只有出售才能够发挥价值,吸引力对商品的销售有着十分重要的影响作用。一般来说,吸引力越强的旅游产品销售量也就越大。从乡村旅游的角度来看,旅游产品的吸引力需要从旅游地的人文景观和自然景观挖掘。

2. 需求因素

社会经济发展程度、消费观念变化、人均收入水平、时尚潮流变化、旅游地环境质量等因素将影响旅游消费者需求的变化,从而引起客源市场的变化,进而影响乡村旅游地的生命周期。比如,乡村旅游地环境污染和生态破坏,使生态旅游成为旅游者青睐的乡村旅游产品。

3. 效应因素

乡村旅游产品对乡村旅游地生命周期的影响,主要表现在旅游活动所引发的对旅游地的经济、环境和社会文化效应。持续和积极的经济效应,不仅可以维持旅游地的繁荣,还可以促进旅游地的发展。乡村旅游产品因管理不善而带来严重的环境问题,必然会导致乡村旅游产品迅速衰亡。乡村旅游社会文化效应足以影响旅游地的旅游发展,乡村旅游发展对乡村文化的激烈冲击将引发社会摩擦,由此将加速旅游地旅游业的衰亡。

4. 环境因素

乡村旅游产品的经营环境既包括内部组织环境,也包括外部经营环境,这些环境因素影响着旅游地的生命周期。当前旅游业市场竞争日趋激烈,为此,乡村旅游地必须改变经营观念,加大促销与宣传力度,实施正确的产品组合策略和市场细分战略,才能扩展客源市场,才能延长旅游产品的生命周期。

六、乡村旅游规划

旅游规划是对旅游地长期发展的综合平衡、战略指引与保护控制,从而有序实现旅游地发展目标的一套法定规范程序。乡村旅游规划对于旅游发展的价值和意义在于从系统整体出发,正确处理旅游系统的复杂结构,促进旅游规划对象的综合整体优化,为乡村旅游地的旅游可持续发展提供宏观的战略指导方针。所以,旅游规划的性质决定其对乡村旅游地的旅游可持续发展具有至关重要的作用。乡村旅游规划应遵循旅游规划开发的原则。

(一)市场原则

乡村旅游属于市场经济的一部分,在对乡村旅游进行规划时也要充分依照市场规律进行,这样才能够保证乡村旅游的持续发展。

(二)形象原则

千篇一律的旅游项目是很难吸引游客的,在进行乡村旅游规划时必须要具有属于自身的特点。

(三)保护原则

对乡村旅游的规划不能以损害乡村的"乡村性"为代价,否则的话乡村旅游的生命力就会大打折扣。

(四)效益原则

乡村旅游规划应当以乡村的整体利益为目标,这样才能够保证乡村旅游与农村经济相互促进。

七、市场营销策略

"酒香不怕巷子深"的时代早已过去,当前乡村旅游能否顺利发展与科学的市场营销策略有着十分密切的联系,如果缺少市场营销,那么无论旅游资源如何丰富、旅游环境如何好都无法顺利发展乡村旅游。市场营销策略大致可以分为价格策略、产品策略、渠道策略和促销策略等种类,对此乡村旅游地需要结合本地区的实际情况灵活采取不同的营销策略。例如在价格策略的制定上,乡村旅游价格并不是越低越好,事实上,对于大多数能够外出旅游的游客而言收入较高,价格并不是其考虑的第一要素,有时候过低的价格甚至会遭受怀疑,认为"便宜没好货",因此在制定旅游价格时要根据客源地的收入情况,同时参照其他乡村的旅游价格进行适当地降低,以此来获取竞争优势,在产品策略上,乡村旅游需要重视赋予旅游产品以统一的品牌,包括包装、设计、颜色等都要充分体现出旅游地的文化和自然特色,在渠道策略上,乡村旅游地不能只限于实体广告来拓展客源,而是要充分利用互联网的优势来增加旅游地的影响力,在促销策略上,乡村旅游地可以采用折扣、返现、抽奖、免费体验等方式实现销售产品和增加销售额的目的。

市场营销策略对于旅游地的发展是至关重要的,乡村旅游地市场营销策略的正确与否将直接影响乡村旅游地的发展。我国大多数旅游企业在营销方面仍然存在许多问题,其主要表现为:①盲目降价;②很多乡村旅游地忽视售后 没有一个较好的旅游产品售后服务体系;③一些乡村旅游地法制淡薄,提供虚假的旅游服务信息,以贿赂方法拉拢顾客等;④一些乡村旅游地没有将网络技术充分运用于旅游市场营销;⑤很多乡村旅游地追求的是短期销售目标,而没有长期的营销目标;⑥一些乡村旅游地不能根据市场需求,科学设计具有鲜明特色和吸引力的旅游形象。这些问题的存在严重影响着乡村旅游地旅游的可持续发展。

八、旅游地形象定位

21世纪是形象时代。旅游形象是人们对旅游景区及其所在地的总体、抽象、概括的认识和评价,是对旅游地的历史印象、现实感知与未来信念的一种理性综合。在乡村旅游地的开发规划过程中,旅游形象的塑造具有非常重要的价值和意义。旅游地旅游形象鲜明、独特和富有感召力与否,成为乡村旅游地吸引力大小的关键之所在。模糊混乱的旅游地形象不仅使现实的旅游者回头率低,而且很难对潜在的旅游客源市场产生吸引效应。个性鲜明的旅游地形象有助于形成庞大的旅游市场,并且具有长久的生命力。乡村旅游地旅游形象涉及内容繁多,由旅游地理念识别系统、旅游地行为识别系统和旅游地视觉识别系统三部分组成。其中,乡村旅游地理念识别系统是指乡村旅游地独特的文化个性和精神内涵。乡村旅游地行为识别系统主要表现为乡村旅游地的政府行为、民众行为和企业行为。乡村旅游地视觉识别系统包括旅游地的建筑造型、公共标志牌、交通工具、员工制服等,是乡村旅游地最直观有形的形象识别系统。

形象定位差异主要由主体个性、传达方式和大众认知等要素决定。其中,主体个性是指乡村旅游地品质和价值内涵的独特风格。传达方式是把乡村旅游地独特风格有效准确传递至目标市场的渠道和措施。大众认知是指旅游者对乡村旅游地形象的认识和感受程度。乡村旅游形象可以通过领先定位方法进行定位。

第四章　乡村旅游规划创新

第一节　乡村旅游规划概述

一、旅游规划、乡村规划概述

（一）旅游规划

旅游规划指的就是为了实现旅游产业经济效益、社会效益和环境效益的统一而对某地区旅游产业未来发展状况的构想和安排。对于一个地区而言，旅游业的兴起或许具有很强的偶然性，例如一处遗迹的发现就可以催生一个地方的旅游业，但是旅游规划却能够保证旅游业的可持续发展。因此，近年来，旅游规划开始逐步成为旅游发展的纲领和蓝图，成为地方发展旅游产业不可或缺的重要组成部分。具体而言，旅游规划的内容主要包括以下三个方面。

1. 资源评价和开发利用现状评价

地区旅游资源的丰富程度对于旅游产业的发展有着直接的影响，旅游资源越丰富，开发潜力越大，说明旅游产业的生命力也就越持久，对当地经济做出的贡献也就越大，因此对旅游资源进行评价是旅游规划的一个重要内容。一般来说，关于旅游资源价值的评价主要是从资源的科学价值、历史文化价值、景观美学价值和生态环境价值四个角度进行的。此外，除了对旅游资源的价值进行评估之外，也要对旅游资源的开发利用现状进行评估，例如部分地区的旅游资源虽然十分丰富，但是一直以来都是一个旅游景区，旅游资源基本上已经开发殆尽，那么进行旅游规划时就要考虑到这一点。

2. 旅游服务设施规划

服务设施是旅游产业发展的一个重要影响因素。拥有独特历史文化底蕴和自然景观的地区很多，但是成为旅游热门景点的地区却寥寥无几，原因就在于服务设施不够完善，很难满足现代游客的需求，因此对服务设施进行规划是旅游规划的一项重要组成部分。在规划服务设施时要从旅游地的环境保护、为游客提供最大的便利等角度出发,制定科学的旅游服务系统。

3. 旅游活动组织规划和资源保护规划

绝大部分的游客旅游时间十分有限,对于游客而言,能够在有限的时间内欣赏到更多的旅游景观是十分重要的,因此旅游规划也要对旅游活动组织进行规划,例如安排合理的旅游路线等,这样一方面能够充分凸显出旅游区的特色,发挥景区的最大效益;另一方面也能够帮助游客欣赏到更多的旅游景观。此外,旅游资源作为旅游产业的基础,并不是取之不尽的,因此在进行旅游规划时要对旅游资源的保护进行规划,根据资源的重要程度来划分出核心保护区、重要保护区和景观保护区,以此来延长旅游地的生命周期,同时也有利于旅游地的生态环境保护。

(二)乡村规划

乡村规划指的是对乡村地区的社会、经济等进行长期的部署,指导乡村地区的社会经济发展。具体来说,乡村规划主要包括以下四个方面的内容。

第一,对乡村的自然资源与经济资源进行综合评估,然后分析这些资源的开发现状,为乡村社会经济发展奠定基础。

第二,对乡村的特色进行宏观把握,确定乡村社会经济的发展方向,例如具有独特风俗民风的乡村可以将乡村旅游作为发展方向。

第三,对乡村各个部门的发展规模、发展速度等进行评估,确定其在乡村社会经济发展中的地位和作用。

第四,综合以上来制定详细的乡村社会经济发展措施与步骤。

乡村规划的制定要建立在实事求是的基础之上,要根据乡村现有的生产生活与资源条件,结合国家给出的经济发展政策,以长远发展为宗旨。当前,做好乡村规划是社会主义新农村建设的重要组成部分,也是我国乡村建设走上规范化和科学化的一个重要表现,对于乡村经济的良性可持续发展有着十分重要的意义。

在进行乡村规划的过程中,需要坚持以下三个基本原则。

第一,乡村规划一方面要有利于农业生产;另一方面也要有利于为村民提供更大的便利。

第二,乡村规划要以经济建设为中心,但是也要做到经济效益、环境效益与社会效益的统一。

第三,乡村规划的主要目标是改变以往村民自发地发展经济导致农村经济布局凌乱的现象,因此乡村规划必须要充分采取群众的意见,得到群众的支持。

值得注意的是,乡村规划不同于旅游规划。旅游规划是一种全新的规划,即对本来没有任何人工设施的地区进行规划,如此旅游规划往往很少遭到反对。而乡村规划则是对现有农村的一次推倒重建,在规划中必将涉及农村基础设施的改建甚至存在的合并与搬迁,涉及许多村民的直接利益,因此乡村规划必须详之又详,这样才能够获得村民的支持。但是从当前我国所进行的乡村规划来看,绝大部分乡村规划都比较粗糙,只是简单地对乡村规划进行描述,如此一来就很难得到村民的认可,导致乡村社会经济建设难以进行下去。

二、乡村旅游规划的界定

综合上述关于旅游规划和乡村规划的定义,我们可以将乡村旅游规划界定为:根据某一乡村地区的旅游资源、旅游发展规律和旅游市场的特点来制定目标,并为实现这一目标来进行统一的部署。

在对乡村旅游规划的内涵进行把握时,需要注意以下三点。

第一,乡村旅游规划不仅仅是一项技术过程,更是一项决策过程。在进行乡村旅游规划时我们既要采用科学的方法进行规划,更要注意规划的可行性,否则乡村旅游规划也就失去了存在的价值。

第二,乡村旅游规划不仅是一项政府活动,也是一项社会活动,更是一项经济活动。即政府虽然在乡村旅游规划中扮演了十分重要的角色,但是这并不意味着政府能够承担乡村旅游规划的全部职责,考虑到乡村旅游规划是为乡村旅游产业、乡村社会经济的发展服务的,因此在进行规划中必须要有一定的经营管理人员参与,只有这样才能够保证在乡村旅游规划指导下的乡村旅游产业能够充分发挥其对社会、经济的巨大作用。

第三,乡村旅游规划不是静态的蓝图式描述,而是一个不断反馈的动态过程。即乡村旅游规划必须具备一定的弹性,规划文本对于乡村旅游发展有着指导价值,但是这种价值随着社会环境的变化必然逐步地削弱,这种情况下就要对乡村旅游规划进行不断地调整,使之与乡村社会经济发展更加契合。

三、乡村旅游规划的对象和任务

乡村旅游规划是区域旅游规划的特殊类型,除兼具区域旅游规划的特点和属性外,还具有其自身独有的规律和特征。受彭华对旅游发展动力系统的研究成果的启发,结合乡村旅游的特点,本书认为乡村旅游规划的对象——乡村旅游系统由需求系统、中介系统、吸引系统和支持系统四大子系统构成。

乡村旅游需求系统是乡村旅游的主体系统,也就是乡村的客源系统,即乡村旅游市场。在对其规划时应包括对乡村客源市场的主观和客观需求分析,其中主观需求涉及旅游需要、出游倾向、个人偏好、消费观念等,客观需求包括经济能力、闲暇时间、职业和政策导向等多种因素。乡村旅游中介系统是联系乡村旅游主体和客体的桥梁,是保障乡村旅游得以顺利进行的中间系统。它主要是乡村旅游企事业系统,同时涉及乡村旅游营销等多种因素,诸如乡村旅游地的口碑宣传、广告效应、旅行社、旅游交通、旅游服务引导系统等。乡村旅游吸引系统是乡村旅游的核心系统,包括物质吸引系统和非物质吸引系统。概括来讲,在乡村旅游规划时必须注意乡村旅游形象(乡村意象)、乡村旅游活动、乡村旅游设施、乡村景观与环境、乡村旅游氛围和乡村旅游服务等主要内容的建设,以营造乡村强大的旅游吸引力。而乡村旅游的支持系统则是指乡村旅游的环境系统,包括硬环境系统和软环境系统两个方面,涉及复杂的内容体系,诸如乡村建设、环境卫生、道路交通、公共设施建设,还有社会风气、经济发展水平、乡村文化环境、乡村旅游发展政策等因素。乡村旅游规划必须注意旅游大环境的营造。

乡村旅游规划的任务与其规划对象相匹配,主要是通过改善乡村旅游系统的结构有序性、功能协调性和发展目的性之间的关系,使乡村旅游系统按照服务旅游者的要求实现优化组合。具体来说,乡村旅游规划迫切需要解决的任务就是在适应旅游竞争的前提下,首先设计出富有乡村地方文化、特色鲜明的乡村旅游总体形象(乡村意象)。其次在市场、资源和形象综合导向下合理配置乡村旅游吸引系统,再次努力提高乡村旅游产品质量,加强与相关部门的合作,最后以保持乡村生态系统、乡村环境系统和乡村传统文化完整性为前提,切实保障乡村旅游的可持续发展。

四、乡村旅游规划的特点

(一)战略化

乡村旅游规划的制定对于乡村旅游的发展有着决定性的影响,可以说是乡村旅游发展历程中最为重要的一个文件。因此,在制定乡村旅游规划时不能只着眼于眼前的利益,要从战略的角度对乡村的长远利益与眼前利益进行协调,从而在促进乡村地区社会经济发展的同时也保证乡村旅游的持久性。

(二)多元化

乡村旅游规划的多元化特征主要表现在以下两个方面:一方面是乡村旅游规划的制定人员、制定方法的多元化。单纯依靠一个专家来进行乡村旅游规划毫无疑问是不现实的,因此需要诸多不同学科的专业人员合作对乡村旅游进行规划,在规划过程中也要根据需要灵活采取不同的技术方法;另一方面则是乡村旅游规划内容的多元化。乡村旅游规划并不是简单地对旅游进行规划,而是要综合考虑到乡村的社会因素、文化因素等,只有这样才能够保证乡村旅游与乡村融为一体,因此在内容上乡村旅游规划呈现出多元化的特征。

(三)系统化

乡村旅游规划并不是一项独立的工作。作为农村精神文明建设与经济发展的主要推动力,乡村旅游与农村社会的各个因子都有着十分密切的联系,因此在进行乡村旅游规划时要将其视为一项系统工程,综合考虑乡村旅游与其他社会因子之间的关系,如此方能保证乡村旅游与其他社会因子之间的协调性,实现最终的目标。

五、乡村旅游规划的指导思想

(一)可持续发展思想

在规划哲学理念上,可持续发展已经成为全世界的共识。可持续旅游开发可以满足经济、社会和文化的需求,在强调为当前的游客和东道主提供旅游和发展机会的同时,保留并强化后人享有同样的机会。可持续开发同时还包括与复杂的社会、经济和环境有关的切实有效的政策。对于可持续旅游开发,世界旅游组织曾经提出过八条原则,可以概括为区域整体性原则、生态性原则、可持续原则、公平原则、充分的信息与沟通、地方公众主导、规划分析优先、良好的规划监测。在规划理念上,可持续旅游开发强调文化的完整性和生态过程,强调对自然和文化生态的保护和延续。

在乡村旅游规划中,更应该倡导可持续发展思想,因为乡村环境和乡村文化本身的脆弱性特征,要求在可持续发展原则的指导下,有效地开展乡村旅游规划工作,以便对乡村资源进行科学的开发、培育性开发,从而保障乡村旅游的持续性健康发展。

(二)动态发展思想

乡村旅游规划动态发展的思想主要表现在以下两个方面。

第一,乡村旅游规划目标和内容要具有一定的弹性。乡村旅游规划固然对乡村旅游发展有巨大的指导价值,但是这种价值是建立在规划与乡村社会经济发展现状相契合的基础之上的,而社会环境的迅速变化决定了乡村旅游规划也是随时紧跟社会环境的变化进行调整的。

第二,乡村旅游规划要保证近期规划的稳定性、中期规划的可行性以及长期规划的发展性。

(三)社区参与思想

社区参与是体现社区因素和居民意志的有效机制。在乡村旅游规划中实施社区参与能够协调社区居民与当地政府、开发商、旅游者等之间的关系,实现各方的利益诉求,也有助于规划设计与当地环境、社区和文化协调一致的产品,从而有利于实现旅游业的可持续发展。

为了实现乡村旅游的可持续发展,社区参与应在以下三个方面得到加强。

1.乡村旅游规划的制定

社区参与规划的制定,一方面有利于培养居民的东道主意识;另一方面可增强乡村旅游规划的可操作性。

2.加强对乡村环境的保护

旅游地资源和环境保护对社区居民具有更为重要的意义,通过参与环境的保护来敦促旅游企业在开发和经营活动中减少对环境的破坏,有利于形成良好的保护环境的社会氛围。

3.加强对乡村传统文化的维护

这样有利于强化乡村居民的文化认同感和社会认同感,减少社会张力,促进社区文化的整合。

(四)生态旅游思想

生态旅游观念兴起于 20 世纪 80 年代。近年来国内外研究者开始对生态旅游进行整合,将生态旅游视为一种特殊的旅游形式,即乡村旅游、度假旅游等可能属于生态旅游的一部分,但也可能不是,而这完全由旅游区的旅游发展理念所决定。随着人类对自然环境保护的日益重视,生态旅游开始受到很多旅游者的追捧,西方的乡村旅游事业开始逐步朝着生态旅游的方向靠拢。事实上,乡村旅游与生态旅游本身就有异曲同工之妙,只是在发展乡村旅游的过程中由于忽视了对生态环境的保护,乡村旅游与生态旅游渐行渐远,但是这对于乡村旅游的可持续发展有害无利。因此,在进行乡村旅游规划时要始终秉持生态旅游的思想,一切乡村旅游规划行为都不能与生态环境的保护背道而驰,只有这样才能够确保乡村自然景观与人文景观对游客的吸引力,保证乡村旅游持久的生命力。

第二节　乡村旅游规划创新的基本理念与主要内容

一、乡村旅游规划创新支撑理论

(一)旅游规划三元论

刘滨谊认为,旅游规划追求的基本核心和最终目标是为旅游者创造时间与空间的差异、文化与历史的新奇、生理心理上的满足,其中均蕴含着三个层面不同的需求。

第一,旅游活动以及与之相关的文化历史与艺术层面,包括潜在于旅游环境中的历史文化、风土民情、风俗习惯等与人们精神生活世界息息相关的文明,即关于人们行为活动以及与之相应的经营运作的规划需求。

第二,景观时空层面,基于景观空间布局的规划,包括区域、总体、景区、景点的时间与空间上的布局、设计,即关于景观时空布局的规划需求。

第三,环境、生态、资源层面,包括土地利用、地形、水体、动植物、气候、光照等人文与自然资源在内的调查、分析、评估、规划、保护,即生态环境中大地景观的规划需求。这些构成了旅游规划需求的三元。

与需求对应,现代旅游规划的内容同样包含三元:以"旅游"为核心的群体行为心理规划和项目经营,以"景观"规划为核心的优美的旅游景观环境形象创造,以"生态"为核心的旅游环境生态保护。

(二)景观生态学理论

德国埃斯特·黑克尔在其著作《有机体普通形态学》中提出了"生态学"的概念,从这一刻起,生态学就成为研究生物与环境、生物与生物之间关系的一项重要内容。

景观生态学是生态学的一个重要分支,它的主要研究对象是在一定的区域范围之内,许多不同生态系统所构成的景观之间的相互作用以及未来动态变化趋势。随着景观生态学研究的不断发展,目前景观生态学的研究重点主要集中在一个较大的空间范围和较长的时间尺度内,由多个生态系统构成的生态景观的演变过程。

郭建国和余新晓认为,景观生态学的研究具体包括以下四点内容:①景观空间异质性的发展和动态。②异质性景观的相互作用和变化。③空间异质性对生物和非生物过程的影响。④空间异质性的管理。

景观生态设计顾名思义就是指"具有生态学意义的设计"。据斯图尔特·科恩的定义:任何与生态过程相协调,尽量使其对环境的破坏影响达到最小的设计形式都称为生态设计,这种协调意味着设计尊重物种多样性,减少对资源的剥夺,保持营养和水循环,维持植物生境和动物栖息地的质量,以有助于改善人居环境及生态系统的健康。这种理性人居环境应包括人类与地理环境、代谢环境、生物环境、社会环境、经济环境和文化环境的生态关系。

(三)生态美学理论

生态学与美学的有机结合构成了生态美学理论。从广义的角度来说,生态美学理论主要指的是人与自然、人与社会的生态审美关系。景观生态美学是以当代生态存在论哲学为基础理论,反对"人类中心主义",主张"人—自然—社会"协调统一,反对自然无价值的理论,提出自然具有独立价值的观点。同时,又提出了环境问题和可持续生存道德原则。此外,生态美学的产生促进了生态文学的发展,即绿色文学,以人与自然的关系为题材,歌颂人与自然的协调和谐、共生共存。

在人居环境创作中,生态美学强调了自然生态之美,欣赏质朴、间接而不刻意雕琢,它同时强调人类在遵循生态规律和美的法则前提下,运用科学技术手段改造自然,创作人工生态美,带给人们的不仅仅是一时的视觉震撼而是永久的可持续发展利用。人工与自然的互惠共生,使城乡景观建设与生态系统特性各有所得,相得益彰,浑然一体,这就造就了人工和生态景观的和谐之美。

中国古代的天人合一观念开启了我们质朴无华的自然审美观,包含了丰富的景观美学思想。老子通过对天地万物、自然物象的洞察,通过对人与自然关系的体悟,认识到保护自然生态环境的重要性,告诫人们不要自恃灵明而高高凌驾于天地万物之上,不要凭仗强大有力而妄为滥施。如我国园林艺术多追求的正是"天人合一"的美学境界。园林艺术作为我国传统文化和现代文化的物质载体,所特有的园林文化现象,使得景观中的一草一木、一山一水都具有人的灵性和感情。

人类社会进入 20 世纪 90 年代,以个人心理感受为主要诉求的体验理论逐渐兴起,并逐渐渗透在观光休闲活动规划设计中。运用自己的感官,引导视觉、听觉、味觉以及触觉,形成个人整体心理感受,以获得感性的愉悦及知性的充实,已成为观光休闲体验活动设计的最高准则。人类向往自然,乡村旅游为人们提供了一个最适当的体验机会。

(四)闲暇游憩理论

现代休闲是一种生活常态,人们在这段时间内按照自己随心所欲的意愿所从事的各种活动都称作休闲活动。休闲所注重的是人们对时间的使用、安排,以及由此而引起的对人们自我发展和完善的影响,从社会发展的过程来看,只是人们具体消费休闲时间的一种样式、一种手段。我们所熟知的休息、游憩、娱乐、运动、旅游等活动都毫无例外地从属于休闲的范畴,著名经济学家凯恩斯预言,人类将面临一个真正的永久的问题是:"如何度过闲暇"。未来学家托夫勒在《第四次浪潮》一书中预言,未来社会的闲暇与旅游将成为"第五次浪潮"。

游憩,从词源上讲来自拉丁语的,意思为更新、恢复。游憩的本义是轻松、平静、自愿产生的活动,用于恢复体力和精力。

闲暇游憩理论,被公认为属于生活行为理论范畴。其实际研究内容十分广泛,主要内容至少有闲暇历史与发展、闲暇与生理和心理、环境与闲暇行为、闲暇与休闲产业、休闲价值与社会发展五大方面。在闲暇与游憩理论研究领域,目前已经形成的基本理论命题至少有以下七点:①闲暇史是与人类伴生的历史,并且具有美好的发展趋势。②闲暇与游憩是维持人类生理、心理健康的充分必要条件。③具有游憩潜力的事物是一种资源。④闲暇是一种前景广阔的现代产业。

⑤闲暇是人类的基本权利,是社会发展的重要方面,需要政府介入,⑥闲暇类型具有地域、文化和发展阶段的差异。⑦闲暇与可持续发展具有较密切的相关性。

(五)RMP 理论

1.RMP 理论的提出

RMP 理论是我国旅游规划管理专家吴必虎提出的一个全新的观点,是指导区域旅游发展的一项重要理论。所谓 RMP 理论指的就是 R——resource 资源、M——market 市场、P——product 产品理论,其中主要研究的是将旅游资源转化为旅游产品。随着旅游业的迅速发展,旅游业已经逐渐成为一种高投入、高风险、高产出的产业类型,这就需要在发展旅游业之前对旅游资源进行科学的评估,确定将旅游资源转化为旅游产品的有效路径。主要研究的是旅游市场中对旅游产品的需求,这一研究包括两个内容,一个是旅游产品需求的弹性,即在一定时间内游客对旅游产品的需求变化;另一个则是旅游者的旅游动机,根据这一研究成果可以针对性地制定旅游营销策略。"P"主要研究的是旅游产品的创新,即根据消费市场的变化以及旅游资源的特色,采取产品的创新或者组合等方式来打造新的特色旅游产品,从而保证旅游业旺盛的生命力。

2.RMP 理论和乡村旅游规划

旅游资源、旅游市场、旅游产品从本质上来说是相辅相成的,旅游资源是打造旅游产品的基础,而旅游市场是将旅游资源转化为旅游产品的基本目标,旅游产品是实现旅游市场价值的基础载体,因此在实践中我们要同时兼顾旅游资源、旅游市场与旅游产品。具体来说,RMP 理论应用于乡村旅游规划中需要注意以下三个问题。

(1)旅游资源问题

一般来说,关于旅游资源的把握主要是通过调查与评估完成的,其中旅游资源的调查指的是对旅游地区进行综合的考察、测量、分析与整理,从而准确地把握旅游区的资源现状。但是在对旅游资源进行把握的过程中需要注意以下两点,一点是要即时对旅游资源进行对比,包括同地区的旅游资源对比以及不同区域的旅游资源对比,从而寻找出具有特色的旅游资源;另一点则是建立旅游资源档案,以便能够根据旅游资源的消耗来确定旅游资源的保护章程,实现旅游资源的持续利用。

（2）旅游市场问题

从市场经济的角度来看，乡村旅游资源规划与开发的主要目的是促使乡村旅游产品能够顺利进入旅游市场，这也就意味着在进行乡村旅游规划时应当准确把握住旅游市场的脉搏，否则乡村旅游资源与产品也就失去了存在的价值。对此需要注意两个问题，一个是旅游业的发展趋势；另一个则是旅游者的行为特征，只有这样才能够开发出具有前瞻性，符合旅游者需求的产品。

（3）旅游产品问题

旅游资源的特色、旅游市场的定位最终都是通过旅游产品来实现的，可以说旅游产品是旅游资源与旅游市场的直接载体。好的旅游产品在满足市场需求的同时也能够极大地提高资源的价值，因此，在开发设计旅游产品时要以旅游资源与市场为参照。

二、乡村旅游规划的原则

乡村旅游规划所要考虑的内容包括乡村的旅游市场需求、资源约束、社会宏观条件分析（主要是经济条件）等几个方面。由于"乡村"的特殊性，决定了其规划必须遵循以下五个基本原则。

（一）自然环保原则

随着工业生产对生态的破坏日益严重，生态环境保护受到越来越多人的重视，旅游规划作为一种技术产品，也应当紧跟时代的潮流，具备生态文化的特征，承担起保护生态与文化多样性的重任。具体来说，就是在乡村旅游规划中科学应用景观生态学、生态美学等理论来实现乡村旅游与生态的协调发展，最大限度地降低发展乡村旅游对生态环境所造成的破坏。

坚持自然环保原则也就意味着在乡村旅游规划中要因地制宜，尽可能地保留自然特色，没有绝对的必要就不对乡村的自然原貌和建筑物进行更改。国内当前很多地方将乡村旅游与普通的观光旅游等同起来，为了迎合游客的口味，不顾原先遗存的自然资源和人文景观，随意地对乡村进行改造，这种做法不仅对乡村的生态环境造成了极大的破坏，同时也与乡村旅游的本质特征背道而驰。

（二）乡土特色原则

对于旅游而言，特色也就意味着生命，没有特色的旅游景点是难以有持久的生命力的,有特色才有吸引力,才能够在激烈的旅游市场竞争中占据优势。而对于乡村旅游而言,其最大的特色就是乡土文化,五千多年的历史造就了中国璀璨的乡村民俗文化,复杂的自然地理环境则决定了每一个乡村都有自己的特色。因此,乡村旅游规划的一个重要内容就是充分地将乡土文化凸显出来,从而在诸多的旅游形式中"鹤立鸡群",吸引游客的注意力。

坚持乡土特色原则指的就是在乡村旅游规划上要有别于城市的公园绿化,尽可能体现出野趣天成、返璞归真,在植物配置上注重适地适树,强调多样性和稳定性,所展示的也应该是当地的农耕文化和民俗文化。

(三)和谐生态原则

从美学的角度来看,在地球表面,土地格局、岩体、动植物之间存在着明显的和谐关系,形成了完整的统一体。大自然造就的景观特征的完整性越是统一、彻底、明显、强烈,对观察者的感官冲击就越大。而且,景观地段不同要素的和谐程度"不仅是获得快感的量度,也是美的量度"。因此,对自然景观和历史文化景观在设计时,要运用整体论的观点,保护和加强内在的景观质量、剔除不应该保留的要素,甚至是引进要素以加强自然特征,尽量地保持景区的原始性、完整性、统一性、和谐性。

乡村旅游是第一产业——农业与第三产业——服务员的有机集合,因此乡村旅游要同时兼顾经济效益、生态效益和社会效益。要用生态学原理来指导乡村旅游的建设,建立良性循环的生态系统,产生好的生态效益。生态性主要指两个方面:一方面是生态平衡;另一方面是生态美学,即从审美角度体现出生命、和谐和健康的特征。生命力主要体现在规划设计的旅游区应具有良好的生态循环再生能力。和谐则要求人工与自然互惠共生、相得益彰,即人工构筑物与生态环境形成一种和谐美。健康是指在争取人工与自然和谐的前提下,创造出无污染、无危害,使人生理、心理得到满足的健康旅游环境。

(四)良性互动原则

良性互动原则主要是针对乡村旅游与村民居住环境而言的。众所周知的是,人类居住环境良好很容易获得游客的认可,从而推动旅游的发展,同样的道理,旅游的发展又会不断地改善人类的居住环境,因此在乡村旅游规划中要坚持良性互动原则。

坚持良性互动原则就是要求乡村旅游规划在尊重自然的前提下充分考虑到人类的活动需求与心理诉求。由于乡村旅游中人们的身份大致分为原住居民和游客两种类型，而他们的活动与心理需求是不同的，其中原住居民的需求主要以生产和生活需求为主，游客的需求则以休憩、娱乐需求为主，因此乡村旅游规划要同时兼顾这些需求。从投资回报的角度来说，游客的休憩、娱乐需求占据主导地位，因此应当将提高游客的舒适度作为规划的重点。但是考虑到村民是乡村旅游的主体之一，也应当不断改善村民的聚居环境，帮助村民建设美好家园，从而使得乡村居民生活环境与乡村旅游相互促进，共同发展。

（五）社区参与原则

作为乡村旅游的主体，乡村居民能否认识到自身的文化价值，是否支持乡村旅游对于乡村旅游的发展有着十分重要的意义。而社区参与是实现乡村居民全面参与到乡村旅游中，避免权利与利益分配不均问题出现的重要举措，因此在实践中要坚持社区参与原则，保证所有村民都能够参与到乡村旅游规划中。

社区居民参与旅游发展的内容必须渗透到各个层面，从个别参与到群体参与、组织参与，逐步实现社区的全面参与。一方面，社区居民要参与旅游经济决策和实践、旅游规划和实施、环境保护和社会文化进步；另一方面，社区居民不仅仅局限在谋求经济发展的层面，而是重视环境保护与社会传统文化的维护与继承的层面，参与森林资源的管理，参与规划和决策的制定过程。乡村社区的参与要能在规划中反映居民的想法和对旅游的态度，以便规划实施后，减少居民对旅游的反感情绪和冲突，从而达到发展乡村社区旅游的主要目的，即：①要有效地进行经济发展和资源保护，②在社区内创造公平的利益分配体系，③发展当地社区的服务员，增强他们保护资源的责任感，自觉地参与到旅游中来等。

三、乡村旅游规划的技术路线

（一）规划阶段划分

乡村旅游虽然是一种特殊的旅游形式，但是乡村旅游规划也应当遵循一般旅游规划的原则和技术路线。当前国内还没有专门针对乡村旅游规划的技术路线，而关于一般旅游规划的技术路线也是众说纷纭。对此，本书在对国内相关研究进行梳理的基础上大致将乡村旅游规划分为五个阶段，即规划准备阶段、调查分析阶段、确定规划思路阶段、制定规划阶段和组织实施阶段。

（二）规划阶段内容

第一阶段：乡村旅游规划的准备阶段。乡村旅游规划准备阶段的工作内容主要包括：①明确乡村旅游规划的基本范畴；②明确负责乡村旅游规划的责任人，组织乡村旅游规划小组；③设计社区参与乡村旅游规划的基本框架；④建立乡村旅游规划保障机制。这些都是乡村旅游规划顺利进行的重要保证，如果准备阶段的工作不到位，那么乡村旅游规划很可能会因各种意外状况例如因社区参与不健全导致村民反对、突发问题找不到负责人等而夭折。

第二阶段：调查分析阶段。乡村旅游规划调查分析阶段的工作内容主要包括：①对乡村的整体现状进行分析，包括乡村自然地理环境、社会人文环境等；②对乡村潜在的旅游资源进行挖掘，确定哪些资源能开发成旅游产品，并对这些资源做出定性和定量分析，为后续的旅游资源的保护奠定基础；③对乡村旅游目标市场进行分析，分析的内容包括潜在游客的旅游倾向、收入、市场规模大小等；④对乡村旅游发展进行 SWOT 分析，即详细地对该乡村发展旅游的优势、劣势、机遇、挑战等进行分析。

第三阶段：确定规划思路阶段。该阶段的主要工作是通过对以上乡村旅游发展的背景和现状进行整体的联系性剖析，结合乡村的历史、社会、经济、文化、生态实情，综合确定乡村旅游发展的战略定位，在宏观上确定乡村旅游发展的方向定位，在此基础上，确定未来乡村旅游的具体发展目标。

第四阶段：制定规划阶段。制定规划阶段是乡村旅游规划工作的主体部分，是构建乡村旅游规划内容体系的核心，主要工作就是根据前几个阶段调查和分析到的结果，并依据发展乡村旅游的总体思路，提出乡村旅游发展的具体措施，包括乡村旅游产业发展规划和乡村旅游开发建设规划等。需要注意的是，在制定详细的规划内容时，必须考虑规划区域的乡村社区建设和社区居民的切身利益。

第五阶段：组织实施阶段。组织实施阶段的主要工作内容就是将乡村旅游规划落实。值得注意的是，在落实的过程中并不能盲目地依照规划文件进行，而是要结合乡村社会经济现状进行微调，确保乡村旅游与乡村社会经济更加契合。同时也要做好乡村旅游规划的综合评价工作，及时进行信息反馈，为后续的规划提供参照。

四、乡村旅游形象规划

旅游形象指的就是旅游者对旅游地的认识和评价，它是旅游地在旅游者心中的一种感性存在。旅游形象对于旅游营销和发展有着十分巨大的影响。对于很多潜在的游客而言,旅游形象的好坏与否直接决定了他们是否具有旅游的兴趣。随着国内旅游产业的迅速发展,旅游业开始进入买方市场中。对于游客而言,同类的旅游产品众多,在必要的情况下完全可以找到一个新的旅游产品,这种情况下旅游形象的重要性就凸显出来。在同样的条件下,旅游形象越好,给游客留下的印象毫无疑问也就越好,对游客的吸引力也就越大。从某种意义上说,旅游产业发展到今天,已经从最初的产品竞争时代进入到形象竞争时代。

乡村旅游形象属于旅游形象中的一种。它是旅游者对乡村旅游目的地总体、概括的认识和评价,包括其乡村旅游活动、乡村旅游产品及服务等在其心目中形成的总体、概括的认识和评价。乡村旅游形象的确立在乡村旅游发展中同样具有举足轻重的地位。

(一)现状问题分析

我国乡村旅游形象设计目前主要存在以下两大问题。

1. 不重视旅游形象的塑造和传播

我国绝大部分乡村旅游区都没有进行过专门的形象设计,在对外宣传时很多乡村旅游区都是以"全国农业旅游示范点"为口号的。事实上,农业旅游与乡村旅游有很大的区别,并且"全国农业旅游示范点"也绝没有想象中的那么多。通过这种宣传手段我们就可以发现我国乡村旅游在旅游形象塑造上的缺失。有的乡村旅游没有属于自身的标识,有的乡村旅游没有独具特色的旅游纪念品,这些导致乡村旅游很难给游客留下深刻的印象,对于大部分游客而言,选择这个乡村进行旅游和选择另一个乡村进行旅游并没有根本性的区别,如此乡村旅游发展较为缓慢也就不难理解了。

2. 形象定位模糊

乡村旅游形象的确定需要与当地的人文资源和自然结合在一起,如此方能够给游客留下直观的感受,让游客看到这一旅游形象就能够想象旅游经历。但是目前国内乡村旅游要么没有专门的旅游形象,要么虽然确定了旅游形象,但是旅游形象却和实际现状不符,例如部分乡村的建筑风格、道路、饮食,服饰、农具等并不协调,给游客留下一种虚假的印象,在游览中游客很难真正体会农家生活。

(二)形象定位前提研究

乡村旅游地旅游形象的规划过程,主要包括前期的基础性研究和后期的显示性研究。基础性研究主要包括地方文脉分析、市场调查分析以及旅游地竞争分析三个方面。

1.地方文脉分析

地方文脉主要指的是乡村旅游地区的特色资源和民俗文化。对于任何一个旅游地区而言,独特的资源与人文景观都是旅游产业迅速发展的重要保证,乡村旅游也不例外。此外,有别于其他地区的旅游资源和人文景观先天就能够成为一个旅游地区的形象符号。

2.市场调查分析

游客对于不同的旅游形象接受力度是不同的,例如一些可爱的卡通形象和美丽的自然风光总能够更容易地获得游客的认可,反之一些比较粗糙,有悖于传统审美观念的形象却很难受到游客的认可。因此,乡村旅游形象的规划也要对市场进行详细的调查分析,这样才能够保证最终确定的乡村旅游形象能够满足潜在游客的预期心理目的。

3.旅游地竞争分析

随着旅游产业的不断发展,很多地方政府将乡村旅游视为经济发展的核心动力,这种情况下越来越多的乡村开始涉足旅游业,但同时也带来了乡村旅游形象的同质化问题,在乡村旅游中多个乡村采用同一旅游形象的事件屡见不鲜。因此,在进行乡村旅游形象规划时要对旅游地的竞争进行分析,避免出现乡村旅游形象与其他旅游地区一致的现象。

(三)形象定位确定原则

乡村旅游的形象定位是乡村旅游形象塑造的前提与核心。乡村旅游地旅游形象定位应该在遵循整体性和差异性总体原则的基础上,反映市场需求,体现乡村自然与文化资源价值,同时应与乡村旅游产品的策划相结合。

1. 满足乡村旅游的市场需求

旅游地形象是影响目标市场购买决策的主要驱动因素,作为旅游企业运营的一个环节,其本质是一种旅游市场营销活动,而旅游地旅游开发一般是以其整体形象作为旅游吸引因素推动旅游市场的,因此,旅游地整体形象的塑造也必须紧扣旅游市场的发展趋势和需求。此外,乡村旅游地形象定位除了把握定位的目标市场以外,还必须做进一步的市场细分,目的是与共享相同目标市场的乡村旅游地在市场方面实行差异化策略,以分流竞争力。

2. 体现资源的自然与文化价值

乡村旅游形象的规划必须与当地的自然与文化价值保持一致,这是发挥乡村旅游形象对乡村旅游促进作用的一个重要前提。但就旅游形象而言,能够选择的旅游形象很多,名人、文物、自然风光、独特的建筑等都可以成为旅游形象,但是对于乡村旅游形象而言,必须要考虑该形象与乡村的契合性,例如以休闲旅游为主的乡村旅游地区便不能随意选择一个当地名人作为旅游形象,一方面该当地名人在全国乃至全世界范围内不一定具有足够的知名度;另一方面将名人作为旅游形象与休闲旅游的主题不相符合。因此,在选择乡村旅游形象时要对旅游区的自然与文化价值进行深入的研究,可以针对其中的一点,也可以宏观上把握自然与文化价值,将其在旅游形象中综合体现出来。

3. 与旅游产品策划紧密结合

对乡村旅游形象进行规划的主要目的是吸引更多的潜在游客,推动乡村旅游的发展,而旅游产品作为乡村旅游的主体,乡村旅游形象的规划必须与旅游产品紧密结合,两者是相辅相成的。一方面,乡村旅游形象规划的好坏与否对于旅游产品在旅游市场上的认可度有着极大的影响,好的旅游形象能够在潜移默化中提高游客对旅游产品的认同感;另一方面,好的旅游产品也有助于扩大旅游形象的影响力,越好的旅游产品就越受到市场的欢迎,而产品上的旅游形象的影响力也会随之不断提高。

4. 使乡村旅游者的心理可接受

旅游地形象的传播对象是旅游者,在定位旅游地形象时,受众调查和市场分析是必不可少的环节。旅游地形象的构建,其目的也是更大限度地开发潜在旅游市场,让游客更清晰、方便地了解旅游地的特点及其独特之处,从而诱发旅游动机。乡村旅游地形象定位应当考虑旅游者是否能够接受的心理。

(四)形象识别系统设计

乡村旅游形象识别系统的设计是旅游形象的具体表达,主要包括理念识别系统、视觉识别系统和行为识别系统的设计。

1. 理念识别系统

从乡村旅游的角度来说,理念指的就是乡村旅游发展所需要遵循的思路与方向,而最能够体现乡村旅游理念的莫过于经典的宣传口号。分析国内比较成功的乡村旅游区,我们不难发现,一个好的宣传口号是必不可少的,也是区别于其他乡村旅游区的一个重要标准。例如,苏州吴中区旺山生态园的宣传口号是"吴中生态绿同,旺山诗梦乡里",而同地区的树山村的宣传口号则是"山真水真天堂",简单的两句话就将两个乡村旅游地区分开来,塑造了鲜明的旅游形象,增强了对游客的吸引力。

2. 视觉识别系统

视觉识别主要是在视觉上让游客意识到乡村旅游地的特殊之处。一般来说,视觉识别主要是通过旅游地的形象标识、户外广告、旅游纪念品等来完成的。当然,如果有的旅游地的自然景观或者人文景观也能够给人留下深刻的印象,那么这些也可以作为视觉识别系统的一部分。

3. 行为识别系统

行为识别系统的建立可以从以下两个方面着手:①服务行为形象设计。乡村旅游属于第三产业服务业,因此服务行为对于乡村旅游有着极大的影响,这就需要进行专门的服务行为形象设计,通过良好的服务行为来加深游客对旅游地的认同感。对此可以分类从交通运输服务、导游服务、住宿餐饮服务、购物服务等角度进行。②感知形象设计。感知形象设计包括听觉、味觉、嗅觉等设计。听觉形象设计主要指旅游地的语言、方言、地方民歌、旅游景区的主题曲和背景音乐等。味觉形象设计主要指发展本地餐饮业,建立适量的农家菜馆,提供有当地特色的农家菜肴。嗅觉形象设计主要指种植具有地方特色或反映四季变化,具有芳香气味的花草树木。

五、乡村旅游设施规划

乡村旅游设施包括乡村旅游基础设施和乡村旅游服务设施。其中,乡村旅游基础设施包含交通设施,给排水设施,电力通信系统,供暖与空调系统以及卫生设施,乡村旅游服务设施包含乡村旅游住宿设施,商业与餐饮设施,游憩与娱乐设施以及旅游辅助设施。从广义上讲,乡村旅游设施包含了所有满足旅游者需要的内容,这些从各个方面为旅游者提供服务,从形象上看,乡村旅游设施是乡村旅游区景观最重要的组成部分,从功能上,乡村旅游设施承载着各种旅游活动,是各种乡村旅游产品的载体。

(一)认清主要矛盾

目前我国的乡村旅游在设施规划上主要存在以下两个方面的矛盾,这些矛盾使得乡村旅游的发展并没有真正成为新农村建设的推动力,反而引发了一系列的不必要矛盾。

1. 居民与游客的矛盾

在乡村旅游设施的使用过程中,居民与游客产生矛盾并不新鲜。原因就在于乡村旅游设施的服务界限过于模糊,很多设施同时服务游客与居民,例如商店、道路、公共卫生、停车场等,在旅游淡季居民与游客的矛盾尚不突出,但是随着旅游旺季的到来,设施开始紧张,游客与居民在设施的使用上矛盾开始凸显。

2. 设施的配置与乡村用地之间的矛盾

众所周知的是乡村的用地都是根据本村村民的数量来进行配置的,但是乡村旅游的发展意味着需要占用一部分土地来建设新的设施,而占用哪一户村民的土地则成为矛盾的焦点。对于很多村民而言,将土地用于设施的建设获得的赔偿远不如自己做点小生意收入高,因此设施的配置与乡村用地之间一直存在着巨大的矛盾。

(二)基础与服务协调配套

完善的乡村旅游基础设施可以保证乡村旅游资源进行有效和科学的开发。因此,在开发规划时,需要对其进行全面而深入的研究和思考。在交通上,应当对乡村旅游地及其周边的道路、出入口、停车场、游览步道等进行合理布局,使游客进得来、留得住、出得去。在给排水方面,最重要的是需要保证给水的质量和安全,保证乡村旅游地的排水设施在暴雨时不会妨碍旅游者的通行以及污水不会危及乡村的环境质量。在电力通信、供暖与空调、卫生设施等方面,也都应该相应配套,保证足够的容量和使用方便。需要注意的是,为了适应网络时代的到来和方便通信和联系,有条件的乡村还应当积极促进互联网的建设,如建设自己的旅游门户网站。另外,所有的基础设施之间应当统筹考虑,协调安排和弹性规划。

在乡村旅游基础设施已经完善的基础上要考虑到旅游服务其他设施的配套问题。例如在乡村旅游的住宿上,要综合考虑客源市场的社会经济状况,建设不同等级的住宿设施,以便更好地满足不同收入游客的住宿需求。再比如在商业购物与餐饮设施上,两者不能过于集中,要结合人流量留出足够的公共空间来供游客休闲购物,同时商业购物设施旁要尽可能地配备餐饮设施,以便游客在购物之余能够享受到乡村饮食趣味。此外,一些相关的辅助性设施也是必不可少的,例如安全保障设施、行政组织设施等,这些设施看似与游客没有直接的联系,但是对于塑造乡村旅游地良好的形象却有着十分重要的意义,同时也能够为游客提供更为便捷的服务。

(三)分散与集中有机结合

一般来说,乡村旅游设施的空间布局大致可以分为两种类型,一种是分散式布置;另一种则是集中式布置。在规划乡村旅游设施时需要根据设施的特点来灵活地采用不同的方式,例如农家乐等接待设施比较适合分散式布置,原因在于两个方面:一方面,农家乐等接待设施过于集中将会直接导致游客的集中,而游客的集中又会给乡村的旅游服务带来巨大的压力;另一方面,农家乐等接待设施过于集中很容易出现恶性竞争现象,不利于乡村旅游的健康持续发展。再比如商业区等服务设施,这种类型的服务设施应当采取集中式布置,发挥其规模效应。例如太湖西山的明月湾就是一条沿着太湖布置的以乡村美食为主题的商业街。

值得注意的是,乡村旅游游客服务中心需要综合采用分散式布置和集中式布置两种形式。一方面,旅游地需要在与乡村保持一定距离的地方建立独立的建筑来统筹负责售票、购物、咨询、导游、展示等服务,这属于集中式布置;另一方面,考虑到旅游地随时可能存在突发状况,因此在旅游路线的关键点要采用分散式布置方式布置承担购物、咨询、导游等部分职能的小型接待站,以此来保证旅游服务的全面性。

总而言之,分散和集中并不是固定且一成不变的,也不是绝对的,它们之间应当是相互补充和配合的关系。集中含有分散,分散内有集中,两者有机结合方为成功之道。

(四)单轨与双轨功能

单轨指的就是乡村旅游服务设施只为游客或者村民提供服务,双轨则指的是旅游服务设施同时为游客和村民提供服务。部分旅游设施先天性就具有双轨的功能,例如道路等基础设施,在建设这些设施时既需要考虑到村民的出入问题,也要考虑到游客的进出和集散问题,但是也有部分设施以单轨功能为主,例如村里的老年活动中心就只是为村里的老年人服务的。因此,在对乡村旅游设施进行规划时要着重考虑旅游设施的单轨与双轨功能,规划更多考虑的应该是如何使更多的设施可以为居民与游客共用,其使用方式上可以是部分使用、错时使用、错空使用以及同时同地使用等。一些如文化娱乐设施、休闲设施、餐饮设施等就可以比较多地共同使用。这样形成的基础和服务设施使用双轨制,既有利于当地居民的生产生活,又有利于游客的旅游活动。因此,为了营造新时期舒适宜人、富有特色的村庄旅游环境与和谐的人居环境,需要尽量对设施功能进行复合考虑。

(五)乡土与文脉完美融合

乡村旅游服务设施是乡村旅游的重要吸引物,因此乡村旅游服务设施的设计应该反映乡土文化,与当地的文脉相整合。

1. 乡村特色餐饮设施

餐饮是乡村旅游的一个重要组成部分,餐饮设施体现出足够的乡土特色对于游客而言极具有吸引力。目前,国内在这方面做得比较好的莫过于太湖明月湾的农家乐,明月湾沿着太湖统一建设一条美食街,美食街的建筑全部由各种各样的木屋构成,坐在古朴的木屋当中,吃着太湖独有的农家菜,欣赏着太湖美丽的风光,这对于游客而言毫无疑问是一个巨大的享受,如此太湖明月湾的农家乐取得成功也就不难理解了。

2. 乡村特色住宿设施

住宿设施应符合本地建筑风格,应与环境相协调。乡村旅游住宿设施是在乡村建设的适合城里人居住而又不失乡土特色的住宿设施。因此,一定要保持原汁原味的乡土建筑特色,与所在地的人文、地理、气候、民俗等相适合。要追求回归自然、文化内涵丰富,讲究淳朴简洁,清新淡雅,赏心悦目,就地取材,其颜色的选择和建筑风格模式应与周围环境相协调、融洽,相映成趣。

(六)技术与生态相互支撑

在旅游设施规划中需要在技术上引入生态的理念,使二者相互融合,相互支撑,以达到保护环境、节约资源、保持生态平衡、促进人与自然界和谐发展的目标。

在乡村旅游设施规划中,技术与生态的相互支撑主要表现在以下四个方面。

1.建筑功能生态化

建筑功能生态化主要指的是建筑的设计、布局、采光、通风要自然化,而不是简单地依靠现代家电。这就需要对建筑设施进行规划时着重考虑以下两点:一是在设计中重视建筑设施的生态化布局,要结合建筑场地的气候、水文、地质、相貌、植被等特点来对建筑设施进行布局,保证建筑设施在完工之后不仅能够降低对周边景观的影响,更要保证建筑能够最大限度地利用当地的各种水文自然景观,实现建筑与自然的和谐共处;二是建筑的采光与通风要自然生态化,建筑内部的采光要尽可能地利用明媚的自然阳光,建筑内部与外部环境的交流要保持自然,而不是单纯地依靠空调等现代电器来满足建筑的采光和通风需求。

2.能源生态化

能源生态化指的就是降低对传统火电等污染较大能源的需求,尽可能地使用清洁能源。乡村旅游地的生态环境是极为脆弱的,这种脆弱在能源污染面前更是不堪一击,因此乡村旅游设施在规划时要尽可能地使用太阳能等清洁能力,太阳能不丰富的地区也可以发展生态沼气。

3.物质循环与再生

随着游客的迅速增加,对于旅游地而言,所面临的一个重要问题就是垃圾的处理。如果按照传统的垃圾处理方式,即建设垃圾处理站——对垃圾进行回收——统一进行焚烧填埋,这种方式不仅需要投入大量的资金,而且对当地的生态环境也有极大的破坏。因此,在对服务设施进行规划时不妨从循环与再生的角度着手来建设垃圾处理设施,将生态沼气与垃圾处理设施结合起来。同时服务设施应尽可能地使用木材、竹材等可循环利用的资源。

4. 水生态化

水是乡村旅游景观的一个重要因素,很多研究证明,有水文景观的乡村更受欢迎,但同时水生态也是极为脆弱的,极易受到破坏,因此乡村旅游建筑设施的规划应当充分融入水生态理念,高度重视水的生态化使用,从供水环节开始到污水的处理都要保证水生态,从而实现水资源的高效利用。

其中,与乡村旅游结合得比较好的一个应用是人工湿地污水处理系统。人工湿地污水处理系统是目前世界最廉价的低投资、低能耗、行之有效的处理与利用污水的系统工程,是在长期应用天然湿地净化功能基础上发展的水净化资源化生态工程处理技术,脱氮除磷效果明显,可作为污水二级处理的替代技术。它与常规污水处理系统的主要差别之一就是具有生物种群多样性的特点。运用在乡村旅游区中,其自然的景观与周围环境协调一致,成为游客们得以欣赏的另一道风景。

六、乡村旅游景观规划

乡村旅游景观规划,简言之,就是指对乡村旅游地内的各种景观要素进行整体规划与设计,使旅游景观要素空间分布格局、形态与自然环境中的各种生态过程和人类观瞻协调及和谐统一的一种综合规划方法。

(一)反思:城市化的乡村景观

随着农村社会经济的不断发展以及新型城镇化建设进程的加快,农村居民的现代化生活方式与传统的乡村性之间的矛盾也越来越突出,这一问题在城郊地区体现得尤为明显。大部分城郊地区的农村无论是在规划布局上还是生活方式上都基本和城市没有区别,乡村性开始逐步地消失。出现这种现象的原因主要有以下两个。

第一,农民的收入水平在不断提高,而与城市生活相比,农村生活水平本身较低,如此在农村收入提高的背景下,农村开始追求与城市一样的生活方式也在所难免,例如越来越多的农村居民开始将自己房屋的建造向城市建筑靠拢,装修也基本上和城市保持一致。这种生活方式固然提高了农民的生活质量,但是从乡村旅游的角度来看,当游客进入农村之后发现与其在城市生活并无区别时,旅游的性质自然会大幅度下降,如此乡村旅游自然难以得到发展。

第二,社会主义新农村建设是农村社会经济发展的一个重要目标。但是很多地方政府对新农村的认识却出现了偏差,认为整齐排列的住宅与宽阔的道路就是新农村的表现,却忽略了这种新农村建设方式所造成的直接后果就是"千村一面",毫无乡村性可言,乡村旅游的发展潜力遭到破坏。

正是基于以上原因,为了避免乡村旅游在发展中出现城市化现象,必须要对乡村旅游景观进行科学规划,以此来保证乡村旅游持久的生命力。

(二)乡村旅游景观之结构规划

对景观的空间结构规划,可以引入景观生态学原理。景观生态学将景观的空间形态结构归纳为三个元素:斑块、廊道和基质乡村旅游的景观生态单元、功能及原则。因规划区域的范围大小而有所不同,一般来说分为宏观和微观两种尺度。在宏观尺度,斑块往往是指耕地、园地、林地、疏林地、水库、湖泊、村落、工矿等,廊道一般指河流、道路等,基质一般指成片分布的农田、大面积的山林等。而在微观尺度,斑块代表乡村旅游的产品单元即游客的消费场所(农舍、景点、宿营地等),廊道代表景点之间的路径,基质代表除此之外的生态背景。乡村旅游区的景观结构规划是基于宏观层面考虑的。

乡村旅游景观的结构设计就是以斑块为乡村景观主题与游憩项目开展的主载体,以廊道为游客流动以及乡村旅游区内能源与物质流动的主渠道,将各斑块、基质和谐地交织起来,形成一个浑然天成的乡村旅游景观格局。

1. 斑块的规划

斑块的规划要点在于斑块属性的选择、实体设计和空间布局三个方面。选择具有代表性意义的乡村景观类型和活动区,然后以巧妙的空间布局为辅助是斑块规划的关键所在。其中,在斑块属性的选择其实就是乡村旅游景观的选择,这方面需要根据乡村旅游资源以及乡村潜在旅游市场需求来进行规划,例如林地资源比较丰富的地区可以规划登山、野营、探险等熟悉的斑块,而平原地区则可以选择农事活动的体验、乡村文化探秘等斑块。

2. 廊道的规划

廊道规划可以从区间廊道、区内廊道和斑内廊道三个方面着手。其中,区间廊道主要指的是不同旅游景点之间的通道,区内通道指的是同一旅游景点之间的通道,斑内廊道则指的是各个斑块之间的通道;在对廊道进行规划时要尽可能地使用天然的自然通道,同时也要避开生态比较脆弱的地带,选择生态恢复功能较强的地带,只有这样才能够保证乡村旅游在发展中不会对当地的生态造成太大的影响。同时廊道的规划也要兼顾趣味性,不能简单地将其视为一种旅游通道,水资源、奇石资源等都可以用于廊道规划中。

3. 基质的规划

"基质"作为生态旅游区的背景具有普遍性,如热带雨林、亚热带阔叶林、高山草甸、红树林等。当其背景性消失而特征性突出时,就可转化为新的旅游吸引物(斑),因此,基于"斑"与"基"的递变性,生态背景(基)具有旅游意义,如通过树种花卉等植被的重复出现和园林雕塑造型的设计,可构成具有明显旅游意义的视觉单元(斑)。

对基质的研究有助于认清旅游地的环境背景,有助于对生态斑(生态敏感区)的选择和布局的指导,也有利于分析、确定与保护旅游地的生态系统特色。

(三)乡村旅游景观之功能分区

乡村旅游区的功能分区规划是为了使众多的规划对象有适当的区划关系,以便针对对象的属性和特征进行分区,既有利于突出规划对象的分区特点,又有利于体现规划区的总体特征。

不同的乡村旅游区,因其现状条件及发展目标不同,在分区组成上也有所区别。一般综合性的乡村旅游区分区组成较为复杂,而观光农园的分区组成则较为简单。规划时可根据实际情况确定组成各个分区的内容,不求大求全。

1. 功能分区的一般性规划原则

第一,既要通过各种廊道来解决不同功能斑块区之间的分隔、过渡、联络问题,更要保证乡村景观的相对完整性。

第二,对于功能斑块区的划分要根据旅游项目的类别和用地性质进行,如此方能够确保分区之后不仅便于管理,而且不会因季节的变化失去美感。

第三,坚持科学、生态、艺术的原则,构造优美乡村旅游景观格局,在构建的过程中以路网为骨架最为理想。

第四,在对功能斑块区进行划分时不仅要突出各个分区的特点,保证旅游产品的特色,更要控制各个分区的规模。

2. 分区类型

由于地理环境等因素的不同,乡村旅游区的划分也不尽相同。但是一般来说,绝大部分的乡村旅游区都分为农业生产区、展示区、观景游览区、农业文化区、游乐区及服务区。农业生产区,即将农业生产活动作为该区域的主要旅游产品,为游客提供参与到农业生产中的契机;展示区,即向游客展示各种农业生产工具以及农村的一些特有手工业产品;该区域以参观为主,也伴有一定的实践操作,例如游客可以尝试自己制作手工业品,观景游览区,即以农村的自然风光为主题的游览活动;农业文化区,即向游客介绍本地区的农耕文化,游乐区,即纯粹以娱乐为目的的区域;服务区,向游客提供饮食、住宿、购物等服务,方便游客的生活。

(四)乡村旅游景观之视觉设计

景观美学是通过美学原理研究景观艺术的美学特征和规律的学科。在乡村旅游景观规划设计时,可运用一般景观美学原理来美化乡村景观风貌。

1. 注重景观序列的规划

景观序列指的就是将一连串的景观按照一定的顺序进行排列。景观的种类多样,但是如果将这些景观随意堆放在一起,那么很容易产生视觉上的冲突,景观对游客的吸引力也会大幅度下降,因此在乡村旅游中应当科学地对乡村旅游景观进行排序。一般来说,景观的排序方式大致有以下四种:一是将景观视为一个故事,按照序景—展开—高潮—余韵的顺序进行排列,起到层层推进的作用;二是通过对比来凸显某个景观的特点,即将两种同类但又特点不同的景观放在一起进行对比,在对比中加深游客对景观的印象;三是通过并列将景观规模化,即将大量同类主题的景观放在一起,从而起到规模化效应,四是根据时间来对景观进行排列,例如按照春—夏—秋—冬的顺序来布置景观,保证每个季节景观都有其特色。

2. 注重景观的边界和焦点的规划

在景观的规划中,很多人误以为游客能够直接看到的景观规划是最为重要的,但不容忽视的是,游客眼中所能够直接看到的景观给游客留下的印象往往不是很深刻,相反那些肉眼能够看到,但是又看不清的景观边缘,例如水岸线、山水轮廓等因充满无限的想象空间给游客留下的印象反而更加深刻。因此,在乡村旅游景观规划中景观的边界和焦点的规划是十分重要的,这一点对于处于山地丘陵地区的乡村旅游区而言更为重要。对此在乡村旅游规划中可以通过规划来对地形进行一定的改造,加强地势边缘的多变性,也可以在林缘处增加附有层次感的花丛灌木作为过渡地带,对林缘边界进行美化等。

3. 凸显优美景观,控制消极景观

并不是所有的天然景观都是美的。在农村地区由于村民需要进行各种农业活动,农村的天然景观往往显得十分杂乱,这种景观并不优美,这就需要在进行乡村旅游规划时有意地对那些不优美的景观(消极景观)进行控制,着重突出优美景观,例如通过不同植物的搭配,利用孤植、对植、列植等方式来赋予乡村天然景观更多的变化,丰富乡村天然景观。

值得注意的是,由于喜水是人类的一大特性,很多游客对于带有水体的景观情有独钟,因此在乡村旅游规划中要么尽可能地利用现有的水潭、池塘、小溪等水域景观,要么通过人工来创造水域景观,与植物景观共同发挥作用,增强对游客的吸引力。水体景观的构造要与地形景观相结合,一方面要保证土方的稳定,避免生态遭到破坏;另一方面也要利用地形因素来实现水体的自然循环,避免形成死水。同时,在水体景观构造之后也要对水体进行一定的规划,例如将水体用来养鱼或者种植各种水中植物等,这样既能够增加水体的美感,也有利于水体的净化。

4. 注重人造设施的自然风格规划

人造设施是乡村旅游必不可少的一部分。比较常见的人造设施又具有乡村气息的建筑民居、住宿设施、卫生设施、道路设施等。虽然说人造设施是乡村旅游不可或缺的一部分,但是人造设施的规划也要与当地的旅游景观相结合,本书在此主要对民居建筑、住宿设施、卫生设施进行详细的分析。

第一,对于乡村的民居建筑,应当以突出地方文化为基本原则,民居建筑尽可能保持传统风貌,整体的空间布局也应向传统靠拢。

第二,对于新建的住宿设施,应当充分考虑当地的自然环境、人文环境,确保住宿设施能够与当地的民居建筑融合在一起。

第三,对于卫生设施,设施的外观要尽可能自然化,例如将公共卫生间和垃圾桶设计成植物样式,避免在自然景观中人工设施给人带来一种突兀感。

第五章 乡村旅游产品创新

第一节 乡村旅游产品概述

乡村旅游是在农业观光基础上发展起来的一种具有休闲度假性质的旅游方式,因此乡村旅游产品具有明显的复合型特征。乡村旅游产品的开发要充分地的遵循自然环境的客观规律,尊重当地的社会文化,尽可能地保证当地自然环境与社会人文环境的乡村性,这是进行乡村旅游产品创新的基本原则。

一、乡村旅游产品的内涵

从旅游者的角度来看,旅游产品指的就是旅游者为了获得物质或者精神上的满足,花费一定的货币、时间和精力所获得的一次旅游活动。从旅游地的角度来看,旅游产品指的就是旅游地为了满足旅游者的物质和精神需求,所提供的一系列服务综合。所以,乡村旅游产品的定义如下:在旅游需求一方看来,乡村旅游产品乃是旅游者为了获得物质和精神上的满足通过花费一定的货币、时间和精力所获得的一次乡村性旅游经历。

简单地说,凡是带有乡村性特征,能够为旅游者提供乡村生活体验的产品都可以称为旅游产品。目前人类已经过渡到了体验经济时代,体验经济是继农业经济、工业经济、服务经济之后的人类第四种经济形态。在体验经济时代,企业提供给顾客的是最终的体验,顾客留下的是一段难以忘却的记忆,消费者获得的是一种身体和心理上的体验,并需为这种体验付费。在旅游业中,旅游体验更是表现得淋漓尽致,旅游产品作为一种高级的、享受型的、体验型的产品形式,更是从各个方面来满足游客的精神和心理需求,使游客产生美好的体验和记忆。乡村旅游产品则是人们所追求的一种更具深刻体验魅力的旅游产品。

二、乡村旅游产品的特点

(一)产品的参与性

在体验经济时代,参与性是体验经济的首要特征,没有参与性的乡村旅游产品只能满足旅游者感官上的需求,但是却很难引起游客在情感上的共鸣。因此,产品的参与性称为乡村旅游产品的一大特点,即为游客提供参与到乡村衣、食、住、行等活动的机会是乡村旅游产品规划的首要考虑因素。

（二）产品的差异性

产品的差异性指的就是乡村旅游产品的主观性和个体性。每一个旅游者的家庭背景、生活环境、知识文化程度、个人兴趣爱好等都存在很大的差异,因此旅游者对于乡村旅游产品的体验性也存在很大的差别,这就要求在对乡村旅游产品进行规划时必须重视乡村旅游产品的差异性,这种差异性可以通过产品的质量、形式、包装等体现出来,以更好地满足不同游客的需求。

（三）产品的时尚性

从本质上来说,乡村旅游产品其实就是乡村社会文化和当地居民生活价值取向的一个载体,但是在规划乡村旅游产品时也不能简单地从乡村居民的角度出发,原因就在于旅游者是乡村旅游产品的主要消费者,而绝大部分旅游者对于时尚的追求是一种本性,因此在规划乡村旅游产品时要重视将乡村性与时尚性结合起来。

（四）产品的原生性

乡村旅游之所以能够吸引越来越多的城市居民,根本原因就在于乡村生活的特殊性,由此我们可以看出在乡村旅游中对游客产生吸引力的是原汁原味的乡村生活,而不是利用现代科技来模仿乡村文化。因此,在对乡村旅游产品进行规划时必须要重视产品的天然性和原生态性。

（五）产品的乡村性

乡村旅游产品的乡村性是界定乡村旅游的核心内容,是乡村旅游独特的卖点,是乡村旅游区别于城市旅游的根本特征,乡村旅游产品正是以这种纯朴而浓郁的乡土气息来吸引游客的。乡村性主要表现在资源具有明显的乡土性和旅游活动具有浓郁的乡情性。比如古色古香的乡土民居、如诗如画的田园风光、原始古朴的劳作形式,这些都散发出浓郁的乡土气息。与农家朋友漫步于田间小道,或与他们一起种植、采摘、载歌载舞,这些活动都蕴含着浓浓的乡情。

（六）产品的教育冶情性

乡村纯朴的传统美德及生产生活具有天然的教育和冶情功能，乡村旅游产品能够给旅游者带来快乐、轻松、兴奋、愉悦和幸福的各种心理感受，能够启迪人的心灵，陶冶审美情趣，提高文化素养，领悟人与自然"天人合一"的和谐。比如在与民同耕的参与性产品中可以体验到乡民"锄禾日当午，汗滴禾下土"的艰辛和生命的厚重韵味，同时增强旅游者对人类生产劳动的体认，对现代生活的重新认知。

（七）产品的脆弱性

乡村旅游产品的脆弱性主要表现在乡村旅游产品是基于乡村的生态环境设计出的，而乡村的生态环境本身属于一种半人工半自然生态，这种特殊的生态环境很容易受到游客的破坏，而伴随着乡村生态环境破坏而来的是乡村旅游产品的破坏。

三、乡村旅游产品的类型

（一）从消费行为的角度划分

1. 核心产品

乡村旅游的核心产品指的是乡村自然景观与社会人文景观，这是发展乡村旅游的基础和核心。一般来说，乡村旅游的核心产品主要包括乡村接待、乡村度假、乡村景观、乡村文化。对于旅游者而言，缺少其他产品所造成的后果无非是体验感下降，但是缺少核心产品则会造成旅游者失去最基本的旅游动力。因此，乡村旅游核心产品的开发与规划对于乡村旅游的发展有着十分重要的意义。

2. 辅助产品

乡村旅游的辅助产品是从乡村旅游核心产品延伸出来的，弥补乡村旅游核心产品不足的产品类型。例如乡村接待需要提供相应的餐饮与住宿服务，又如乡村文化是一个抽象的概念，需要借助一定的载体进行表现，而各种乡村工艺品、特色活动等就是最好的载体，这些都是乡村旅游辅助产品的表现。事实上，辅助产品看似没有核心产品重要，但是也是不可或缺的。如果说核心产品是乡村旅游的基础,那么辅助产品则是乡村旅游质量提高的保证,是增加核心产品吸引力的根本途径。

3.扩张产品

乡村旅游的扩张产品是由政府、企业、行业协会等组织的面向乡村旅游的营销或服务网络。扩张产品是乡村旅游发展到一定阶段、形成一定规模后的产物,游客通过乡村旅游网络获得旅游信息、预订及其他增值服务,乡村旅游的从业者也通过该网络共享资源并开展营销活动。

(二)从旅游资源的角度划分

1.村落民居旅游产品

村落民居旅游产品指的是那些将乡村民间建筑作为旅游开发资源的旅游项目,这些民间建筑大多数是传统的民居,但也有部分是独具特色的现代化建筑,具体如下。

第一,将古民居作为旅游资源进行开发是乡村旅游的一大热点。由于很多农村地区交通不便,与外界的交流较少,因此很好地保存了古代建筑,这些建筑对于处于现代社会环境下的人们具有极大的吸引力。

第二,将现代化乡村建筑作为主打产品进行开发也是当前乡村旅游的一个着眼点。由于在现代化农村建设中很多地区盲目地按照城市进行规划,因此很多乡村失去了特色,无法开展乡村旅游。但是也有部分地区在对乡村建筑进行规划时结合乡村发展特点充分展示了社会主义新农村建设成果。

2.民俗风情旅游产品

乡村旅游对游客产生吸引力的一个主要原因就是乡村独特的风土人情和民俗文化。因此,对风俗民情和乡村文化进行开发,突出乡村的农耕文化、乡土文化等特色是一种十分常见的手段。目前比较常见的民俗风情旅游产品主要有以下几种:

生产民俗,如农耕民俗、手工业民俗等;

流通交易民俗,如商业民俗、通讯民俗等;

消费生活民俗,如服饰、饮食等;

社会礼仪民俗,如礼俗、成人、婚嫁、寿诞、葬埋礼俗等;

家族民俗,如称谓民俗、排行民俗、财产继承民俗等;

村落民俗,如集市民俗、村社民俗、乡规条例民俗等;

民间组织民俗,如行会民俗、社团民俗、帮会民俗等;

历法及时节节日民俗,如传统节日、二十四节气、本民族的年节等;

游艺民俗,如民间体育竞技民俗(赛龙船、赛马),民间杂艺博;

戏民俗(斗牛赌戏),民间艺术民俗(蜡染、剪纸、刺绣、雕刻等)、民间口承语言民俗(民间传说、神话、故事、山歌、谚语等)。

3. 田园生态旅游产品

将乡村的田园生态环境与各种农事活动结合起来开发成乡村旅游产品是我国乡村旅游发展早期的一种表现形式,但是近年来随着城市居民对千篇一律生活的不满,这种独具风情的乡村生活模式又再次蓬勃发展。根据主题的不同,田园生态旅游产品大致可以分为竹乡游、花乡游、水乡游、果乡游等,也可以根据旅游活动的内容将其分为四种类型,具体如下。

(1)农业景观观光游

农业景观观光游指的就是以欣赏农业景观为主题的乡村旅游项目。比较常见的农业景观观光旅游形式有田园风光观光,如欣赏水乡、梯田等独特的田园景观,林区风光观光,如森林旅游、种植园旅游等,草原观光,如欣赏大草原景观等。

(2)农业科技游

随着科学技术在农业生产中的应用越来越广,很多农业景观既具有传统农耕文化特点,也具有现代科技特点,这种特色的结合极大地增强了农业景观的吸引力,也催生了将农业科技作为主打产品的乡村旅游产品,例如观赏高科技种植园区等。

(3)绿色生态游

一般名义上,绿色生态游指的就是充分利用乡村原生态的生态资源来进行旅游,这种旅游项目一般尽可能地减少人工痕迹,增加旅游者与自然生态环境的接触。

(4)乡村务农体验游

城市居民大致可以分为两种类型,一种是城市原居民,即从城市建立起那一刻就是城市居民;另一种则是外来居民,例如通过城区扩建或者自主迁入城市等手段成为城市居民。对于第一种居民而言,乡村的农耕生活极为新鲜,而对于第二种居民而言,乡村的农耕生活是缅怀过去生活的一种手段,因此催生了乡村务农体验游。即让游客与村民一起生活,共同劳动,亲自接触真实的农耕生活,感受乡土气息。

4. 乡村自然风光旅游产品

乡村自然风光旅游产品即以乡村地区的自然地质地貌、风景水体、风景气象气候与天象、生物等旅游资源形成的旅游产品。

（1）自然地质旅游

自然地质旅游包括典型的地质构造、典型的标准层型地质剖面、观赏岩石、矿物、古生物化石、火山地震遗迹、海蚀、海积遗迹、典型的冰川活动遗迹。

（2）地貌旅游

山岳地貌、岩溶地貌、干旱风沙地貌等。

（3）风景水体旅游

江河风景河段、溪涧风景河段、构造湖、火口湖、堰塞湖、河迹湖、海迹湖、风蚀湖、冰蚀湖、溶蚀湖、人工风景湖、风景瀑布、冷泉、矿泉、观赏泉、风景海域等。

（4）风景气象气候与天象旅游

云雾景、雨景、冰雪景、霞景、旭日夕阳景、雾凇、雨凇、蜃景、佛光景。

（5）生物

植物包括观花植物、观果植物、观叶植物、观枝冠植物、奇特植物、珍稀植物、风韵植物、森林。动物包括观形动物、观色动物、观态动物、听声动物、珍稀动物、表演动物。

（三）从旅游者体验的角度划分

1. 乡村观光旅游产品

乡村观光旅游产品指的是将乡村的自然风景和各种社会人文景观作为主题,以参观为主要方式的一种旅游产品。例如古建筑观光、风水文化观光、园林文化观光、田园观光等。

2. 娱乐型旅游产品

娱乐型旅游产品即以满足旅游者休闲、娱乐的需求所提供的旅游产品。观光对于游客的吸引力是极为有限的,很多游客选择乡村旅游的一个基本出发点就是为了充分享受乡村的生活,因此娱乐型旅游产品的开发是十分重要的。例如为了让游客更好地融入乡村生活中开发出的示范表演,为游客提供亲手制作乡村手工业品的机会,让游客亲自动手制作农家的食物和饮料等。

3. 保健型旅游产品

部分乡村由于缺少独特的自然景观与乡村文化,另辟蹊径地开发出了保健型旅游产品、针对当前大众普遍处于"亚健康"现象开发出各种强身健体、修身养性、医疗保健的旅游项目。

4. 乡村休闲度假旅游产品

乡村休闲度假是指在乡村地区,以特有的乡村文化和生态环境为基础开展的休闲度假活动,是乡村旅游发展到一定阶段较高层次的一种旅游形式。休闲度假旅游产品一般是融观赏、参与,体验、教育、娱乐为一体,主要有周末节日度假游、家庭度假游、集体度假游、疗养度假游和学生夏令营等形式。

5. 乡村生活体验旅游产品

乡村生活体验旅游产品是指通过提供丰富的乡村生活独特的信息和新奇的活动来帮助旅游者全身心投入对乡村劳作的知识和技能进行探索,获得积极的旅游体验。典型的乡村生活体验游有民俗风情体验游、野外生存体验游、童趣追忆体验游、亲子温馨体验游、动物亲近体验游、心理调节体验游、贫困苦难体验游、农家生活体验等。如农家生活体验活动形式主要有果园摘果、品尝,花卉园学习插花技艺、园艺习作,茶园采摘,竹园学习竹编、竹雕、竹枝、竹节造型等艺术和烧制竹筒饭。在牧区可以挤马奶、勾兑奶茶、骑马放牧,感受牧区生活的原汁原味。

6. 修学科考旅游产品

修学科考旅游产品其实是专门为青少年设置的一种产品类型。目前很多家庭都是独生子女,父母的长期溺爱使得这些孩子对大自然缺少足够的了解。而修学科考旅游产品正是针对这一现象而设计,通过为青少年提供各种自然科考的机会来吸引游客,例如青少年环境保护游、农业生产游、大自然生态写生游等,在旅游中帮助青少年认识自然,认识乡村,树立正确的人生观与价值观。

7. 探险旅游产品

探险旅游是户外娱乐的一种形式,也是提高人类适应性的一种特殊活动方式。常见的探险类型有沙漠探险、海岛探险、高山探险、高原探险、攀岩探险、崖降探险、徒步探险、滑雪探险、雪地驾驶探险、河谷探险、漂流探险、湖泊探险、洞穴探险、冰川探险、森林探险、狩猎探险、观鸟探险、垂钓探险、潜水探险、驾独木舟探险、野营探险、狗橇探险、遛索探险、骑马探险、划艇探险、草地探险、野外生存探险、雪地徒步探险、峡谷探险、古驿道探险等。探险旅游主要显示了人类对自然界的利用还存在着脆弱性和局限性,也显示了自然界的原始性和神秘性。探险旅游一般要有一定的探险知识、野外生存知识和一定的技术。

8.民俗旅游产品

民俗旅游产品即将乡村的民俗文化作为切入点,针对性地开发旅游产品。例如根据乡村的舞蹈风俗、体育风俗以及各种传统的工艺品、饮食文化、民族建筑等开发出相应的产品。

9.节日旅游产品

节日旅游产品指的是以各种节日为核心的一种旅游产品。一般来说,节日旅游产品根据节日活动内容的不同大致可以分为以下五种。

(1)农村风光节日

农村风光节日即将欣赏农村优美的自然风光作为节日的主题。很多景观都是具有一定的时间限制的,在最美景观出现之时开展各种以景观为主题的节日活动能够极大地提高对游客的吸引力。例如北京延庆冰雪旅游节、成都清流梨花节、中国四川(西岭雪山)南国冰雪节、齐齐哈尔观鹤节、伊春森林旅游节、安徽砀山梨花节等。

(2)农业产品节日

农业产品节日即在某种农业生产成熟时开展的节日活动,这种节日活动一般是为了表达对丰收的庆祝以及对来年丰收的愿景,因此这种节日往往是一种狂欢式节日,与以往的生活节奏截然不同,这对于希望脱离日常生活的城市居民而言极具有吸引力。例如北京通州西集镇的绿色果树采摘节、哈尔滨松北的葡萄采摘节、鄞江澄浪潭休闲钓鱼节等。

(3)民俗文化节日

中国民族众多,因此各种民族节日也十分繁多,这些民族节日都是不同民族文化的载体。例如赫哲族旅游节、连州保安重阳大神盛会、宁波市首届乡村美食节、天台山高山茶文化节等。

（4）历史典故节日

历史典故节日即将历史上比较有名的事件作为节日的主题，然后针对性地开发旅游产品，例如都江堰的李冰文化节等。

（5）综合类节日

综合类节日即没有特定的主题节日，内容包括多种体验方式，满足游客的不同需求，一般来说，这种类型的节日多以"文化节"命名，例如郫县休闲乡村旅游文化节、成都天台山养生节、大连万家岭老帽山映山红旅游文化节等。

10. 乡村会议度假旅游产品

乡村会议度假旅游产品指的是将会议作为切入点进行开发的一种旅游产品。对于一些大型会议而言，如果乡村的生态环境优美、基础设施完善且交通比较便利的话，那么会议的举办方很乐意在乡村地区举办会议，这对于提高参会人员的工作效率是极为有利的。

11. 专项旅游产品

专项旅游产品包括体育旅游、采风摄影旅游、电影电视拍摄旅游、野营旅游、怀旧旅游与历史事件遗迹旅游等。摄影旅游指旅游者前往乡村地区拍摄自己的摄影作品，并将旅游与摄影视为一举两得的体验方式。怀旧旅游是指专门寻觅历史上的社会风情、建筑、生活用具、名人故居等的旅游活动。历史事件遗迹旅游则是乡村旅游产品中重要的组成部分，在乡村地区有开发这一旅游产品的丰富素材。

12. 乡村购物旅游产品

乡村购物旅游产品主要是为旅游者提供旅游纪念品、土特产、工艺品等，供游客选择购买。乡村购物旅游产品包括农村服饰、农副产、土特产品、手工艺品、农村饮食等有形物品。主要利用石、木、竹、柳、藤、荆、动物等编制、加工的各类工艺品，利用葫芦、高粱穗、麦秆、芦苇、马莲草等加工成的生活用品等。乡村购物旅游产品具有纪念性和实用性。

四、乡村旅游产品的特色

（一）乡村旅游产品的客观真实性

目前学界对旅游产品的真实性研究主要集中在客观性主义真实、建构性主义真实和存在性主义真实以及后现代"超真实"四个方面:客观主义真实观是从客观的、博物馆学的角度来看待真实性问题的,强调被旅游的客体与原物完全对等,即认为展示给旅游者的对象应是完完全全的真,不能掺杂丝毫的假。客观主义者认为,商品化会破坏地方文化的真实性。建构主义真实观认为旅游真实性是由各种旅游企业、营销代理、导游解说、动画片制作者等共同制造出来的,因此,真实性是一个社会建构的概念,其社会含义不是给定的,而是相对的、商榷的、由环境决定的,是思想意识形态的。建构主义者认为商品化并不一定会破坏文化的真实性,商品化会不断地为地方文化注入新的活力,成为民族身份的标志。存在主义真实观认为存在的本真是人潜在的一种存在状态,可由游客参与的各种令人难忘的、激动人心的旅游活动来激发,如游客在参加不同寻常的活动时,会感到比日常生活中更加真实、自由地展示了自我。后现代主义"超真实"观抹杀了"真"与"假"的界限,认为模拟变得如此真实,比真实还真,已达到一种"超真实"境界。

从上述四种观点来看,乡村旅游产品明显具有真实性的特点。旅游者到乡村进行旅游互动,观察乡村居民的真实生活方式和各种传统习惯,并亲自参与到农耕生活、节日庆典、产品加工等活动中,充分满足了旅游者体验不同生活的需求。更为重要的是,旅游者参与的各种活动并不是旅游地区提供的一种虚假活动,而是旅游地的日常生活,这是乡村旅游真实性的最大体现。

(二)乡村旅游产品兼具自然与人工特色

与城市环境相比,乡村旅游产品的自然环境较为优美,与纯粹的荒野森林相比,乡村的旅游产品又具有一定的人工属性,这种半人工半自然的特点使得乡村旅游产品的自然环境更具有特色。例如我国拥有森林景观的地区众多,原始森林面积极为广阔,但是这些地区却缺少对游客的吸引力,原因就在于这些地区由于缺少人工规划,处于最为原始的状态,与游客的预期心理不相符。而乡村旅游产品既保留了森林景观的原始性,同时也对森林景观进行了一定的规划,使得森林景观显得井然有序,如此对游客的吸引力自然会大幅度提高。试想一下,对于游客而言是搭个帐篷睡在纯粹的原始森林更有吸引力,还是住宿在乡村提供的森林旅馆中更具有吸引力?毫无疑问,除了纯粹的探险者,后者更具有吸引力。

(三)乡村旅游产品所依赖的人文环境独特

乡村地区所依赖的人文环境独特。如江西婺源青砖黛瓦的明清民居、原汁原味的古村驿道、廊桥和茶亭,众多气势雄伟工艺精巧的祠堂、官邸成群,飞檐翘角的民居栉比。

(四)乡村地区独特的民俗风情

我国乡村地域辽阔多样,有着风格各异的风土人情、乡风民俗,使乡村旅游活动对象具有独特性特点。

(五)乡村旅游产品的季节性显著

农业生产是在人们定向干预和调节下的生物再生产过程,生产的各个阶段深受水、土、光、热等自然条件的影响和制约,具有明显的季节性,从而导致农业旅游活动具有明显的季节性。乡村农业生产活动有春、夏、秋、冬四季之分,夏、秋季节乡村旅游火爆,冬、春季节旅游冷淡。

(六)乡村旅游产品项目多样化

乡村旅游依托乡村古朴秀丽的乡村环境和各类农业资源、农耕文化、乡村民俗风情,针对客源市场需求状况,开发出一系列趣味性高、参与性强、文化内涵丰富的各种旅游产品类型和各种旅游产品项目。

(七)乡村旅游产品地区差异性显著

不同的地域有不同的自然条件和山水环境、文化背景、生活习俗和传统等。另外,每一个地方的农业生产,包括农、林、牧、副、渔等产业的生产也具有很明显的地域性和特色。中国乡村既有南北乡村之分,又有山地平原乡村之分,还有汉族和少数民族乡村之分。我国乡村旅游产品具有分布的地域性特色,如东部沿海以海洋农业和渔猎生活为特色,东南部以江南鱼米之乡和小桥流水为特色,南部以热带海滨风光为特色,北部以冬季的冰天雪地为特色,西部以草原景观和游牧生活为特色.西北以沙漠戈壁和雪山绿洲为特色,西南部以高山峡谷和垂直农业为特色,青藏高原以神秘的民族文化和高寒农业为特色,平原地带以一望无际的田园风光为特色,还伴有纷繁复杂的民俗宗教、庙会节庆、人文历史和浓郁的少数民族风情等。

第二节　乡村旅游产品开发要点

一、乡村旅游产品开发的基本原则

(一)因地制宜原则

乡村旅游产品开发的一个基本原则就是因地制宜原则,盲目地跟风模仿、移花接木甚至造假欺骗等行为只会导致乡村旅游产品失去原本的特色。一个好的乡村旅游产品总是以本地的旅游资源为基础,以独特的乡村生活表现为目标。因此,在对乡村旅游产品进行规划时要坚持因地制宜的原则,对本地的乡村旅游资源进行考察,寻找最佳的切入点。

以渔业资源比较丰富的乡村为例,在对乡村旅游产品进行规划时可以大致将乡村旅游产品分为以下三个阶段。

第一个阶段,利用本地丰富的渔业资源来为游客提供渔业景观观光、垂钓等项目,这些项目对于资金的要求较低,能够迅速地帮助旅游地积累大量的资金来用于后续阶段的开发。

第二个阶段,介于这个时候资金相对有限的困境,该地区完全可以充分利用现有的资源,打出"原生态捕鱼"的口号,吸引游客与渔民一起居住,一起捕鱼,如此一来对于住宿等基础设施的要求就会下降。同时为游客提供自己制作海鲜食品的机会,让游客把自己捕获的鱼制作成各类海鲜食品,加强游客的体验感。

第三个阶段,经过前两个阶段的资金积累,该地区已经拥有相对充足的资金来进行大规模的开发,这个时候应当针对本地区的渔业资源与渔业文化打造休闲观光渔业游览区,依托原生态的岛屿、村落、礁石、滩涂等多元化地发展乡村旅游,例如观海景、尝海鲜、踏海滩的休闲观光旅游、捕鱼拖虾的体验式旅游等。

当然,上述分析主要是针对那些乡村旅游资源丰富而又缺少足够发展资金的地区而言的,部分地区如果资金较为充足的话那么可以直接进入第三个阶段,从一开始就对乡村旅游进行系统科学的规划。如果缺少独特的资源,那么可以利用农村景观的生态性来开展保健养生旅游项目。总而言之,因地制宜地开发旅游产品是必要的,一味地模仿其他地区的成功案例只会起到适得其反的效果。

(二)可持续发展原则

在之前的章节中我们已经论述过农村的生态环境是一种半自然半人工生态环境,这种复合型生态环境更为脆弱,极易受到破坏。从某种意义上说,乡村旅游对于农村生态环境的破坏是不可避免的,而我们要做的就是在规划乡村旅游产品时尽可能地对农村生态环境进行保护与改善,实现农村生态环境的可持续发展。具体来说,乡村旅游产品对农村生态环境的保护主要体现在以下两个方面。

一是对农村自然生态环境的保护。这就要求乡村旅游产品不能以破坏自然景观为代价,如森林景观、草原景观等自然景观只能开发出观光型旅游产品,而开发体验型旅游产品则极易对这些景观造成不可修复的破坏。再比如在开发捕鱼等体验型产品时也要把握好尺度,避免大肆捕捞对渔业资源造成破坏等。

二是对农村人文生态的保护。乡村人文生态的保护主要集中在各种古文物上,例如对于一些年代比较久远的古文物,要尽可能避免游客与其进行接触。近年来部分地区为了增加对游客的吸引力,将古建筑开发成宾馆,这种行为从长远的角度来看对于乡村旅游的发展弊大于利,虽然后期的维护与保养能够保证古建筑的形态,但是其历史风貌毫无疑问在逐步地消失。

(三)生态原则

生态原则是乡村旅游产品开发的一个十分重要的原则,是实现乡村旅游发展与环境、资源协调统一的重要保证,更是确保乡村旅游产品原汁原味的根本途径。所谓的生态原则指的就是在开发设计乡村旅游产品时要尽可能地实现旅游产品与周边生物、自然环境相一致,避免人工雕琢的痕迹。一般来说,乡村旅游产品生态原则主要体现在基础设施的建设上。

乡村基础设施对于乡村旅游发展的重要性不言而喻,但是基础设施的建设过程本身也是对自然生态的破坏过程,这种情况下乡村基础设施建设要尽可能地遵循绿色建筑设计原则。例如在建筑材料的选择上要尽可能地使用木材、毛竹、泥土等自然材料,而不是大量地使用钢筋混凝土,在安装水电设施时要充分利用太阳能、风能、沼气等再生能源,实现能源的节约与循环利用,在建筑设计上要利用设计手段来实现建筑的自然通风、自然降温、建材保温等,在建筑的外观上要与周边的自然环境相统一,避免突兀的建筑影响整体景观效果等。

（四）美学原则

人类的审美活动是人类一切活动中最基本的活动之一。对美的追求是人类的一种永恒的追求。旅游从本质上讲，实际上就是一种审美过程。旅游活动作为人们精神生活的一部分，是游览性和观赏性的审美活动，是自我实现与自我完善、潜移默化的情感过程，是陶冶情操、修身养性的过程，是自然美、形式美与社会美、艺术美的统一。旅游审美追求的是"天、地、人"合一的理想审美情境，其目标是创造人与自然的和谐。所以，在乡村旅游产品开发过程中，要综合考虑旅游者的审美心理要素和旅游审美态度，把握旅游者的感知、想象、理解和情感。在审美过程中，感知因素通常起着先导作用，它是审美知觉的出发点。想象可以使旅游审美充分发挥作用，使旅游景观更加丰富多彩，可以使旅游产品品位升华。情感是人们对客观世界的一种特殊的反应形式，是人们对客观事物是否符合自己需要的态度和体验。对审美形象内容的理解，是进行审美的不可缺少的环节。在乡村旅游产品开发中要通过在物质的东西中增添精神层面的成分，在功利的东西中增添超功利层面的成分，带动旅游运作系统对自身功利性进行超越，最终使旅游者体会到旅游提供的不仅仅是使用价值和供人生理需要的低层次满足，而是带给人们更高的精神层面满足的审美享受。乡村旅游产品的开发最终目的是实现旅游者对乡村旅游资源进行美学意义上的感知、体验、认同和联想，从而得到感官上、情绪上和心灵上愉悦和满足的过程，使得自然旅游资源形成的产品具有形态美特征（雄壮美、秀丽美、奇特美、幽深美、险峻美、旷远美）、色彩美特征、动态美特征、综合美特征，人文旅游资源形成的产品具有历史性特征、文化性特征、特殊性特征、愉悦性特征。

（五）市场导向原则

乡村旅游的开发本身是一个经济过程。从乡村的角度来看，发展乡村旅游的一个主要目的就是为了推动乡村的经济发展，因此乡村旅游产品规划的最终目的是使得旅游产品能够顺利进入市场，这种情况下乡村旅游产品的规划就要紧紧地把握市场的脉搏，坚持市场导向原则，深入地洞察游客的实际需求，针对性地开发出旅游产品。一般来说，乡村旅游产品开发坚持市场导向原则主要考虑以下两个问题。

1. 旅游业的发展趋势问题

旅游业的发展趋势是乡村旅游产品开发的宏观市场环境。对于现代人而言，城市化进程不断加快带来的是人们对于自然生活的向往，这也是乡村旅游逐步兴起的根本原因。而乡村旅游产品开发就要充分地把握这一特点，避免在旅游产品中表现出太多的现代化工业痕迹，否则的话对于游客的吸引力就会大幅度下降。

2. 游客的行为特征

游客的行为特征是游客潜在需求的外在表现。例如乡村旅游游客多以受过良好教育，经济条件较好的城市居民为主，这类游客的一个大特点就是不仅追求美好的自然田园风光，更重视田园风光给自己带来的精神享受。这种情况下乡村旅游产品就要不断地增加产品的文化含量，避免停留在物质层面。再比如乡村旅游游客的群体特征是存在很大的差别的，有家庭式旅游、教育式旅游、老年休闲旅游、情侣观光旅游等，这就需要针对性地开发出不同的旅游产品。

对市场的准确把握是乡村旅游产品能够受到市场欢迎的基本保障，更是乡村旅游发展的主要影响因素。

（六）文化导向原则

旅游活动本身也是一种文化交流的过程，旅游文化可以说是旅游业的灵魂。以乡村旅游为例，它不仅能够满足游客的一般性观光需求，更能够满足游客的故乡情结、怀旧心理和回归自然愿望。这是旅游者对农耕文化、民俗文化、乡土文化底蕴的追求和体验，这是人们对以往文化的留恋和不同文化的向往，因此，乡村旅游的开发要满足和创造旅游者的这些文化需求。所以，在旅游业的开发中要重视文化资源，在产品的开发中寻求文化差异、增加文化含量，通过精心设计和安排，将特色文化元素融入产品设计、旅游活动和旅游线路中，形成文化竞争力，实现旅游产品价值的最大化，实现旅游者最高层次的文化满足。

（七）以人为本原则

旅游者是旅游产品的主要使用者，如果旅游产品在设计时无法坚持以人为本原则，那么再好的旅游产品都无法得到市场的认可。这也就意味着旅游产品的设计必须站在旅游者的角度进行考量，主要体现在以下两个方面：一方面是旅游产品的内容设计要以人为本。市场上旅游产品众多,但是获得旅游者认可的旅游产品却寥寥无几,根本原因就在于旅游产品的设计过于理想化,或者说设计者在设计旅游产品时没有站在旅游者的角度进行考虑,忽视了旅游者对旅游产品的需求,从而出现了产品与需求背道而驰的现象;另一方面则是旅游产品的表现形式与价格要以人为本,并不是越花哨越贵的旅游产品市场前景就越好,相反乡村旅游地区需要准确把握自身客源的经济收入,针对性地制定出具有普适性的旅游产品价格。

(八)整体性原则

旅游产品的整体性原则指的是在设计旅游产品时要考虑到该产品与其他产品的互补性,避免乡村旅游出现短板。虽然说乡村旅游主题的侧重点不同,但是设计出的旅游产品最少要涵盖游客的衣、食、住、行、购物、娱乐六个层面。同时不同的旅游产品也应当尽可能地根据旅游活动内容将观赏性、参与性、体验性、教育性等融合在一起。

(九)产品差异性原则

人无我有、人有我优是获取市场竞争优势的重要方式。对于乡村旅游而言,近年来随着乡村旅游的兴起,旅游市场上旅游产品的种类也逐渐丰富起来,这种情况下旅游产品的设计就要将产品的差异性原则作为切入点,开发出具有特色的旅游产品。在实践中,旅游产品的差异性原则主要表现在两个方面:一方面是时间的差异性,即率先进入某一个产品市场,以先行者的身份出现,迅速地占领市场,然后不断地进行创新,保持自己先行者的身份;另一方面则是内容的差异性,即保证自己所推出的旅游产品具有不可复制性,这种不可复制性大多是通过技术要求、文化内涵等体现出来的。

(十)参与性原则

随着旅游活动成为大众的一项日常活动,人们越来越不满足于以观光为主的旅游活动,取而代之的是追求参与型的旅游活动,反馈到乡村旅游上,指的就是乡村旅游产品必须重视产品的参与性,简单地为游客提供参观服务是很难获得游客的认可的,而是要让游客在实践中亲自发掘旅游景观,获得精神上的享受。一般来说,乡村旅游的参与性大多是通过一些互动性活动项目来体现出来的。例如在开发乡村旅游娱乐项目时只是设计一下项目的规则,项目则由游客负责执行,在乡村手工业品上鼓励游客自主制造自己心中的工艺品,为游客提供亲自参与田园农耕劳动的机会等。

二、乡村旅游产品开发要处理的关系

(一)传统的继承与创新发展之间的关系

乡村旅游产品开发所面临的一个重大挑战就是传统与现代关系的处理,一方面原汁原味的旅游产品毫无疑问更能够体现乡村的特色,增加乡村旅游产品的内涵;另一方面处于现代社会的游客对于那些纯粹的传统旅游产品并没有想象中的那么支持,很多游客更倾向于享受那些披着现代文化理念外衣的旅游产品,这和他们的生活习惯是相符合的。因此,乡村旅游产品的开发必须要处理好传统文化意蕴的继承与现代文化的创新之间的关系。

(二)观赏艺术性与实用功能之间的关系

观赏性和艺术性都是旅游产品的重要特性,但是在当前部分旅游产品的开发上,很多旅游产品往往过于侧重于产品的观赏性,从而出现"名不副实"的旅游活动项目,给予游客一种"欺骗"的感觉,这种做法固然在初期能够以新颖的手段吸引一定的游客,但是从长远的角度来说,缺少实用功能的乡村旅游产品最终会失去发展的潜力。因此,在实践中必须要重视旅游产品观赏性与实用性兼顾。

(三)地方特色与游客需求之间的关系

许多旅游产品是在长期的历史文化发展中沉淀形成的,无论是在文化意蕴上还是在工艺技术上都具有明显的地方特色,但是这并不意味着这些旅游产品就一定能够得到游客的认可;相反,必须正确处理好地方特色与游客需求之间的关系,不能一味地"为特色而特色",旅游产品归根结底是为游客服务的,如果不重视游客的需求,那么再具有特色的产品也无法得到游客的认可。因此,处理地方特色与游客需求之间的关系,解决具有地方特色的旅游产品与现代旅游市场需求之间的矛盾,寻求两者的协调发展是乡村旅游产品设计必须注意的一个重点。

(四)大众化需求与个性化需求之间的关系

能够进行大批量生产是乡村旅游产品设计的一个基本出发点,这就意味着乡村旅游产品主要是针对大众化需求而设计的。但是在设计中也要妥善处理好游客的大众化需求与个性化需求之间的关系,一方面随着社会经济的发展,人们的需求开始朝着个性化、碎片化的方向发展;另一方面从大众化需求角度出发进行旅游产品设计很容易导致旅游产品失去特色,在市场竞争中不占据优势。但是一味地追求旅游产品的个性化又会造成产品的成本无法得到控制,乡村旅游的经济效益受到影响,因此在实践中必须妥善处理好大众化需求与个性化需求之间的关系,比较常见的手段是针对一般性或者低端消费市场开发大众性旅游产品,而针对高端市场则开发个性化旅游产品。

(五)区域性旅游商品与区域性乡村旅游商品之间的关系

许多乡村旅游商品同时又是大区域性的旅游商品,协调好二者之间的关系很重要。那些乡土气息浓厚、与乡村结合紧密的大区域性旅游商品同时也可以被确定为乡村旅游商品,因为在大区域内可能有很多旅游商品,乡村旅游商品只是其中的一部分,在大区域旅游商品中特色不是非常明显,但可以进行设计或功能上的部分调整,来加载更具地方特色的元素或独特性内涵,使之成为独一无二的区域性乡村旅游商品。

第三节　乡村旅游产品市场需求分析

从我国的社会经济与乡村旅游的发展历程来看,在今后的很长一段时间内乡村旅游需求将呈现出以下发展趋势。

第一,以放松精神、休闲养生为目的的乡村旅游将逐步成为旅游的主题,这与生活压力越来越大的现代生活方式有着十分密切的联系。

第二,在未来的一段时间内,以观光为主题的乡村旅游仍旧会占据很大的比例,原因在于当前我国的乡村旅游并没有进入"饱和期",很多地方的乡村旅游仍旧处于起步阶段,乡村旅游的开发以参观为主。

第三,游客的需求将会朝着多层次、碎片化、个性化的方向发展,这就意味着乡村旅游必须重视游客的个性化需求,传统的大众化旅游产品将会逐步失去发展空间。

第四,城市中高学历、中高层收入的居民将会成为乡村旅游的主力军,这与这类群体较高的经济收入与固定的休息时间有着密不可分的联系。

一、根据身份特征划分的乡村旅游市场

根据年龄、职业、收入水平等身份特征可以将乡村旅游市场划分为以下八种类型。

(一)青少年市场

青少年是我国社会的一个重要群体，他们是社会主义建设的未来，更是未来消费的主力军，因此青少年旅游市场一直以来都是一个巨大的潜在市场。对于乡村旅游而言，青少年旅游市场更为重要，原因在于以下几个方面：首先，与其他旅游形式相比，乡村旅游对青少年的吸引力更大，它同时兼顾了科普性、趣味性、参与性、环保性等内涵，能够在愉悦青少年身心的同时帮助青少年塑造正确的人生观、价值观和世界观，其次，对于家长而言，长期的城市生活使得他们很乐意花费一定的时间去让青少年接触大自然，而纯粹的自然观光旅游的风险较高，乡村旅游则不存在这种因素，最后，在时间上，乡村旅游所花费的时间往往较短，例如农家乐一日游等，这与青少年的学习时间并不存在冲突。

(二)老年市场

进入 21 世纪以来，世界经济较为发达的国家普遍出现了人口老龄化危机，这种危机对于旅游业来说意味着一次巨大的机遇，它表明了银发旅游市场正在不断地扩大。与其他类型的游客相比，老年市场在乡村旅游上具有以下几个优势。

第一，步入老年阶段的游客大多数已经退休，这就意味着他们拥有更多的时间来参与到乡村旅游中，同时也不缺少乡村旅游费用。

第二，从人生经历来说，很多老年人是从农村走入城市的，对于农村生活先天就具有好感，因此在旅游时也倾向于乡村旅游。

第三，乡村旅游或许缺少"刺激"感，较为平淡，但是这种平淡的生活恰恰是老年人所追求的。

第四，乡村与城市的距离较近，生活方式也比较接近城市，因此老年人长期地居住在乡村并不会产生生活的不适，同时较近的距离也能够减轻子女的担忧。

(三)学生市场

学生市场是一个出游率巨大的潜在市场，一直以来学校都有组织学生进行春

游、秋游的习惯,这从本质上来说也是乡村旅游的一种表现形式,如果乡村地区能够把握这些机会,那么就可以将学生市场纳入乡村旅游范畴之内。但是乡村旅游地区也不能忽视学生市场的一些缺陷。例如,学生市场的季节性特点十分显著,旅游的高峰期往往在寒暑假和节假日,学生市场对于安全要求较高,乡村旅游地区承担的风险较大等。

(四)都市白领市场

都市白领指的是那些学历水平较高、收入较高、工作时间较为稳定的一类群体,这类群体的一个显著特征就是追求生活质量,较高的收入决定了他们十分乐意尝试新鲜事物,而千篇一律的工作方式又加大了他们的工作和生活压力。因此,都市白领市场可以说是当前乡村旅游最大的潜在市场,农村良好的生态环境与独特的乡风民俗对于日复一日过着单调生活的都市白领有着强大的吸引力,他们也十分乐意花费一定的金钱来脱离城市,体验农家生活。值得注意的是,都市白领的工作与休息时间相对较为稳定,但是除了国家法定节假日之外,都市白领的休息时间并不是很长,因此乡村旅游产品的设计应当以"乡村一日游"为主。

(五)家庭旅游市场

在我国,家庭旅游市场的潜力从旅游业的发展现状来看并不是很大,由于家长的工作时间与孩子的放假时间并不是很协调,因此家庭共同出去旅游的机会并不是很多。但是从国际旅游的发展历程来看,家庭旅游可以说是一个重要的发展趋势,许多家长都喜欢带着孩子进行旅行。因此,家庭旅游市场也具有一定的潜力,乡村旅游地区对此应当进行一定的准备,至少乡村旅游的特性决定了它很容易受到家庭旅游的青睐,例如危险性小、交通便利、花费较低等。

(六)入境游客乡村旅游市场

入境游客乡村旅游市场主要指的是国际市场,作为一个拥有悠久历史的国家,中国在国外友人的眼中一直以来都是一个神秘的国家,而改革开放的不断深入又放宽了国际游客的限制,导致我国近年来国际游客数量迅速增加。而作为中国传统文化保留最为完整的地区,乡村对于国际游客也具有一定的吸引力,因此入境游客乡村旅游市场也是一个潜力丰富的市场。

(七)周末工薪阶层乡村旅游市场

实行每周 5 天工作制以来,人们的自由时间明显增加,给近距离旅游创造了很好的条件。随着交通状况的不断改善,城市上班族在周末走出城市、投身乡下已经成为一种时尚。为迎合这一潮流所做的乡村旅游开发,势必有很大的市场发展潜力。这部分客源的出游,大多数是单位组织或以同学、朋友聚会的方式,数量通常较大,但消费不算很高。

(八)城市个体、私营工商、服务业的业主市场

这些比较富裕的游客群体到乡下去,除了放松身心外,主要是利用乡村的环境和地理优势,用以招待客户和联络感情。在出游形式上,这部分客户大多自己有车,经济宽裕,是目前乡村旅游非常重要的客源市场。

二、根据游客的心理需求划分的乡村旅游市场

可以说,每位游客选择乡村旅游的出发点都是不一样的,他们有着各自不同的动机和期望,而根据这种期望可以将乡村旅游市场分为以下七种类型。

(一)回归自然型

随着社会主义市场经济的不断发展以及城镇化建设进程的加快,城市居民接触大自然的机会越来越少,面对喧嚣的钢筋水泥丛林的压力也越来越大,这种情况下城市居民开始追求一种自然的生活方式,希望能够真正地感受到大自然的山山水水,这种需求从本质上来说是对人生价值的感悟,是从繁华到朴实的回归,是一种更高品质的追求。回归自然型的乡村旅游市场以这类游客为主。对于这类游客而言,乡村旅游地区只需要提供基础的衣、食、住、行服务即可,过多的人工雕琢痕迹只会影响他们的精神享受,例如现代的很多"驴友"就属于典型的回归自然型,他们不需要旅游地区提供多么便利的条件,只希望能够真正地感受到真实的大自然。

(二)缓解压力型

众所周知,在城市里每一个人都面临着事业、学业上的巨大竞争压力,快节奏

生活方式使得每个人的生命之弦都时刻处于紧绷状态,这种情况下绝大部分城市居民都处于亚健康状态,也催生了城市居民到偏远地区放松心情,缓解压力的旅游业务。无论是如工蚁般劳作的白领蓝领,就算是叱咤风云的商界巨子、大红大紫的艺坛明星,一旦能搁下手头的活,偷得浮生半日闲,也会欣然前往乡间,暂时改变自己的社会角色,享受尽管只是瞬间的身心舒坦。当他(她)眺望散落在大山褶皱里的座座农舍、如抖动水袖般的村外小河,聆听漫山遍野的浅吟低唱,或许会怦然心动,叹息良久——乡村,是疲惫心灵的最后家园。这类游客的数量较多,大都属在职、在校人士。他们希望参与轻松愉快的活动,放浪形骸,希望观赏舒心悦目的景致,调节情思意趣。疲惫的身心经过这样的"充电",返城后就能精力充沛地继续拼搏。

(三)取经学习型

取经学习型游客大致可以分为两种类型,一种是乡村之间的取经学习。部分乡村地区由于科学的经济发展对策以及得天独厚的资源环境,在诸多乡村之间成为领头羊,经济迅速发展,这种情况下其他地区的乡村为了学习特地组织团队进行参观考察,例如江苏的华西村每年都接待大量的学习团队,这些团队主要来自其他地区的乡村。另一种则是青少年到乡村学习。当前的青少年虽然早早地就接受教育,但是对于乡村的了解主要是通过书本实现的,对于实际的乡村生活与文化并不是很了解,因此部分学校与家长为了加强孩子的素质教育,特地组织学生到乡村体验生活,将乡村打造成孩子的第二课堂,在拓展孩子知识层面的同时也培养孩子高尚的道德情操。

(四)民俗体验型

中国民俗凝聚着数千年来华夏儿女对美好生活的追求、向往以及文化创造,它存在并渗透于社会生产与生活的广泛领域。然而,有很长一段时间里,由于某种原因造成的愚昧与偏见,一刀切地"破旧立新""移风易俗",把民俗文化中的糟粕连同它的精华都如脏水般的泼掉了。现在城里许多传统节日冷冷清清,民俗文化日渐式微,西方的传统节日却在中国喧宾夺主,气氛甚嚣尘上,真让人感觉有点数典忘祖。幸而,保护物质或非物质的文化遗产已引起国人的关注,对包括当地居民的生活和民间历史传承的民俗——这个无可替代的活化石,开始像保护濒临灭绝的物种般加以抢救,对已流失的加以挖掘,对残存的加以整理,使之发扬光大。幸而,在那些偏僻的乡村,老百姓一直厮守着老祖宗留下来的土地,依旧保留对自身习俗的那份坚持。于是,当传统的中国人越来越觉得过节单调乏味,发觉真情实感已像金钱一样挥霍殆尽,便试图冲决商业文化的牢笼,到乡野采风问俗,寻找魅力独特的、带着泥土和俚俗味的文化,跻身于喜气洋洋或神秘诡异的节庆活动中,在享受农家风情时,获得一种全新的印象或勾起一段遥远的记忆。这类游客既希望了解当地民俗,更希望能参与民俗活动。他们希望详尽了解目的地有关农耕、服饰、饮食、居住等方面的物质民俗,以及人生礼仪、岁时节令、节庆游艺等方面的社会民俗,并弄清其程式和寓意。

(五)收获品尝型

当前市场上商品种类繁多,价格便宜,各种应节与反季节蔬菜水果屡见不鲜,但是越来越多的人开始不喜欢从市场上买回现成的蔬菜水果,而是要亲手去采摘、去种植,一方面是多次曝光的食品安全问题加大了居民的担忧之心,对市场上的蔬菜水果的信任开始下降;另一方面人们也增加了在劳动中体验那种收获的快感,因此到乡村地区种植、收获、品尝型旅游活动开始兴起。

(六)运动养生型

当今,成年人不管属于哪个阶层,何种职业,都把自身的健康摆在首位。有强健的体魄才能不断进取,不断打拼。没有健康的身体,有好的条件也享受不到生活的乐趣。老是去名山大川、度假胜地不太可能,利用节假日休闲时光,到乡下散心、健身、健美倒挺方便,甚至逐渐成为时尚,乡村已经成为现代都市人心灵的桃花源。对于这类游客,到了目的地,停留的时间要较为宽松。

(七)缅怀岁月型

缅怀岁月型游客多以老年游客为主,这类游客大多生长于农村,后来随着经济收入的不断提高移居城市,但是家乡的那种生活方式与民俗风情始终流淌在脑海之中。在退休之前由于工作时间的限制,没有充足的时间去再次体验乡村生活,但是在退休之后越来越多的老年人选择在农村生活,一方面固然因为农村的生活较为平静;另一方面与这些人的缅怀心态也有着十分密切的联系。近年来,越来越多的"下乡知青"选择乡村旅游的一个主要原因就是为了缅怀以往岁月。

第四节　乡村旅游产品开发的创新设计

一、乡村旅游产品的品牌建设

品牌是市场经济条件下最重要的无形资产，21世纪也是品牌经济时代，产品之间的竞争表现在品牌的竞争。如何在乡村旅游产品市场中得到旅游者认可，获得最佳经济效益，创建旅游产品品牌是关键，品牌的塑造是获得乡村旅游产品核心竞争力的重要方法。乡村旅游产品品牌的塑造要经历品牌主题定位、品牌设计和品牌传播推广三个阶段。

品牌主题定位主要解决乡村旅游产品的发展方向和主要功能定位。品牌主题定位要符合乡村旅游产品的内涵，要重视对乡村旅游产品特色的挖掘展示，不是任何旅游产品都能够成为旅游品牌，而要选择最具特色的旅游产品。品牌设计主要是为了在市场上获得与品牌主题定位一致的形象而对产品进行的一系列包装，以增强旅游者的感受、满意度和产品信誉度。一般要深入研究旅游产品的真正优势，需要通过一句精练的文字来体现，这句话能够把旅游产品的特色优势形象化地表述出来，同时文字要具备广告效应，能够打动旅游者的心，激发其旅游动机，并易于传播和记忆。最后一个阶段是进行品牌的推广。提高知名度和注意力需要品牌的有效推广和传播，持续的促销活动能给现实和潜在旅游市场造成强烈的视觉、听觉冲击，所以要采用报纸、杂志、电视、网络等媒体和多种促销组合手段，把产品品牌形象与内涵持久地传递给现实或潜在的旅游者，以在受众中树立并强化乡村旅游产品鲜明的品牌形象。例如河南温县陈家沟作为太极拳的发源地，开发"太极之旅"等旅游项目，提出了"看太极发展史，学太极真功夫"的旅游产品品牌，感受太极之乡的特有风情。而山居生活对人际交往的心理需求，又使客家人养成了热情好客的传统。此外，当年客家先民"衣冠南下"，大多出身于书香门第，历来有"耕读传家"的文化传统。广东梅县结合现代旅游市场的消费需求趋势，突出客家文化和田园风光，提出了梅县的旅游产品品牌形象——"山中田园诗，梅县客家情"。

二、乡村旅游产品主题设计

乡村旅游首先要做的是设定一个精练的主题，主题的设定是规划乡村旅游产品的关键所在。一般来说,科学的乡村旅游产品规划都是将一个固定的主题作为出发点,然后以主题为依托设计出一系列乡村旅游产品。

对于乡村旅游产品而言,主题的最大价值在于以下三个方面。

第一,主题能够保证乡村旅游产品的规划始终围绕共同的核心,避免因产品种类繁多分散游客的注意力。

第二,统一的主题有利于乡村旅游地区更好地营造旅游环境与氛围。

第三,旅游主题的设定往往与当地的风俗民情相关,这能够保证乡村旅游的特色,避免其他乡村地区模仿。在设定乡村旅游产品主题时,旅游地区可以按照以下三种方式结合自身的特色进行设定。

(一)以乡村四季风景为主题的乡村旅游产品设计

这里主要指在一定的地形范围内,利用并改造自然地形地貌或者人为开辟和美化地形地貌,综合植物栽植或艺术加工,从而构成一个供人们观赏、游憩的具有特定主题景观,达到游客欣赏自然、发现自然、感受自然的高层面的和谐氛围,使得自然资源的初级吸引力转变为更高层次的吸引力,凸现产品特色。

1. 田园之歌

在乡村的果园地区,以春花、夏果、秋叶、冬枝为主题。春赏花漫山野,夏品果熟田间,秋观红叶枝头,冬思枝横影疏,四季皆成美景。例如西藏的乡村地区天如纯蓝墨水一样蓝,云如绵羊的毛一样白,水或碧或蓝晶莹清澈。

2. 休闲田园

把乡村一年四季的农事活动与田园情趣的参与和观赏连为一体,为游客提供农事活动的内容,如栽秧、犁牛耙田、磨磨、车水、割麦、打场晒粮等,让游客亲身感受农耕文化,体验古代农民劳动的艰辛和快乐还可设计花卉园艺观光园、蔬菜种植园、茶园、水乡农耕观光园、特种植物园、特种养殖园等。

3. 生态园林

比如在开发"竹乡游"时,可以突出"做客竹乡农家,亲近美好自然"的主题,让游客吃竹宴,住竹楼,观竹海,坐竹椅,睡竹床,买竹货。

(二)以乡村实体景观为主题的乡村旅游产品设计

实体景观一直以来都是以观光为主,但是近年来实体景观旅游产品的设计也逐渐地多样化,最为常见的是根据景观的类型来针对性地设计出相应的旅游产品,从而增加旅游产品的内涵。例如,根据"桃李无言,下自成蹊"成语中"桃李"的象征意义来设计以学子谢师或者教师度假为主题的旅游产品,以此来吸引毕业考试之后的学生游客或者节假日期间的教师群体,再比如对"荷花"这一实体景观进行旅游产品设计,可以根据荷花的亭亭玉立,出淤泥而不染的特点来设计出以医护人员高洁的品质为主题的"白衣天使游"旅游产品,也可以利用荷花亦被称为莲花,通过莲与廉的同音,以周敦颐的《爱莲说》为文化主题,针对公务人员开展"爱莲(廉)之旅"。

(三)以地方民俗为主题的乡村旅游产品设计

1. 欢乐农家

欢乐农家产品的设计主要是以乡村常用的农耕与生活工具进行设计,例如将乡村的织布机、石磨等与谷子、玉米放在一起,塑造一个传统的农家形象,游客可以在其中享受传统的农耕方式,感受收获的喜悦。

2. 童真乐园

童真乐园顾名思义,主要是针对儿童游客设计的。该设计主要是利用城市儿童不常接触的乡村孩子娱乐项目进行布置,例如踢毽子、推铁环、弹弹子、玩泥巴、踩高跷等。

3. 农家宴

农家宴这一旅游产品既凸显了乡村生活的特点,也为游客提供了饮食服务。例如"田里挖红薯、村里吃土鸡",感受了一天的乡村野趣,再在田园茅草屋下吃上一顿地道的农家大餐,如米汤菜、红薯稀饭、土鸡土鸭,是既饱了眼福、手福,又饱了口福。在东北吃大锅贴饼子、"笨鸡"炖蘑菇、水豆腐、土豆炖茄子、山鸡等纯绿色食品。

4. 农家作坊

可以说几乎每个村庄都有自己的"独门绝活",对此乡村旅游地区可以充分利用,增设几处农家作坊,挖掘传统技艺,如弹棉花作坊、豆腐作坊、磨面作坊、铁匠作坊、竹刻根雕作坊等,展示各种已被现代文明取代的劳作方式,使游客可以欣赏乡村的古朴意味。

5. 农家听戏

在周末或节假日,可以在农田空地上搭建戏台,进行具有民俗特色的表演。如腰鼓、大头娃娃、跑旱船、秧歌、扇舞、戏曲等。

6. 民俗演绎

演绎祭灶神、祭祖、婚嫁等民间节庆的生活习俗。游客可以参与其中,扮演新郎、新娘或主婚人等,亲身体验坐花轿、游后山、抛绣球等活动。如汉族民俗:春有"踏青节"为主题的民俗活动,夏有"七夕节"为主题的民俗活动,秋有"中秋节"为主题的民俗活动,冬有"闹春节"为主题的民俗活动。

7. 动物欣赏

虽然说与城市的一些养殖园相比,乡村的动物种类并不是很多,但是仍旧有其乐趣所在,对此可以设计观赏鱼类和农家小动物,如开展"好汉捉鸡"等活动。

8. 乡村购物

乡村购物也是一项可以设计的旅游产品,例如每隔一天或者一周的赶集,固定时间的庙会等,游客可以在此购买民间工艺品购买、刺绣、瓜果、干果等。

9. 节庆活动

如乡村地区通过开展"乡村青年文化节"活动,组织推出一批学用科技、致富成才、民族团结、移风易俗、美化环境、文体活动等方面的品牌活动,有效带动乡村青年文化活动开展,丰富农村青年的文化生活为主题的乡村旅游。这些文体活动包括文艺演出(小品、相声、音乐、舞蹈)、健美操比赛、赛诗会、读书心得、知识竞赛、板报比赛、歌咏比赛、演讲会、青少年长跑、公映爱国主义影片等。

10. 体育竞赛

开展乒乓球、篮球、排球、帆船、雪橇、滑雪等体育竞赛活动,拔河、赛龙舟、赛马、叨羊、竹铃球、射箭、舞狮、空竹、马球、捶丸、蹴鞠等民族传统体育活动,武术、太极拳、气功、中国式摔跤、中国象棋、围棋等传统体育项目。

三、乡村旅游产品营销推广

第一,各地方政府在进行交流时要主动宣传自身的乡村旅游产品,法国乡村旅游之所以发展迅速的一个主要原因就是政府主动印刷了大量的宣传手册,并在交流访问中向他国宣传,对此地方政府也应当如此,政府的主动宣传能够提高大众对乡村旅游产品的信任度。

第二,邀请旅行社与新闻媒体来进行参观是推广乡村旅游产品的一个重要途径,正所谓耳听为虚眼见为实,旅行社作为旅游活动的发起人,新闻媒体巨大的影响力都能够帮助乡村旅游地区将旅游产品推广出去。

第三,在互联网时代,制作专门的形象与产品宣传片对于旅游产品的推广具有十分重要的意义,它能够帮助潜在客源更为直观地了解旅游产品,激发他们的旅游动力。

第四,将旅游产品的品牌在营销宣传册、形象宣传片、网站介绍、信息中心、旅游纪念品、旅游宣传品等地方反复应用,强化旅游产品形象。

第五,举办节事活动,参加节庆活动、展销会、博览会、旅游交易会,集中大量媒体的传播报道,迅速提升旅游产品的知名度和美誉度。

第六,邀请电影或电视剧的摄影组到景点来选取外景,优秀的影视作品会对旅游产品起到良好的宣传作用。

第七,通过专题新闻报告、专题电视风光、专题性学术会和电视综艺节目等多种运作形式,将旅游产品宣传出去。

第八,通过举办摄影、绘画、作文等系列比赛和优秀作品展览活动,或通过定期举行门票抽奖活动,使旅游与竞技、旅游与知识、旅游与幸运相结合,达到扩大景区影响、树立景区名牌、提高到访率和重游率的效果。

第六章　乡村旅游目的地生态环境规划

根据评价模型及结果进行的乡村旅游目的地生态环境规划,具有科学性和客观性。生态环境保护是当今时代的大主题之一,开展乡村旅游活动,必须注意保护当地村庄、农田、林地、水域等自然和人文环境,实现可持续发展。

首先要尽可能减少对原有地形地貌的破坏,确保乡村的自然资源不遭到破坏。

其次是对乡村旅游目的地附近的湖泊、河流和村内的溪水及其周围水环境进行保护,同时在能耗方面也要大力提倡可再生清洁能源的使用,如天然气、沼气、电能、太阳能、风能等,还要控制烟花爆竹的燃放及周围农田的烧荒行为,乡村旅游目的地内还应限制音响、机动车等产生的噪声,尽可能消除产生噪声的声源,并严格执行国家相关噪声环境标准,以免破坏乡村的宁静氛围。

在做到保护环境的大准则之下,同时需要对不同类型的乡村旅游目的地进行生态环境的规划。

第一节　乡村旅游目的地生态环境规划类型

探讨在不同乡村环境下的旅游目的地规划方法,旨在为乡村旅游目的地环境规划提供有针对性的方法和建议。

乡村旅游目的地生态环境规划,是应用生态学原理和方法,从生态的角度进行规划设计,合理开发目的地自然景观要素,尊重地域自然地理特征,有机组合各种景观元素,建构良好的景观生态框架,合理布局旅游活动的空间环境,最终实现旅游目的地环境的生态可持续发展。

由于研究问题的角度不同,乡村旅游目的地生态环境规划的类型也多种多样。从规划内容性质上,将其划分为生态农业型生态环境规划、景区依托型生态环境规划、古村落生态环境规划、都市农业型生态环境规划和特色产业园生态环境规划五个类型。

一、生态农业型

生态农业旅游是将农业与旅游业相结合,充分利用乡村的农业自然资源和乡村人文资源,在生态学原理的基础上,以保护自然为核心,对资源合理规划设计和布局,是集观光休闲、生态农业生产、科学管理、农产品生产于一体的新型生态旅游活动。

生态农业在保护自然环境的基础上,保留原生态农业生产格局,确保良好的生态效益。规划过程中避免破坏自然生态系统,体现出优质的生态环境和自然农业风貌,并结合有特色传统的农业民俗文化,保持生态环境和人文环境的生态性,确保生态旅游的可持续发展。

农业生产作为生态农业的核心,不仅要能体现出其生产功能(如生产出粮食和农副产品),还要在其生产操作过程中对自然环境起到保护和修复作用,也要将生态效益置于首要位置。另外,在游客游览的过程中,要向其展示出整体的、绿色的、协调的、循环的、可持续的农业生产,传达生态绿色的农业生产模式,起到积极的环保科普教育意义。

当今快速发展的城市生活,使得人们对大自然和农业文化充满了渴望。农业的发展是与文化进步密切联系的,农耕文化、历史人文、民族文化、农村生活方式、宗教文化、饮食文化、地方风俗等造就了深厚的农业文明。人文生态环境规划的关键就在于挖掘当地农业文化,结合当地农业生产方式并谋求生态效益最大化的开发模式,提升农业文化的品格和内涵,追求生态农业旅游环境资源发展模式的最优化。

二、景区依托型

我国以自然生态旅游资源为主的景区主要有风景名胜区、自然保护区、森林公园等,类型十分丰富,不仅自然景观奇特,而且文化内涵深沉厚重,历史价值极其珍贵。景区依托型的乡村旅游主要分布于著名景区内或周边,是依托核心景区的自然和人文等资源优势,结合自身特色,与景区协调发展、资源共享的乡村旅游类型。因其依托于风景区,所以具备一般乡村旅游不具备的优势。规划要充分利用景区良好的自然资源、人文资源和客源量,与风景区总体规划、当地社会经济发展规划、土地规划相协调,将可持续生态理念作为指导思想,维护好生态安全,不对景区的生态造成破坏。

我国景区的人文生态旅游资源也极其丰富,主要包括民族、宗教等文化。民族文化,例如云南西双版纳的傣族文化,每年吸引大量游客前往,我国宗教名胜古迹丰富,宗教文化独具特色。依托于景区的乡村旅游,作为景区文化延续的载体,在规划中要注意保持好原传统习俗,将文化融入生态旅游中,在产品的开发上也融入地域文化内涵。

规划过程强调生态环境效益、社会效益、经济效益三者的有机结合,适度利用景区的生态旅游资源,规划出合理的布局结构,延伸景区的旅游产业链,适当开发建设,结合风景名胜区打造一个集旅游度假、休闲娱乐、康乐疗养、生态科普教育为一体的生态旅游目的地。但强调控制人为活动的干扰,如果其规划会对风景区环境造成破坏,则应采取将乡村整体迁出的措施。例如1985年各级政府协力出资,将唐家河国家级自然保护区内的65户农户整体迁出保护区,为区内大熊猫等珍稀野生动植物的繁衍生存创造优良的生态环境。

三、古村落

按照朱晓明提出的观点,古村落是指在民国前已建村,且保留了较大的历史沿革(即村落选址、建筑环境、建筑风貌等未发生较大的变动),具备独特的民风民俗,年代虽经历久远,但至今仍为人们服务的村落。

古村落旅游,即以古村落为乡村旅游目的地,以了解古村落的历史文化为旅游目的,让游客通过体验和感受古村落特有的自然景观和人文景观在精髓文化上获益受教的旅游活动。

在进行古村落的环境生态性规划时,不能单纯为了迎合游客需要任意而为,应该在维持古村落完整的文化生态系统的前提下进行合理规划,这种完整不仅仅是古村落街巷、文物古迹、建筑民居等物质形态,也包括居民赖以生存的自然环境和丰富的饮食文化、独特浓郁的民俗风情、宗教礼仪、节庆祭典等。因此,规划应强化古村落旅游自然资源和人文资源的整合,注重物质和非物质文化旅游资源的融合发展。

中国古村落作为一种传统的聚落空间,在村落选址布局上比较讲究风水,一般以山河为自然屏障,依山傍水,自然环境资源丰富,整个建筑风貌、村落环境与自然紧密融合为一体。自然环境是古村落赖以生存的基础,也是构成古村落景观特色与开发旅游项目的重要资源,所以应在保护村落自然环境的前提下进行规划,一方面要保护好古村落中建筑、农田、水系、林地等自然风光不遭受破坏,另一方面要避免对自然环境造成污染。要对古村落整体划定保护层次区域,结合生态旅游理念,保证整体自然风貌和村落风格协调统一。古村落人文环境的规划也尤为重要。古村落的文化分为物质文化和非物质文化两类。物质文化作为文化的一种载体,包括民居建筑、宗教寺庙、古建筑等,非物质文化包括宗教文化、信仰文化、民俗文化、传说典故、艺术文化等。这些珍贵的传统文化都应保留并合理规划,既要让游客了解和体会当地的人文底蕴,又要让当地居民意识到传统文化的重要性,并以一种积极的态度将传统文化保持和传承下去,保证传统的生活方式得以延续。

四、都市农业型

都市农业是指利用田园风光和自然生态资源,依托都市内部的经济辐射,为城市提供农产品和服务,集生活性、生产性和生态性于一体的现代化农业体系,是城市经济与城市生态系统中的重要组成部分。一般位于城市内部及周边地区,但多集中在城市郊区,而城郊作为乡村到城市过渡的地段,城市的机能与乡村的机能相互交错,相较于城市或者乡村都更具独特性,地理位置靠近城市,为城市提供特定机能补充的同时,又对城市生态系统的维护起着十分重要的作用。随着我国城市化和工业化进程的加快,旅游业的不合理开发,大量农业资源被占用,令郊区的农业生态环境日益遭到破坏和污染,而都市农业依附于城市边缘,生态环境脆弱,生态代价低下,所以都市农业环境的生态旅游规划是亟待解决的问题之一。

正确认识并充分挖掘生态旅游资源是规划都市农业生态旅游的第一步。都市农业的生态旅游资源包含了风景秀丽的田园风光、民居风貌等自然资源,淳朴的民风民俗等人文资源和传统农业的生产方式与过程、农产品等副业的生产模式。规划目标时要达到综合效益的最优化,在满足生态旅游和休闲度假的同时做到全面统筹、稳步发展,秉承生态环保理念、挖掘区域特色文化,并发展区域特色。

在对都市农业型生态环境进行规划时,应以生态环境保护为前提,在尊重自然、保护自然和维护自然生态资源可持续利用的基础上进行,同时治理好环境污染,抑制生态环境恶化。根据景观生态学的原理和方法,合理规划都市农业的景观空间结构,使农业用地、休闲用地、生产用地等连接成网,构成和谐高效的自然生态环境,达到缓冲城市污染物扩散的生态功能最大化。规划时要把各类景观合理地分布到原有的自然环境之中,例如建筑密度的控制、各类绿色空间的序列、植被的面积与分布。特别要注意的是,各类人工环境如景观廊道、人工种植等设计,应避免破坏整个自然环境的协调性和整体性,要尽可能地融入自然环境。

生产上应大力发展生态农业,将农业向第二产业和第三产业拓展、延伸与融合,提升生态农产品的消费市场。生产方式讲求绿色生态,推行集生态建设、观光休闲、科普教育、农业体验、农产品深加工为一体的生态产业链。生产技术上,现今很多地方还沿用传统的农业生产技术,专业化与产业化程度低,对环境造成一定的污染,对当地的生态构成破坏,所以应积极研发新型高效的生产技术,并结合观光旅游开展科普教育工作,供游人参观学习,亲近自然。

此外,还要尽可能实现自然生态与历史人文的和谐统一,注重挖掘当地的历史、文化传统等资源,在旅游区的建设和经营中融入当地的民族民俗文化,保护和传承原有历史文脉。加强对城市近郊的特色人文景观和文化遗迹的保护,避免建设过程中对当地传统文化内涵和民族文化风貌造成不可修复的破坏。

五、特色产业园

特色产业旅游以特色产业为支撑,以旅游为载体,以市场为主导,需充分挖掘自身产业潜力,同时,在特色产业的基础上设计生态特色产品,促进旅游资源合理利用,使目的地发展形成具有独特文化内涵和旅游功能的特色产业结构。

科学规划设计,对原有乡村旅游资源社会、文化和生态价值进行有效挖掘,并保留原有的地域产业特色,提升旅游资源的经济价值和生态价值,使其特色产业带动性更有效地体现在生态旅游上。结合生态学原理,做到保护地方生态环境,保护特色建筑、文化传统,不随意破坏原有场地的地形地貌和现有的生态植被。

特色产业作为其旅游规划的核心,应从本地实际出发,充分考虑生态承载能力,深入挖掘地脉、文脉、人脉,着力打造城旅融合、农旅融合、商旅融合、文旅融合的特色产业链条和特色产业集群。例如,打造集观光休闲、民宿体验、科普教育于一体的果园、茶园、渔场、酒业、陶艺业等特色生态产业,根据产业的季节性、地域性等特点,科学规划好生态旅游项目,形成联动的生态特色产业链。

第二节　乡村旅游目的地生态环境规划理念与方法

随着交通行业的发展,人们的活动范围变得更为广阔,人们的旅游目的地变得更加多元化,而伴随城市化的扩张,城市人口急剧增加,已超过农村人口,城市成为人们主要的生存环境。城市的嘈杂喧嚣,飞快的生活节奏,浑浊的空气,使人们开始怀念乡村,乡村成为人们旅游的一种选择,成为大多数人体验农耕生活、欣赏淳朴自然、寻找记忆、缅怀情感的地方。这使旅游规划者开始关注乡村旅游目的地的生态环境,在进行旅游目的地规划时因地制宜,确定好的规划理念和规划方法。

一、规划理念与原则

乡村旅游目的地生态环境规划涉及景观生态学、生态美学、游憩学、环境心理学等多领域学科,力求在坚定不移地遵循可持续发展观、保护与开发乡村自然资源并举的前提下,做到构思新颖独特、布局完备合理,从而为创造生态系统结构稳定、旅游特色鲜明、人与自然和谐相处的乡村旅游目的地生态环境奠定坚实的理论与实践基础。

(一)规划理念

乡村旅游目的地生态环境规划的设计要求目标明确清晰,特色鲜明突出,规划理念要有创新性、发展要有高起点、质量要严格把关,遵循自然发展变化规律和空间结构组织规则,融自然性、艺术性、生态性、地方性为一体。因此,乡村旅游目的地环境规划涉及多学科领域,是一项正处于探索发展当中的综合性、实践性系统工程。

在科学发展观的指导下,乡村旅游目的地的环境规划应本着促进当地区域财政和居民经济共同增长进步、加强生态环境保护力度、全面完善社会基础及公共设施建设、继承弘扬优秀传统文化的原则,在统筹规划的视野之下阐述城乡差别,平衡乡村建设和生态环境保护之间的辩证关系,从发展富有当地地方文化特色的"乡村生态游"、加强农耕用地保护、挖掘地方潜力、营造特色景观等角度进行规划设计。

乡村旅游目的地生态环境规划的目标是构建一种"可观、可游、可居、可玩"的乡村景观。对于富有特色的乡村景观而言,要强调景观元素在不同阶段的个性特征,做到层层推进,既使城市与乡村两者的景观序列相互融合,又要体现出由城市景观向乡村景观的逐步过渡,最终共同展现推崇自然、生态、健康、休闲的主题。乡村旅游目的地生态环境规划就是在理论知识与专业技能的指导之下,达到一种对立与统一并存的关系。

因此,乡村旅游目的地生态环境规划始终贯穿着"生态、旅游、休闲、文化"的思想,在具体规划中可遵循以下三个理念。

1. 坚持主客结合、因地制宜的理念

乡村旅游目的地生态环境应提倡"主客合一"的规划理念,在策划旅游项目和开展旅游活动时,必须要酌情考虑当地居民的生活方式、习俗文化等,有"主"无"客"或有"客"无"主"的旅游规划方式都是极其片面的。乡村居民的风俗习惯和生活方式普遍依地域与季相发生着变化。因此,发展乡村旅游目的地应充分考虑各地区在地理区域、气候季相、农业资源、生产条件、生活方式、风俗习惯、宗教信仰等方面的差异性和特殊性,因地制宜、因时制宜,确保生态旅游与居民生活尽量融洽。

2.突出乡村特色、互动参与的理念

当今社会的旅游者越来越注重旅游体验,渴望参与,因此在进行乡村旅游目的地生态环境规划时,尤其要注重体现"参与"的规划设计理念,不仅如此,还要体现不同特点、不同程度的参与,以丰富乡村旅游目的地的活动形式,提高乡村旅游目的地环境的对外吸引力,满足旅游者参与体验的需求。乡村旅游目的地环境规划应大力挖掘当地历史文化内涵,用以表现不同区域的独特风格,避免低水平、低品质的仿效及毫无新意的跟风建设。只有突出特色,才能在市场上占有一席之地,才能将当地"乡村生态游"长久地发展下去。

参与不仅指外来旅游者的参与,更要加强旅游者与当地居民的互动性。乡村旅游目的地在作为一个旅游开发对象的同时,其本身是大量乡村居民的生活聚集地,所以乡村旅游目的地生态环境规划应尊重当地居民的生活方式、文化传统、民俗特色、宗教信仰等,既满足大量旅游者的需求与愿望,又考虑当地居民的生活的延续和发展,而居民收入水平的增长和生活质量的提高,更是进行乡村旅游目的地生态环境规划的首要任务。

3.突出可持续保护与开发并举的理念

乡村旅游目的地生态环境规划首先应遵循生态性原则,要求人与自然的和谐共生。在人与自然和谐共生的前提下,加大乡土文化资源和农业旅游资源的整合力度,加大农耕文化和民俗传统文化的保护力度,加大现代科技在农业当中的应用以及农业科研、培训和示范基地的开发建设力度,从而做到真正意义上的自然与人文景观的结合。

(二)规划原则

1.全局统筹、综合规划原则

规划先行,统筹安排。在规划设计当中,应当全面贯彻执行国家相关规定和政策,兼顾乡村旅游目的地的自然、社会双重属性,从生态、社会、经济效益全方位、多角度进行考虑,做到以人为本,重点改善乡村生态环境和当地居民经济现状。在规划过程中要始终贯穿生态理念,坚持人与自然生态环境的和谐,体现乡村文化特色与内涵,最终带动乡村生态旅游的发展。

2. 生态首位、清洁生产原则

保护乡村生态系统多样性，维护乡村生态系统稳定性，在规划发展的同时重视生态环境的建设和改善，并结合土地整治，集约利用土地。乡村生态旅游着重强调的是保护自然生态环境，所以更应该在生产过程中强调生态与清洁的重要性，并且在整个产品产业链中采取环境预防策略，以减少生产过程中可能对人类及自然生态环境造成的危害。

在乡村旅游目的地的生态系统中，物质是可以循环利用的，如花生在丰收后的副产品花生藤蔓经过一定的加工处理便可以用作家畜的饲料，从而进入家畜生产链，而家畜的粪便等又是农田天然的有机肥料，也可作为生产沼气的原料，再次转入分解链。生态系统中物质和能量的利用效率随着物质循环而增加。通过再生利用生产的废弃物，生态系统的产出得到了增加，而生产成本却大大降低，还使废弃物的各种污染问题得到了一定的解决。因此，对生产中的废弃物进行再生利用，在规划设计中达到清洁生产的效果，更具可持续性。

3. 注重文化、体现特色原则

保留本地特征，发展地方乡村民俗文化，重视并发挥村庄自身的地域特色，进行深层次人文景观、乡土文化的挖掘和塑造。区位因素和气候环境等的不同导致各地区自然资源和人文历史之间存在差异性，并且形成各具特色的建筑、景观、民俗等。在进行规划的过程中，不仅要考虑如何保护利用好当地特色资源，还要挖掘出当地特有的人文历史和文化传承，从而突出当地与众不同的景观特色，包括各地区的民风民俗、艺术文明、审美情趣、建筑风格等要素以及其特有的自然景观及文化景观，以此形成鲜明的个性，对旅游者产生浓厚的吸引力。

4. 因地制宜、合理利用原则

在进行乡村旅游目的地生态环境规划建设时，应结合当地实际情况（包括地理位置、资源构成、能源储备、生态环境与民风民俗等），依据当地独特的地理环境，寻找适合自己的发展类型与方向。切忌不顾当地实情，盲目进行仿效建设。

5. 便捷舒适、满足需要原则

对旅游者提供的方便服务主要体现在乡村旅游目的地的信息咨询中心，对内对外交通系统，多种社会基础设施，餐饮、购物、住宿等服务设施，服务的礼貌热情等方面。旅游者大多是出于释放学习、工作、生活、人际的多种压力与不适的目的来到乡村旅游玩乐,所以乡村旅游目的地要满足交通便利、环境优美、空气清新、安静舒适、气候适宜、绿色生态等要求。

6. 以民为本、多方参与原则

乡村旅游目的地的最终目标是实现乡村自然生态环境良好、地区财政经济可持续发展、当地居民生活与生产水平提高,因此,当地居民并不是可有可无的角色,而是实现乡村旅游目的地生态环境规划的一个关键环节。一方面,乡村旅游目的地生态环境规划编制的整个过程需要当地居民的大力参与,乡村旅游目的地生态环境规划的实施也需要当地居民的监督和把控;另一方面,生态环境保护以及传统景观和民俗民风的保护继承都需要当地居民的重视传承。另外,乡村旅游项目的开发也少不了当地居民的参与和协助。

因此,当地政府部门应对当地居民进行管理协调,保证当地居民的参与,保证每一步成果都征求居民的意见,然后吸收其中的合理建议,力求达到最好的规划效果。吸引当地居民参与乡村旅游目的地生态环境的规划建设、管理与维护,不仅可使规划的区域地方特色得到增强,使相关信息咨询更加全面深刻,还能使资源的价值得到充分体现。更为重要的是,规划过程有了当地居民参与,当地居民的利益能够在规划过程中得到体现,从而成为乡村旅游目的地生态环境规划真正的受益者,这样,他们便会更加自觉、积极地保护生态环境。

7. 安全为首、保障健康原则

在乡村旅游目的地生态环境规划过程中,乡村生态旅游中旅游者的安全和绿色通道中旅游者或当地居民的安全应当引起规划者和管理者的重视,为维护旅游者的合法权益,要坚持对旅游者负责的态度,保障旅游者在观光游览过程中其生命安全及健康状况不受到威胁,始终为旅游者提供有保障的乡村生态旅游服务。因此,在一些特殊的乡村旅游目的地,如滑雪场、矿坑、河流、森林等,要设置必要的救生设施和医疗设备,以保护游客和当地居民的健康和生命安全。

8. 保护资源、长远发展原则

注重保护资源,着眼长远发展,在乡村旅游目的地生态环境规划中始终遵循可持续发展理念。根据乡村实地状况进行选择性开发,留有发展余地,主要是指乡村自然资源以及利用开发深度之间的平衡,内容包括:①资源的节约,不可再生资源要尽量减少使用,如矿产资源等;②对可再生资源谨慎使用,如风能、太阳能、生物能等;③各种废弃物的减少,最好做到物质循环利用;④在开发利用程度没有超过社会限度和环境限度的条件下,追求乡村旅游目的地规划开发的经济效益与社会效益最大化,并将社会治安混乱等负面影响降到最低,更要控制资源的破坏和环境质量的下降的消极影响。总而言之,可以将资源保护概括为:在发展经济、改善和提升乡村旅游目的地居民生活质量的基础上,合理利用资源(包括能源、水资源、土地资源、景观资源等),保护环境(自然、人文、生产环境),在和谐、生态、进步的基础之上做到长远发展、有质量的发展、有道德的发展,达到自然、生产、人文多方共生及乡村旅游目的地生态环境可持续发展的目的。

二、规划方法

(一)总体规划法

为保障乡村旅游目的地生态环境规划过程中各项工作的有序展开,首先要做的就是总体规划先行,然后在借助景观艺术规划设计手法的基础之上,协调好方方面面的关系,最终使整个规划实施过程有计划、有目的地进行的。

首先,在进行乡村旅游目的地生态环境规划之前,应当从全面细致的目的地调查开始,从多个层面、多种要素着手,对目的地的地形、土壤、水文、植被、气候、水权以及该目的地区域历史状况等进行调查并且评价,达到由表及里的规划深度。具体调查包括以下几点。

1. 地形现状

该地区的登高间隔、地形地貌、自然景观水平位置、人工景观水平位置等。

2. 土壤现状

有机物含量、肥力、粗密度、盐度、密度、密实度、结构、含水量等。

3. 水文现状

水文现状包括植被及其分布、表层土壤侵蚀程度、气候及水文记载,水的硬度、混浊度及重金属含量,地表水源,如常流河、潮汐影响、降水、降雨径流以及融雪等,地下水源,如天然泉水、合流处、地下蓄水层等,水流失的途径,如渗透、蒸发、蒸腾、渗漏等,乡村旅游目的地的流域及其物理特征等。

4. 植被现状

植被现状包括植物类型、密度、分布状况等。

5. 建筑现状

建筑现状包括村落风貌、群落历史、建筑形制、建筑风格、构造、密度、材料、空间、结构等。

6. 人文现状

首先,人文指风俗习惯、历史文脉、宗教信仰等。

其次,联系周边的水系、林地、农田、村民社区、基础设施等。共同配合发展成新的景观整体,融入具有整体性的乡村旅游目的地生态环境规划要求之中。特别是目的地生态环境中的多种自然要素,无论其状态特征如何,乡村旅游目的地生态环境特色的框架就是由这些规划过程中重要的元素所组成的。

最后,交通道路组织体系、观光游览景点设置、建筑空间构成、建筑布局、功能分区、基础设施都应当被视为规划的整体,不可孤立出现,从而达到重视乡村旅游目的地布局整体性、优化生态格局的目的。

为了更好地发挥景观功能,需要在保证乡村旅游目的地区域景观结构完整的前提下,以斑块或廊道的形式,将绿地、道路、农业生产用地、水系、建筑物、构筑物纳入整个景观结构当中,为旅游者提供包含吃、喝、玩、游、住、行、学等综合性的乡村生态旅游场所。

(二)局部分区规划法

局部分区规划法主要是根据生产、生活、游览以及娱乐的需要,将整个乡村旅游目的地生态环境景观划分为不同的功能区域和空间层次。在进行详细规划时,将每一部分逐渐加深细化,进而使每一区域的景观作用都能得到强化提升,并分别有主题性地营造每一分区景观。实行局部分区规划的策略,可使乡村旅游目的地生态环境规划的景观细部控制更加明确清晰。

功能区域的划分大致上可以分为游、行、购、吃、住、学六类,实质上是对旅游者的行为进行空间布局和组织安排。因此,可将乡村旅游目的地区域划分为景观观赏区、农业生产区、科技示范区、游览体验区和休闲服务区,而各个分区所囊括的内容则可根据项目规划的具体情况和切实需求进行变化调整。

对乡村旅游目的地进行功能区域的划分,在规划之初就应当根据重点、要素、空间等组成部分的特点,考虑各方面复杂关系的影响,按照统一性或差异性来进行,充分发掘自身的特殊条件并形成优势。例如,利用特色差别,开发与本功能区域相适宜的旅游项目。同时,也不能忽略景区的整体需要,最理想的状态是形成各功能区域之间优势互补、扬长避短、功能融合的分工合作体系。

(三)景观细部控制法

对于乡村旅游目的地而言,在做具体规划时,景观的细部打造首先要从人本思想的角度进行考虑,不仅要做到具有实用性、美观性,同时还应具有独特的乡村文化特征,而这些都是以从大方向进行宏观把握整体布局为基础的。人性化考虑景观细部,应当学会各种乡土元素及材料的灵活运用,再根据明确的主题进行乡村景观的细节营造。例如,在进行乡村住宅的规划设计过程中,可以考虑采用几户并联式或者低层院落式布局的乡村住宅形式,硬质路面铺砖尽量少地使用在住宅的前后庭院中,可以大量使用透水性材料,为了方便居民有自行建设的余地,最好采用一些简单灵活的结构体系。

在乡村旅游目的地生态环境规划中,要依照现在已经存在的和谐景观进行稍加改造,将其固有的景观情境充分反映出来,最好是能突出其独特的景观特征,而用一些自然的方式将某些不协调的景观要素巧妙地屏蔽或者弱化掉。

这里笔者在前人的研究成果上提出涉及生态学理念的四种乡村旅游目的地生态环境规划方法:一是保护型规划法;二是恢复型规划法;三是功能型规划法;四是展示型规划法。

1. 保护型规划法

保护型规划法是指在某些自然生态环境良好的乡村旅游目的地或者有一定文化保护价值的乡村旅游目的地,为了使当地良好的生态环境不被破坏,为了使当地现有文化价值的区域受到保护,利用生态学的有关原理,对其进行规划。在这个基础上,规划者既要维持当地生态环境,又要创造出符合大众审美的乡村旅游目的地。

2. 恢复型规划法

一些乡村旅游目的地受损程度较大,生态环境状况不甚乐观,如果不改善当前的环境现状,就很难将其作为旅游目的地来开发利用。该种乡村旅游目的地生态环境规划一般是通过对一些还具有纪念意义或文化价值的传统景观进行保留改造以及材料的重复利用等,创造出自然、生态、艺术和科技相结合,完全适宜于当前社会、艺术水准比较出众并融入生态理念的乡村旅游目的地。

3. 功能型规划法

如果要对乡村旅游目的地进行高效、科学、合理、完备的规划,首先应当以生态理念为基石,再应用一些行之有效的生态技术措施,使之既具有符合大众审美的艺术情趣,又具有生态学的逻辑性、科学性,从而达到改善乡村旅游目的地及其周边环境,营造出与当地生态环境相协调的、便捷舒适的自然环境的规划目的。

4. 展示型规划法

这种规划方法主要是基于一种乡村生活教育的目的,通过展示自然界农作物、动物的生态演替过程和某种农产品或者手工制品的制作加工过程,从而向旅游者展示各式各样丰富多彩的乡村生活。还可以提供一些适合旅游者参与的活动,不仅能丰富乡村生态旅游的活动形式,而且能给旅游者带来更加切实、独特的旅游体验。

第三节　乡村旅游目的地生态环境规划程序与内容

生态性就是指生物同环境的统一。狭义的环境生态性主要指自然环境的生态性,广义的生态性强调人在改造自然的过程中不破坏生物圈层的平衡,达到人与自然和谐相处。乡村旅游目的地是一个充满人文情怀和乡土自然的地方,乡村旅游目的地生态环境的规划是一项事无巨细的比较复杂的系统工程,涉猎范围较广,包括乡村的社会情况、环境资源等多项因素。因此,从规划的内容来看,本书中的乡村旅游目的地环境生态性规划指的是广义上的规划,涉及乡村中的自然环境因素、人文环境因素以及连接人与自然关系的技术环节,从规划的步骤来看,主要涉及规划程序及内容两个方面。

一、规划程序

在规划乡村旅游目的地的进程当中,针对不同目的地相应的开发目标,一般需要明确相关规划的步骤,在此总结出以下几个程序要求。

(一)前期调研

乡村旅游目的地开发的首要程序就是前期调研,这是作为确定该项目能否顺利开展的前提条件。在开发前期调研的过程中,开发者可以针对乡村生态旅游所需规划的目的地所在的区位情况、生态现状、自然条件、经济现状、交通条件、村民意愿以及相关政府部门的规划要求等问题展开调研,罗列出现状存在的优势和不足。其中,规划区域的区位、生态情况现状和自然环境条件是调研任务中的主要调查对象。

(二)目标评估

依据前期调研得到的数据情况,分析所选区域是否具备开发潜力且程度如何,以及确定开发后所能达到的目标。这是整个规划程序中的主体部分。此外,利用前期调研所得的原始数据与周边相关环境进行比较,得出比较结果,对比较结果进行分析总结,得出调查区域开发的潜力程度。其中周边相关环境包括地理位置条件、周边景观特色、所选区域与周边观光景点的距离以及其他相关的基础条件,使用这些数据与开发前期调研得出的数据相比较,可得出该区域的开发优势和劣势,从而评估一个区域的开发潜力及确定开发目标。

(三)规划设计

乡村旅游目的地规划中的功能区域是旅游开发中必不可少的程序。功能区域的划分可以根据其原有的自然条件、景观分布情况以及原土地利用情况来确定,对规划区域内的空间进行合理再分配,设计未来不同功能区域内的边界、容量、发展方向及特色。

估算乡村旅游目的地的旅游容量是必不可少的流程。估算针对被规划区域的旅游前景及现有开发区域中的生态、经济、社会、气候环境等条件展开,估算的结果可以作为后面相关程序的有效真实依据。

根据上面提到的容量估算,基于景观生态学相关原理,可以对开发区域开展景观设计,对其进行合理的统筹规划、资源再配置与设计,使设计结果能够体现乡村生态旅游主题中乡土性与生态性两大主题,在尊重乡村景观原貌的基础上进行合理规划修饰。

乡村旅游目的地景观规划中对景点区域规划的核心内容,包括接待游客、食宿出行等。在规划乡村生态旅游基础服务设施的过程中,需要考虑相关的生态原则,尽最大可能采用节能环保的物质材料,尽量减少对周边生态环境的影响,做到最大限度的低影响开发。

(四)规划审核

在规划审核中,社区参与是不可或缺的程序,它贯穿整个旅游规划的全过程。在开发前期调研、开发潜力评估、功能分区以及景观设计等各阶段中,都离不开当地居民的积极参与,当地居民的参与程度可以使整个规划更好地体现当地的人文特色与居民意愿中的人性化,更能够集思广益,从居民身上获得宝贵的集体智慧。

(五)规划实施

规划的实施是对生态旅游区的建设过程,但不是整个规划的终结。通过对规划开展监督管理,对规划中不足的部分、旅游发展实践中出现的新情况进行反馈,不断丰富与完善规划内容,形成一个持续改进的规划体系。监督与反馈内容包括生态环境状况、村庄的社会经济发展状况及旅游发展状况等。

(六)实施评估

旅游目的地稳定运转不是规划程序的终点,对于在旅游实践过程中出现的所有新问题和情况都需要建立相应的反馈机制,以便不断完善此规划,促进乡村旅游目的地的可持续发展。

二、规划内容

在概述和分析乡村生态游规划的程序的同时,相应地构成了乡村生态旅游规划的内容范畴。在具体的规划操作实践中,乡村旅游目的地生态环境规划的主要内容包括政策支持、功能分区、容量估算、景观规划、设施规划和社区参与。

(一)功能分区

考虑到生态保护的原则和要求,在进行功能分区时,规划者可以生态内容的规划为重点,将乡村生态旅游目的地划分为生态保护区、生态服务区和生态游憩区三个部分。不同区域中的设计内容可以体现其在乡村中生态环境系统和旅游系统中不同的功能和作用。

生态保护区的划分是基于可持续发展原则上开展的,规划的意义在于维护乡村旅游目的地的生态平衡,保持内部生态环境系统的生态多样性。因此,一般将生态保护区规划在乡村旅游目的地的上游。生态保护区应该作为核心保护区,严格限制游客的进入。

生态服务区则作为游客活动的主要区域。对于此区域的规划设计,设计人员应该根据当地的人文和自然特色,设计出偏重自然、偏重人文或者自然中透出浓郁乡土气息的人文乡土景观。除了乡村旅游目的地自身资源外,可达性是发展乡村旅游目的地的重要条件,因此需要改善目的地周边的交通条件。服务区内部由各种旅游基础服务设施组成,可集中提供生态旅游、休闲娱乐、购物、餐饮、住宿休息等服务。

生态游憩区则介于上述两个规划部分之间,应具有一定的自然原貌景观及相应程度的生态环境条件。作为生态服务区的扩展部分,在此区域内,可在确保安全的条件下,开展一些具有趣味和意义的活动,如建设生态展览馆,开展一些生态科普活动等,为到访游客提供一种原生态的自然旅游的体验。

(二)容量估算

环境容量指的是在保证生态环境不退化以及旅游资源质量不下降的前提下满足游客安全、卫生、舒适、方便等需求,在一定时空范围内,允许容纳游客的最大承载能力。研究乡村旅游目的地的环境及游客容量,可以帮助寻求和阐述环境规模与游客总量之间比较适度的量化关系。合理的游客容量和环境容量是科学经营管理、组织观光游赏以及确定乡村旅游目的地规模的重要依据。

通过查阅现有的资料,笔者发现目前世界上尚无公认的对于"旅游环境容量"的定义。我国对旅游区域内的环境容量的估算这一工作做得还不够,导致投入使用的很多旅游景区出现游客过度饱和的现象,并在一定程度上侵犯了生态环境。因此,对于乡村旅游目的地的容量估算应是一个十分重要的环节,是保障乡村旅游目的地可持续发展的关键工作。对容量的估算,实际上是衡量一个旅游目的地内总体环境与旅游活动之间和谐程度的一个指标。做好容量估算,是要保证乡村旅游目的地内的生态环境不受侵犯以及能够让游客休闲旅游的获得感和心理最低需求得到满足。其主要包括自然生态环境容量、社会与经济容量以及旅游容量等。

（三）景观规划

乡村旅游目的地吸纳游客的关键因素就是对于景观生态结构的合理规划。通常认为乡村生态旅游目的地中的景观结构包括基质、斑块以及廊道三个部分，这三个部分有机搭配形成的镶嵌格局便是景观的规划。

在乡村生态旅游目的地当中，面积最大、分布最广泛的便是基质，其可作为斑块与廊道的环境生态性背景。基质形态以及大小等特征都是相对的。通常农田地带、山林地区以及大范围的水域都可以成为基质的内容。斑块内容则比较丰富，无论它的来源位置还是尺度形状都是多样化的，一般来说，斑块由农田、菜果园、水域、山林及村落集镇等组成。廊道不同于基质，是基质周边的狭长通道。廊道有线形的，也有带状的，是物质与能量迁移的通道，主要包括道路、篱笆、河流及带状洼地等。在这三个部分中，最主要的生态物质载体是斑块，而使游客和物质之间发生转移的主要途径是廊道，将斑块、基质与廊道三者有机结合，可以有效、合理地营造一个自然的乡村生态格局，这是乡村生态旅游目的地景观规划的任务。

对斑块进行规划的重点在于可以依据原有自然生态风貌资源的特点、分布的情况以及游客需求等来设计不同主题的斑块，比如以耕地农田开发为主的农家体验，以山林开发为主的户外探险活动、野营登山等。在规划的过程中，需要考虑斑块实体与空间结构之间固有的景观和功能的属性，既要做到突出斑块吸引游客的作用，又不能过度人为地改造，这就需要与周边的基质内容做到相互镶嵌、相互借景，保持真实的视觉体验。至于廊道部分，可以分为区间、区内及斑内三种层级。其中，区间廊道是乡村旅游目的地与外部之间物质交换与游客进入的主要渠道，设计时必须要考虑廊道的容量与规划之前估算出的旅游容量之间的协调，区内廊道则是乡村旅游目的地内部、各斑块之间相互流通的渠道，设计时要充分利用现存的一些通道，尽量避开生态脆弱的地带，同时还可以发挥斑块之间不同的特色，利用地貌特征和水体的形态等来设计水陆互通的区内廊道，保持天然生态的和谐感受，斑内廊道则是斑块内部物质的流动通道，设计时要考虑自身生态系统的特征，选择与斑块自身属性相符的设计材料，最好使用天然石材，在斑块入口处或其他需要指示的位置设置较为明显的指示信息，在路径旁设置具有当地特色风貌的休憩区域等。

(四)设施规划

乡村旅游目的地旅游基础服务设施主要包括导引讲解系统、游客集散中心及生态型生活服务设施。

1. 导引讲解系统

导引讲解系统是为了帮助游客了解乡村旅游目的地乡土风情的完备系统,解说的形式可以多样化,比如可以由当地土生土长的居民开展生动有趣的讲解或是对乡村本土特色物品进行展示等,向游客介绍本土生态、人文等内容。导引讲解系统的设计影响着游客对旅游目的地的了解程度和旅游体验深度。客观合理和生动形象的讲解不仅可以使游客产生亲近自然、热爱自然、放松充实的情感,还能引导游客在旅游活动中充分响应和表现对自然环境的友好态度,帮助游客开阔视野,帮助当地特色传统文化更好地传承。

2. 旅游集散中心

旅游集散中心作为城市旅游规划的基础设施范畴中的一部分,引入乡村生态旅游规划中,可命名为乡村生态旅游集散中心,即乡村旅游总接待中心。

作为一个承接的设施,乡村生态旅游集散中心既要完成接待来访游客的任务,还要为游客安排食宿和介绍景点等,帮助合理分配乡村旅游目的地内游客的去向,在一定程度上控制整个乡村生态旅游目的地的旅游容量。另外,对车辆停靠的管理也是乡村生态旅游集散中心的一项重要工作。大量城市游客涌入乡村,在保证车辆有序停靠的同时,还应遵循生态保护的原则,做到不破坏乡村的生态系统。因此,在选择停车场的位置、设计其形状以及配置周边廊道、斑块时,应符合生态设计的要求。在规划停车场位置时,不能太靠近生态核心区域,比较适宜的位置应是乡村与区间廊道的交界处,停车场不宜建造外墙围合,应采用高大常绿树种天然围合,同时还可以起到吸氮防污的作用,车位之间隔离带的植被选择也应为吸污能力较强的树种,同时还可以防止此处车辆被阳光直射,停车场的铺装应以石材为主,选用固土防蚀的本地草种作为铺设,既美观又能实现雨水回收。

3. 生态型生活服务设施

生态型生活服务设施规划是对传统的农家院落里的生态系统进行整合与改造,利用景观生态学以及生态工程的学科原理建立和谐的生态关系网进行服务。

通常包括生态庭院设计、水资源循环系统设计、垃圾分类处理系统设计、能源系统设计及建筑系统设计等方面。生态庭院是生态型生活服务设施的核心部分。对乡村生态旅游来说，为了保证游客能充分体验农家庭院的本土风情，不宜大面积过度绿化，种植设计时可以采用果树、菜地及一些观花植物的组合，添加庭院视角上的色彩多样性。还可以建设乡村生态农场产业，让游客亲身体会劳作的喜悦，学习相关农作知识。

对水资源循环系统的合理设计关系整个乡村中的生态环境。设计过程中应充分考虑节约循环使用水，将水资源的使用分类为雨水、灌溉用水、生活用水、卫生用水与景观用水等，并形成较为完善的水资源循环系统。该系统一般包括雨水收集系统以及污水循环转化系统。雨水收集系统主要将雨水、生活用水、景观用水等收集起来，再进行水净化，水净化系统的设计由水生植物组成，污水循环转化系统主要将人畜污水、厨房污水等经过处理后，作为农用灌溉水再次利用。

对垃圾分类处理系统的设计关系乡村生态环境系统的持续发展。从资源减排减量的角度出发，可设计绿色环保、安全便利的垃圾分类回收处理系统来保障乡村的生态环境。首先，在旅游目的地中应减少或限制使用一次性物质，降低一次性垃圾的产生，其次，对垃圾可采取不同的有效分类，如分为有机垃圾与非有机垃圾。

能源系统的设计出发点是节能需求以及尽可能地普及清洁能源。这对于在乡村发展生态旅游来说，有着很重要的实践意义。清洁能源在乡村地区的应用有很多种类，如风能、太阳能、生物质能等，这些不同类型的能源使用可以根据当地的自然条件来选择。通常风能会受到风速的影响，生物质能需要足够的沼气原料，这些都受到条件的限制，唯有太阳能比较容易获取，因此可以着重设计以太阳能为主的乡村能源系统，同时充分考虑相应建筑设计，如建筑物的朝向、植被对光照时间和条件的影响等。庭院的绿化植被可以选取高大的本地树种，这样保证在冬天也能获得充足的阳光，在建筑设计布局上，应促进自然风顺畅流通建筑内外，减少其制热的动力，以保证太阳能利用效率的最大化。

建筑系统的规划设计应做到尊重自然环境，尽最大努力做到与周边景观相融合。在建筑色调的选用上，可以与乡村生态文化背景相协调，在建筑风格上，可以充分体现与乡村生态一致的质朴亲切感，在建筑材料的使用上，尽量多地选用环境友好型材料。此外，建筑物的总体布局还应考虑结合周边自然景观与农家庭院的整体格局，设计时充分利用阳台、窗户等位置来增强观景感受，使建筑与自然融为一体，使游客不会感到视角遮蔽，从而更加亲近自然。

（五）社区参与

旅游项目的开发能否获得成功,居民的参与是很关键的因素。在乡村旅游目的地的规划过程中,居民的社区参与在政治、经济、文化、心理等多方面会有积极的带动作用,还会在未来开发管理的机制及利益分享方面等有正面影响。社区参与的方式丰富多样,对本土居民而言,可以参与乡村生态旅游开发规划中每项进程、发展决策的制定以及利益分享机制的构建,参与旅游知识培训工作、旅游管理工作等。

通常在开发过程中,当地村民扮演着三种角色,即雇员、经营者与股东,同时也象征了三种不同的参与方式。作为员工,是最基本层次的参与,任何居民均可以作为旅游开发项目的雇员,作为经营者以及股东受益人,居民可以参与经营、决策与分享收益等。我国乡村生态旅游目的地的开发,有其自身的特点,项目开发区域既是生态旅游的活动场所,也是当地居民的生活场所,任何形式的旅游规划开发都与居民的生活息息相关。这样来看,对乡村生态旅游目的地——进行规划,更近乎一个区域发展的规划,任何当地居民都是参与者,参与到每一个环节,同时任何当地居民也是经营者与决策者,可以分享旅游开发带来的收益及参与决策旅游开发的发展方向。

第七章 乡村旅游目的地环境生态管理

乡村旅游推动了经济不景气的农村地区的发展,对当地经济增长具有明显的贡献和意义。目前,我国的乡村旅游取得了比较丰硕的成果,但是与国外的乡村旅游相比,仍然存在着许多问题,有些问题甚至十分严重。

面对我国乡村旅游目的地所存在的诸多问题,我们迫切需要通过科学有效的乡村旅游目的地环境生态管理来改善现状,而且在此过程中一定要加强城乡交流,促进乡村发展。

第一节 乡村旅游目的地环境生态管理理念

乡村旅游目的地环境生态管理就是以可持续发展理论为指导,将生态学观点渗透到乡村旅游目的地的全部管理实践当中,把目的地的旅游产业与当地环境看作是一个紧密联系的系统,整合目的地经济、社会、自然生态等多方面目标,对目的地内旅游活动整个系统进行计划、控制、组织、领导和创新,以实现乡村旅游目的地的经济效益最大化,并用生态学的观点来协调和处理经济、发展和自然生态保护之间的冲突,是一种新型的管理范式。

一、乡村旅游目的地生态管理的特征

(一)管理客体的系统性

乡村旅游目的地生态管理的对象是乡村旅游目的地生态性经济系统。所有的经济活动均在一定的生态与经济系统中进行,因而所有的产业管理活动均离不开对生态和经济这两大系统的管理。作为旅游活动高级形式的乡村旅游目的地生态性,更应把生态系统和旅游系统结合起来进行综合管理。这种管理实际上是一个复合的管理结构系统,既包括对生态系统的管理,又包括对旅游经济系统的管理,二者相互作用、相互耦合,便形成了具有独立结构和功能的乡村旅游目的地生态性经济复合体。由于生态系统是生物要素和环境要素在特定空间的组合,所以在进行生态系统管理时必须把对生物和环境两种要素的有机管理包括在内。对乡村旅游目的地生态性而言,旅游生态系统包括乡村旅游目的地生态环境、乡村旅游目的地管理者、旅游目的地社区等。

(二)管理主体的广泛性

乡村旅游是以旅游产业形式出现的一种复杂的社会经济活动的总称,它包括吃、住、行、游、购、娱等各个旅游环节。就一般理论意义而言,还可认为它是旅游生产力要素和旅游生产关系要素在一定空间上的组合。它包括各种物质生产要素和各种旅游所有制要素,也包括旅游产品生产过程中的各个层次和环节。可见,乡村旅游目的地生态管理过程是人类有目的地开发生态资源的过程,是使自然界中的生态资源转变成满足人们精神享受产品的过程。乡村旅游目的地生态管理通过物质循环、能量流动和信息传递使系统运转起来,并以生态系统的运动作为基础。对乡村旅游目的地生态管理而言,管理主体是社会各种组织机构和每一个人,但主要包括政府、行业管理部门、旅游中介组织、旅游专业组织、乡村旅游目的地生态性企业等。

二、乡村旅游目的地生态管理的原则

(一)人与自然和谐发展的原则

乡村旅游目的地生态管理中的主要矛盾是人与自然之间的矛盾,因此,如何正确处理人与自然之间的关系,促进二者之间的和谐发展,成为指导乡村旅游目的地生态管理的一个重要原则。

人类对于人与自然之间的关系认识经历了蒙昧、对立以及和谐三个阶段。

在蒙昧阶段,人类的生产活动对自然界产生的干扰与破坏不大,人与自然之间处于较低水平的协调状态。

对立阶段,人类的生产活动对于自然界的干扰与破坏主要发生在这一阶段,即社会生产力快速发展的时期。人们已经了解了某些自然现象及其内在本质,在此基础上以主人公的身份对自然进行了利用和改造,从而创造了人类社会前所未有的物质文明和精神文明。在这一阶段中人们对人与自然关系的认知是片面而不全面的,因而错误地认为自然资源是取之不尽、用之不竭的,误认为人类可以从自然界中任意索取而不用接受惩罚。在这一阶段中人与自然的关系是对立的,整个地球开始出现全面危机。

和谐阶段是人与自然和谐发展的阶段。长期的生产实践使人们逐渐认识到了人与自然的对立,不仅会破坏人类赖以生存的生态环境,甚至会危及人类自身的生存发展。人们应当合理利用自然以及保护自然,不应该超越限度的对自然资源进行掠夺式开发。乡村旅游目的地生态性包括了人与自然之间的诸多关系,所以在对乡村旅游目的地进行生态管理时必须树立人与自然的和谐观念,并以此为指导,形成生态环境和旅游经济双向持续发展的新格局。

(二)经济有效性与生态安全性兼容的原则

经济有效性是指人们在积极发展旅游经济时,应该最有效地利用生态资源。旅游经济活动的目的是要充分利用旅游目的地的自然风景资源,用最低的成本获得最大的经济收益。生态安全性是指人们在组织旅游经济活动时,应该更多地保护自然生态系统和自然资源,使之保持存在和再生的能力。

经济有效性与生态安全性兼容的原则要求把乡村旅游目的地生态管理的着眼点具体定位在经济的有效性和生态的安全性上,管理的重点集中在衡量经济的有效性上。衡量的内容主要包括以下三个方面。

第一,管理体制对经济发展的作用是积极而不是消极的,要把推动经济发展放在第一位。

第二,向自然生态系统索取资源要控制好度,坚持控制外延无限扩大的生产方式,反对掠夺式利用自然风景资源和旅游生态资源。

第三,要充分利用自然生态系统和自然资源,为游客提供更多更好的生态感受和生态知识。要挖掘自然景观资源的潜力,反对粗放经营,提倡精品开发。与此同时,还需要对生态安全性进行定位,生态安全性的基本内涵就是积极保护生态资源。乡村旅游目的地生态管理者应该时刻关注生态环境承受能力的动态变化,把游客接待量限定在生态系统持续存在和运行的能力之下,以保证生态安全性。

通过对经济有效性和生态安全性两个定位指标的分析,我们可以清楚地认识到,旅游经济的顺利发展必须以生态安全性作保证,生态的安全性必须有一定的经济投入作基础。经济有效性与生态安全性协调统一才能推动区域经济的可持续发展。

(三)经济效益、社会效益、生态效益协调的原则

经济效益、社会效益、生态效益协调的原则是乡村旅游目的地生态管理的一

个普遍原则,其理论基础是现代生态经济学的三个最基本的理论范畴,它们是:作为经济活动载体的生态经济系统,作为经济发展动力的生态经济平衡,作为经济活动目的的生态经济效益。其中,生态经济效益是人们从事经济活动的出发点和落脚点。生态环境与旅游经济协调发展是人类进入生态时代的基本特征。

运用经济、社会、生态三个效益协调的原则指导乡村旅游目的地生态管理,最重要的是要强化生态与经济的时空关联性,即在乡村旅游目的地生态管理中正确处理局部与整体、目前利益与长远利益之间的生态经济结合问题。

三、乡村旅游目的地生态管理的目的

乡村旅游目的地生态管理的目的是将传统乡村旅游目的地建设成生态化的乡村旅游目的地,用生态化的管理方式使区域整体由浪费资源、破坏环境转化为节约资源、保护环境。

对乡村旅游目的地进行生态管理就是要提高整个乡村旅游目的地生态链的资源使用效率,把众多要素构成依存转化、互为资源的循环系统。通过这种循环,综合运用清洁生产、绿色消费、废物资源化等方法,实现减少资源投入、形成资源循环流动、深度利用资源的生态化管理目标。对乡村旅游目的地实行生态化管理时要将生态管理理念渗透到全部管理活动中,突出管理的生态化内涵。在宏观层面上,还要考虑当地经济状况和政府政策、科学技术等因素,使整个区域的发展达到经济效益、社会效益和生态效益的和谐统一。

第二节　乡村旅游目的地环境生态管理的主要内容

我国乡村旅游目的地存在诸多问题,综合现状如下。

第一,过度开发现象突出。

第二,经营项目单调,服务质量不高。

第三,管理缺失,监管不到位。

第四,设施有待完善。

第五,环境破坏时有发生。

乡村旅游目的地环境生态管理的主要内容按照环境评估的三个方面进行介绍。

一、自然环境

伴随着旅游扶贫政策的出台,全国各地均在积极开展当地的乡村旅游。好的自然环境为游客提供良好的旅游环境,使游客身心舒畅,具有极大的吸引力。乡村旅游目的地的自然环境是由水文、土壤、生物、大气等要素有机组合而形成的自然综合体,是乡村景观的核心景观特征。可是有些地方在开发当地旅游资源时,未经调查研究与科学论证,忽视环境影响评价以及区域规划,仅仅追求短期的经济效益,轻视了当地长远的环境效益。

水是旅游业重要的资源之一,大多数旅游胜地都和水有关,可以带给人们视觉、听觉、触觉等不同感官的刺激,从而给旅游者以旅游动机,让游客放松与享受,体会到大自然的美妙。因此,大多数发展旅游的乡村地区的区域内或周边拥有河道、湖泊等水域,为了吸引游客,许多旅游设施也集中在这些水域附近。但是农村一般没有完善的排水系统和污水处理设施,游客的生活污水在这种情况下会被直接排入河道,产生的生活垃圾也会被堆在河边。这些生活污水以及生活垃圾导致乡村旅游目的地的水体污染日益严重,有的已经变成了臭水沟,严重影响了当地居民生活,还有的地区过度使用景区水资源,造成溪流泉水干涸、地下水位下降。

当众多的游客进入乡村旅游目的地后,对土壤的破坏是巨大的。尤其是在节假日的旅游高峰期,超载的人群对土壤和植被不断地重复踩压,会让乡村旅游目的地的土壤板结,导致植物无法正常存活。一些作为发展乡村旅游资本的天然草场因为游乐项目设置的不合理和游人无节制的践踏,正在以肉眼可见的速度迅速沙化,未来将成为不毛之地。

技术经济为现代生活提供了很多便利,同时随着技术经济的快速发展,交通工具的使用越来越频繁。这使更多的游客在闲暇时选择到乡村旅游目的地进行放松游玩。汽车尾气就是大气破坏的主要因素之一。除此之外,在农村大量的农作物秸秆被焚烧或堆垛于河湖沟渠或道路两侧,浪费了大量的资源和能源,也是大气和水体的污染源。

动物与植物是乡村旅游目的地中生物资源的主体部分,也是自然环境的重要组成部分,既可以与其他自然景观一起构成重要的旅游资源,也可单独形成重要的旅游景观。乡村旅游目的地的开发大多都选在环境原真性好、经济贫困落后的地区。为了尽量满足游客的个性化喜好,追求利润的最大化,一些乡村随意设置景点,不顾当地具体条件强行加大开发力度,由此带来旅游设施过多、游客蜂拥而至的局面,恶化了旅游区生物的生存环境。例如,有的景区置植物发芽、动物繁殖的生态敏感期于不顾,仍然照常开展旅游活动,在旅游区大兴土木,破坏了植被覆盖率,破坏了自然美。乡村旅游目的地的生态景观具有天然性和脆弱性的特点,而乡村旅游目的地的开发商为了最大限度地吸引游客,往往不考虑当地的环境容量,使得乡村旅游目的地乡土景观遭到极大的破坏。同时,一些不适宜的景观规划还会造成外来物种入侵,对当地的生态平衡造成了无法挽回的破坏。

二、生产环境

在一些不发达的乡村旅游目的地,基础设施和相关服务设施均不完善,如景区标识缺乏、景区设施及摆设简陋、食宿卫生无法使游客满意,尤其是在一些贫困的乡村旅游目的地,连基本的交通都成问题,这严重阻碍了当地的乡村旅游发展。虽然乡村旅游在我国经过了十几年的发展,有了明显的发展与改善,但是与国外相比,仍然存在着诸多不足,给游客带来许多不便。

为了增加粮食产量,一些地方正在采用一切可能的技术措施开发农用土地,包括:加强土地整理以减少非目标生物的生长,用化学方法加速目标生物生长和控制非目标生物生长,普遍推广高产良种等。其后果:一是促进野生生物加速从农区消失;二是因投入不足和不合理利用带来农业生态系统退化,如土地侵蚀、土地沙化、地力下降、病虫害增加等,并导致野生遗传资源受到威胁。

乡村中人畜共居、畜禽散养、畜禽废渣废水乱排的现象依然十分常见。畜禽废弃物没有经过处理就随意排放,居民住房与鸡舍、猪圈、牛棚在同一个院子里,导致在村民活动区域中鸡粪、猪粪、牛粪到处都是,臭味难闻,尤其是在下雨天,都没地方下脚,让人不适。而且村民平时养成的生活习惯是不会及时打扫院子,导致畜禽粪便留在院子,尤其是在夏天炎热的时候,味道特别臭,苍蝇到处都是,也特别容易滋生细菌,对农村生态环境造成了巨大压力。在某些乡村旅游目的地,畜禽粪便成为令游客十分头疼的问题,成为最大的有机污染源。如果畜禽粪便没有得到及时有效的处理,则会给环境带来很多危害:①占用土地和污染农田生态环境。②污染水体,畜禽粪便会通过直接排放和在堆放储存过程中因降雨或其他原因进入水体。③恶臭。④生物污染。因此,畜禽粪便不仅危害城镇郊区环境,还阻碍了养殖本身的继续发展。

生活垃圾的处理一直是困扰各个乡村旅游地的棘手问题。一方面是大量进村消费的游客所产生的无机垃圾,包括各类塑料制品及包装物;另一方面是旅游区内的饭店、旅馆产生的有机垃圾。如果这类垃圾不及时处理,必定会污染环境、滋生细菌、招惹蚊蝇、传播疾病,直接影响旅游区的生态环境指数。

除此之外,如今各种农用塑料薄膜在乡村中作为大棚、地膜覆盖物被广泛使用。这类农用塑料薄膜很难在自然条件下进行光降解和热降解,也不易通过细菌和酶等生物方式降解,是一种长期滞留土壤的污染物。如果对农用塑料薄膜的管理与回收不善,则会导致大量残膜碎片散落农田间,造成农田"白色污染"。

三、人文环境

人文是旅游业的灵魂,乡村旅游亦是如此。乡村旅游目的地的人文环境以乡村农耕文明与乡村生活景观为核心,主要包括乡村聚落与村落文化、乡村宗族文化、乡村民俗文化、乡村农耕文化、乡村物质与非物质文化遗产、乡村历史重大事件和文物、乡村传统工艺和历史遗迹等。很多城市居民之所以选择乡村旅游,并不是因为它的廉价,而是想暂时远离城市的喧嚣,寻求一种回归大自然的亲切感觉。除了能给予人们不受污染的自然环境外,乡村旅游中的人文成分则是吸引游客的另一个重要因素。

可是一些地方在进行乡村旅游项目开发时,对资源优势转化为经济优势期望值太高,以至于出现山体被挖、树木被砍、湖塘被填、古屋被拆,优美的自然环境遭到破坏,从而导致不少乡村旅游目的地失去了原有的自然生态魅力。有的地方则盲目追求景观的洋化和时尚化,大兴土木,破坏了乡村自然景观的原真性。所以,伴随着乡村旅游的不健康发展,乡村旅游与农村人文产生了新的矛盾,负面影响越来越明显。

首先是民俗文化的破坏。城市居民向乡村旅游目的地的涌动对传统的乡村文化造成了强烈的冲击。许多乡村居民的语言、服饰、习俗、生活方式随着乡村旅游的开发而被城市化。许多乡村节庆、传统歌舞、服饰、工艺等传统文化活动慢慢被遗忘或改变,一些乡村旅游目的地的民间神圣仪式已经逐渐趋于表演化,从服装、歌舞一直到生活形式,都是在迎合游客,完全看不到旅游主体——村民的能动性。这不仅是对传统文化的误用,更是一种不遵守市场规范的行为。它虽然在一定时期内刺激了旅游消费,但也不可避免地造成乡村传统文化的失真,传统文化价值观的退化、消失等,而且在乡村旅游发展过程中,一些开发商为了迎合游客消费倾向,在不了解当地传统文化的情况下,将民族传统文化庸俗化。如一些乡村旅游点出现利用所谓的传统婚姻习俗,硬拉游客与旅游服务者举办所谓婚姻仪式的宰客现象。

其次是民居风貌的破坏。为了满足城市游客的需要,大部分的乡村旅游点将本地建筑物朝着城市建筑靠拢,将传统的建筑景观拆除,原有的文物古迹也因为开发需要而惨遭破坏,乡村旅游目的地没能充分保护和利用现有的民居风貌旅游资源。而且一些民居风貌旅游景点在开发过程中没有充分对景点项目进行可行性研究,不认真考虑景点项目本身的吸引力、市场条件、交通条件等因素,匆忙上马,在全国各地大兴土木,互相照抄照搬。因此,大多数的民居风貌旅游景点都缺少独特性,真正能代表中华民族灿烂文化、五千年悠久文明的文化载体的精品为数不多。

第三节　乡村旅游目的地环境生态管理策略

一、自然环境管理策略

(一)加大环保宣传,提高环保意识

1. 乡村水污染防治

乡村旅游目的地水污染的防治应该从以下几个方面着手开展:在乡村景区内不允许开发工业项目,对周围地区的工业项目进行严格管理,坚决杜绝工业污染源,同时还要防止那些高消耗和高污染的工业项目向农村地区进行转移,乡村旅游目的地应当大力发展生态农业,指导农户科学地使用化肥农药,使用高效、无污染的绿色肥料和有机肥料,尽最大努力保障食物供给的健康安全,当地政府和村民要重视当地景区内生活污水和厕所污水的处理,必须要在达到国家排放标准之后才可以排放,不能像以前一样随意向饮用水源或观赏水源排放生活垃圾和污水。同时要对游客进行环保宣传,提醒游客不要将垃圾等废弃物投入溪流、湖泊或海洋中,对于那些开展水上娱乐项目的乡村旅游目的地,水上游艇一定要协调好动力船和非机动船的比例,水上游乐设施的使用均不能污染水源。

2. 乡村土壤污染防治

对于乡村旅游目的地的土壤污染,要贯彻"以防为主,防治结合"的环保方针,从污染源着手,同时还要提升土壤的自然净化能力。可以在游客中普及相关的土壤保护知识,帮助游客认识到严重的践踏行为会对土壤和植被造成不良的影响。加强对农用水源和污水灌溉的管理,避免带有不宜降解的高残留污染物随水进入

土壤,引起土壤污染。

除此之外,应对乡村旅游区的农药化肥污染进行防治。为了减少农药残留,近年来,人们对高效、低毒、低残留农药的研制十分重视。一些可被生物降解的农药相继研制成功,并在生产中得到应用。另外,生物农药的开发和应用研究也取得了丰硕的成果。如微生物类农药具有成本低、无副作用、作用持久等优点。有人预计,生物农药有望逐渐取代目前大面积应用的有机磷农药。针对已经被化肥污染的乡村旅游区,可以利用水浮莲、水葫芦等水生植物对氮、磷等营养成分进行吸收,既净化水体,又可获得植物产量,增加肥料和饲料。在出口处种植香蒲等灯芯草属和芦丛植物,可用于编制草席、草篮等。在中游培养水浮莲、水生贝类,可作为饲料,养殖畜禽。

3. 乡村大气污染防治

首先,乡村旅游目的地要经过合理规划与科学布局,例如污水处理厂、厕所、垃圾转运站等设施,应当建在主要游览区全年主导风向或者旅游季主导方向的下风侧。其次,应当改进乡村旅游目的地的燃烧设备,在村民中推广清洁有效的除尘设备。相关部门一方面要尽力改善燃烧设备,使燃料能够充分燃烧,减少烟尘等有害物质;另一方面还要对燃料种类进行挑选和处理,在乡村旅游目的地大力推广使用天然气、沼气等清洁能源,杜绝焚烧秸秆等行为。最后,控制交通污染也是必不可少的,核心旅游区应尽量控制机动车辆进入,推广使用环保交通工具,减少由于尾气排放带来的大气污染。

4. 污染物的植物修复

植物是环境污染的直接受害者,但它又可以净化改善环境。近几十年来,我国在利用植物治理环境污染物以及构建植物污染物净化体系等方面的研究有明显进步,还由此产生了独特的环境修复技术——植物修复。

植物修复技术是以植物忍耐和超量积累某种或某些化学元素的理论为基础,利用植物及其共存微生物体系清除环境中的污染物的一门环境污染治理技术,属于生物修复。广义的植物修复技术包括利用植物修复重金属污染的土壤、利用植物净化空气、利用植物清除放射性元素和利用植物及其根际微生物共存体系净化土壤中有机污染物四个方面。

可以用于植物修复技术的植物几乎包括所有的高等植物,例如野生的花草树木以及栽培的草皮、树木、作物和蔬菜等。通常根据污染物的类型、污染位点特征

（水体或土壤）、植物的生物学与生物化学特征及其固定、降解、吸收污染物的能力来选择合适的植物进行污染位点的植物修复。在绝大多数情况下，能用作植物修复处理的植物应在污染和非污染的土壤或水体环境下都能正常生长，并没有明显的生长抑制现象。用超积累植物来治理重金属污染的土壤，如果植物生长受到明显抑制，则其去除污染能力便受到怀疑。

总之，广大游客和当地农民是乡村旅游目的地生态环境保护工作的主力军，也是最大的受益者。应当加强对目标人群的指导、培训和宣传教育，充分利用各种媒体，开展多层次、多形式的舆论和科普宣传，积极引导游客和当地农民从自身做起，自觉培养环境忧患意识，增强环保理念，参与环保实践，这是乡村旅游中生态环境保护工作开展的基础。

（二）制定乡村旅游规划，进行环境影响评价和环境监测

要合理制定对乡村旅游目的地的开发规划，在开发前期做好生态环境影响评价，做好开发以及经营过程中的环境监测，这样不仅可以防止对资源和环境产生巨大破坏，而且可以保障乡村旅游目的地的成功运作。因此，在对乡村旅游目的地做旅游区总体规划的编制时，一定要对旅游区的生物种群、地质环境以及所涉及的影响环境质量的所有因素进行认真的调查分析，保证在乡村旅游目的地的所有建设工作都必须按照适度、有序、分层次开发的原则，坚决杜绝任何形式的对生态环境产生破坏的行为。

在乡村旅游目的地的开发过程中，必须对每个开发项目都进行环境影响评价。环境影响评价的重点主要是乡村旅游对自然风景区资源和生态环境的影响评价、生态环境承载力和旅游容量的评价、生态保护和恢复的技术方案及管理措施评价、环境污染治理工程的评价、生态影响的损益评价等。

环境监测的目的是通过反馈信息检验和判断生态环境质量是否符合有关规定，建议决策部门采取防治措施。为此，各乡村旅游目的地的热点区域应当建立环境监测网络，监测手段除了化学分析和物理测定外，更重要的是生物监测。监测范围主要包括重要景点保护区、分散游览区等，内容涉及动植物生长繁殖情况，大气、水体及土壤污染的潜在危险及地质灾害等情况。

（三）预测生态环境承载力，实行区域轮休

生态环境系统是否平衡会直接影响乡村旅游目的地的质量。每一个旅游区

域都有自身的生态环境容量,容量的大小决定了旅游区域承载力的大小。对于每一个乡村旅游目的地来说,要想实现可持续发展,就要把旅游业的开发规模和旅游接待者、来访者的数量都控制在既能使旅游活动长期开展,又不会给目的地生态环境造成严重或不可逆的恶化水平之内。从这个意义上说,根据目的地的生态环境承载力决定对旅游发展的管理也自然变成实现旅游可持续发展的核心。因此,乡村旅游目的地的管理者应该在考虑旅游目的地自身特点的基础上,准确计算出该地区的旅游承载力,以实现科学管理。

生态环境在一定程度上具有自我修复的能力,但过多过频繁的人为活动会影响这种能力,于是就有专家提出:轮休制度,它原指在农业上某一个耕种时期内不种植农作物,使土地空闲以恢复地力。我国拥有丰富的乡村旅游资源,但目前乡村旅游产品形式单一且同质程度高,采用平铺式的开发利用只能造成资源的巨大浪费。将轮休制度应用于乡村旅游目的地的管理,可以改善这一缺陷。发展乡村旅游的地区在被开发利用的同时需要适时适度的休养来恢复植被、保持生物多样性,进而全面提升景点生态环境指数。对于那些短期生态旅游环境饱和或者超载的生态旅游区,应充分考虑旅游淡季的休养生息和环境补给,实现生态、旅游可持续发展。

二、生产环境管理策略

(一)改善基础设施

由于来乡村旅游目的地游玩的游客主要来自城市地区,因此目的地要努力优化设计布局并解决好便捷的通信网络、道路交通、公共设施、导游素质等配套问题。除此之外,还要重视旅游目的地环境以及接待设施的卫生与食品安全。在基本的生活条件与用品上要与城市接轨,例如厕所、厨房、用饭、用水、洗澡等基础设施及卫生的保障。必须要改善交通设施,其中最关键的就是要做好农村居民社区内外道路的建设规划、资源开发、绿化布局、生态保育、循环利用、景观维护和土地整理。还可以在城市与旅游目的地之间设立旅游专线,改善原有交通,这样一来,游客通往旅游地的道路也就畅通了。只有在基础设施完善的条件下,才能将乡村旅游目的地的魅力充分展现出来,从而增大留住游客获得经济效益的概率。综上所述,在发展乡村旅游的过程中,要不断改善农村环境与生产条件。

在完善乡村基础设施的过程中,主要障碍之一是资金投入不足,这就需要多方引资,加大资金的投入。在乡村旅游目的地的经营者资金筹集不足的情况下,政府为了帮助经营者获得所需资金,可以与银行合作推行具有扶贫性质的小额贷款,或者实施一些涉农优惠的政策,有选择地减免税费,降低农民和经营者的财务负担。最关键的是要鼓励民间资金投入到乡村旅游产品的开发和经营领域之中,拓宽融资渠道,通过多种渠道解决乡村旅游目的地的资金来源问题。通过对农民投资的积极鼓励,引导农民对乡村旅游项目的大力投资,这样可以有效提高农民参与的积极性。

(二)采用生态农业模式

生态农业模式是按照生态农业的本质特征,以合理利用资源、低耗、清洁化生产和高产、高效为目标,通过合理开发配置资源,实现生产与生态良性循环而设计的农业发展模式。更重要的是,农业发展模式可以极大地减少因为不当的农业生产、养殖和畜牧对生态环境带来的压力,利于建设生态乡村旅游目的。

借鉴国内外学者关于生态农业模式分类的成果,根据资源、物质循环的利用方式,生物之间、生物与环境之间的系统结构、功能关系,将我国现有的生态农业模式分为以下四种类型:物质多层利用型、生物互利共生型、资源开发利用与环境治理型、观光旅游型。

1. 物质多层利用型

物质多层利用型是按照农业生态系统的能量流动和物质循环规律构成的一种良性循环生态模式。在该模式中,通过增加生产环和增益环将单一种植和高效饲养以及废弃物综合利用有机结合起来,在系统内做到物质良性循环、能量多级利用,达到高产、优质、高效、低耗的目的。在该系统中,一个环节的产出是另一个环节的投入,让废弃物在生产过程中得到多次利用,形成良性循环系统,从而获得更高的资源利用率和最大的经济效益,并有效防止废弃物对农村环境的污染。该类型又可分为沼气利用型、病虫草防治型和产业链延长增殖型。

2. 生物互利共生型

生物互利共生型利用生物群落内各层生物的不同生态位特性及互利共生关系,分层利用空间,提高生态系统光能利用率和土地生产力,增加物质生产。这是一个在空间上多层次、在时间上多序列的产业结构类型,使处于不同生态位的各生物类群在系统中各得其所、相得益彰、互惠互利,充分利用太阳能、水分和矿物质营养元素,实现对农业生态系统空间资源和土地资源的充分利用,从而提高资源的利用和生物产品的产出,获得较高的经济效益和生态效益。生物互利共生型以先进适用的农业技术为基础,以保护和改善农业生态环境为核心,强化农田基本建设,提高单产。该类型又可分为农林牧副渔复合型、农作物复合种植型和其他复合型。

3. 资源开发利用与环境治理型

资源开发利用与环境治理型依据生物与环境相互影响的原理,以生态效益为主,兼顾经济效益,运用生态经济原理指导和组织农业生产,保护和改善农业生态环境与生产条件,提高农业综合生产能力,把人类农业生产活动纳入生态循环链内,参与生态系统的生物共生和物质循环,力求生态、经济和社会效益协调发展。该类型又可分为环境治理型和资源开发型。

4. 观光旅游型

观光旅游型是运用生态学、生态经济学原理,将生态农业建设和旅游观光结合在一起的良性模式。它是在交通发达的城市郊区或旅游区附近,以当地山水资源和自然景色为依托,以农业作为旅游的主题,根据自身特点,将旅游观光、休闲娱乐、科研和生产结合为一体的农业生产体系。观光旅游型生态农业模式是一种新的园林形式,是近年来新兴的城郊农业发展模式,其以市场需求为导向,以农业高新技术产业化开发为中心,以农产品加工为突破口,以旅游观光服务为方法,在提升传统产业的同时,培植名贵瓜、果、菜、花卉和养殖特种畜、禽、鱼以及搞第三产业等新兴产业,进行农业观光园建设,让游客在旅游中认识农业、了解农业、热爱农业。根据农业观光园的应用特点,将其分为观光农园、农业公园、教育农园三类,各类型中又包含多种模式。

(三)固体废弃物污染的防治

1. 垃圾收集设施

在乡村旅游目的地内,一定要放置足够的垃圾收集设施。这些垃圾收集设施包括日常使用的固体垃圾箱,也包括针对游客集中时在旅游旺季临时增加的垃圾收集设施。条件较好的乡村旅游目的地应当设置分类垃圾收集设施,督促游客对垃圾进行分类处理。除此之外,在乡村旅游目的地必须设立垃圾处理场和垃圾转运站,这些地方必须远离水源。在旅游旺季要额外做好垃圾处理工作,保证每日至少清运垃圾一次。

2. 堆肥处理

固体废弃物中的有机物在微生物的作用下,经过一系列生物化学反应,最后会形成一些类似腐殖质土壤的物质,这些物质可用作肥料,并且可以用来改良土壤。堆肥处理的方法对资金和技术的要求低,而且操作十分简单方便,所以在乡村可用于农村固体废弃物尤其是家庭固体废弃物的处理。在农村地区,主要采用秸秆及牲畜的粪便来进行堆肥。大量实践证明,如果把蚯蚓堆肥加到一般的堆肥程序中,可以有效缩短反应时间,提高堆肥质量,减少环境污染,控制有害细菌。

3. 填埋处理

垃圾填埋处理法就是把固体废弃物放到人为构造出来的空间内,然后对垃圾进行覆盖填埋的方法。卫生填埋的方法相比其他方法来说操作简单容易,而且成本比较低。在处理固体垃圾废弃物方面,这是使用率比较高的一种方法,它可以解决大量的生活垃圾。但是,这样简单的垃圾处理方法也存在一些缺陷。垃圾填埋需要大面积的土地来完成,而且受地质条件的影响较大,因此如何选址变得越来越困难。我国最常采用的方法是厌氧填埋法,具有操作简单、技术成熟、处理费用低、工艺简单、处理量大等优点,目前主要采用这种方法来对城市垃圾进行处理。这种方法能够实现资源的有效回收利用,减少对生态环境的破坏。

4. 焚烧

焚烧处理是一种高温热处理技术,即以一定的过剩空气量与被处理的有机废物在焚烧炉内进行氧化分解反应,废物中的有毒有害物质在高温中氧化、热解而被破坏,同时回收热能。其主要目的是尽量焚毁废弃物,最大限度地避免产生新的污染物质,尽可能避免产生二次污染。

5. 使用可降解地膜

农民为了减少支出,降低生产成本,在生产中会大量使用超薄地膜。这些超薄地膜质量都不好,稍微一用力拉扯就会损坏,回收起来难度较大,只能让这些超薄地膜遗留在土中,久而久之,就会有大量的农膜积累埋藏在土壤之下。而那些经过多年的累积被埋在地下的残膜碎屑,是没有办法进行清理的,最终成为农田的永久垃圾,对土壤造成永久性污染与破坏。针对这些白色污染,最重要的是要研制并尽快投入使用可回收和可降解的地膜。因此,要加快研发可替代现行的劣质塑料地膜的新材料、新产品,对已经取得防治污染的科研成果要大力推广,让这些有利于环境保护的科研成果能够最大限度地发挥功效。另外,在各乡村旅游目的地开展宣传活动,使广大群众和生产、销售企业都认识到塑料制品对大自然的污染,树立节约资源和保护环境的意识,自觉合理地使用生产资料,依法生产和销售合格地膜。

6. 增强环境意识

我国的农业生产由于长期受到粮食不足和贫穷的双重压力,常以牺牲生态效益、长远效益为代价来获取短期的"富裕",形成资源破坏和贫穷的恶性循环。与其他行业相比,全社会对农业的重视不够,农业资源的综合利用工作也相对落后。

在日益重视可持续发展的今天,首要的工作就是更新全社会的观念,强化人们对农业废弃物资源化利用的认识,充分认识到农业废弃物综合利用的经济与社会价值,认识到开展农业废弃物资源化利用是可持续发展的重要方面,认识到农业资源和环境资源过度消耗是导致环境退化和破坏的主要因素。因此,必须降低资源消耗,严格控制人口增长,改变农业消费结构。只有突破传统的资源、废弃物的概念,才能真正推动我国农业废弃物资源化利用的进一步发展。

三、人文环境管理策略

乡村人文生态是以自然生态为物质基础,人类孕育出的价值理念、思想意识与思维方式,以及由精神形态外显形成的民风民俗、宗法制度、宗教信仰等,反映了人与自然、人与人之间关系的生态制度、生态行为。换言之,乡村人文生态是不同区域的村民为了适应与利用当地自然生态、满足自身生存与繁衍需要所形成的精神、制度与行为。人文生态的形成过程与地域特色决定了建设主体必须是当地村民。

乡村人文生态建设是指整合传统人文生态资源,融合现代生态技术,构建符合乡村社会发展要求的人文生态体系,以帮助村民重塑生态观念,培养生态习惯。乡村人文生态建设是一项意识转变工程,仅凭注意事情而不注意人的法规约束难以取得实效,还需要伦理情谊化的、以人生向上为目标的乡约及使乡约精神见诸实际的宣传教育、经济实践与制度保障。具体策略如下。

（一）强化生态教育

当前，大多数对村民的生态教育都是生产常识的普及或者农业改良技术的推广。在农村人群文化水平普遍不高的情况下，提高广大农民的人文生态意识和认识水平可以通过开展宣传教育工作来实现，进而增强他们参与保护家园的意识。因此，对乡村旅游目的地村民的生态自觉意识的社会教育必不可少。传统的宣传培训方法有宣传标语、漫画海报、农业推广等。新的教育模式内容与其相比有所不同，如宣传者是乡村居民的代表，宣传者向村民反映的人文生态教学需求能够真实反映全体村民的意见，即教育方法和教育内容是由乡村旅游目的地的全体村民共同讨论、主动选择出来的。这种新的教育模式可以有效地提高村民对乡村人文生态社会教育的认可度，同时还可以为村民匹配合适的教员，向村民介绍新知识、新技术，拓宽村民的视野。

除此之外，要加大新闻媒体的宣传力度，及时报道生态建设和文化保护的先进典型和成功经验，调动农民群众参与农村人文生态保护的积极性和主动性。要用看得见、摸得着的身边事教育身边人，使农民学有榜样、赶有目标、做有信心，逐步推动农村人文生态保护科普工作的深入开展。

（二）保护民居风貌

在对乡村旅游目的地的民居建筑保护更新的基础上，要加强对周边环境节点的恢复性改造，重点恢复乡村旅游目的地的民居建筑的街面和巷道空间，保护乡村旅游目的地的民居建筑的标志性和完整性特征。要改善或完善乡村旅游目的地的民居建筑的文化休闲节点，将居民文化休闲活动场所与旅游观光休闲活动场所结合起来，以形成良好的民俗文化环境氛围，促进乡村旅游目的地的民居建筑区域的经济文化建设的良性发展。

除此之外，还要将乡村旅游目的地的民居建筑的保护更新纳入总体旅游规划体系之中。充分利用民居的历史人文景观及建筑文化特色，结合乡村旅游目的地的旅游文化资源，将其捆绑为旅游文化整体的一部分，使其成为当地重要的旅游目的地，以发挥该地区的整体旅游文化经济效应，增加乡村旅游目的地的民居建筑的人文活力和经济活力，同时促进该地区的良性发展和可持续发展。

在保护乡村旅游目的地的民俗民舍的同时，兴建体现乡村特色的新民居，不仅可以提升生活水平，还可以供游客观光游览，促进互补双赢。

（三）实施规范管理

地方各级政府在保护乡村文化和保障乡村旅游健康发展方面，必须强化政策引导，其中不断强化规范管理必将起到非常重要的引领作用。

首先是依法管理。市、县政府可以通过制定相关法规或管理条例，强调保护乡村旅游资源、文化资源和历史遗产，并坚持科学开发。县级以上的地方政府可以通过科学制定和严格实施规划确定乡村旅游开发的范围、规模、形式、容量等，力求做到项目或基地适度规模，实施开发与保护有机结合，尽量避免旅游开发对生态环境及乡村文化造成破坏。

其次是引导多元投入。各级地方政府可以通过财税和金融手段，激励旅游经营者有效保护乡村传统文化面貌和富有特色的"乡村性"旅游品牌。乡村旅游地所在县、市政府要力求把乡村旅游的合理开发与经营管理措施结合起来，将优化资源开发与品牌引领创业纳入地方特定的行政管理职能，同时要求各级职能部门深入调研，分析不足，梳理方向，明确责任，科学制定出乡村旅游相关管理办法或条例，对乡村旅游与生态保护以及文化传承的项目审批、经营管理、安全保障、配套设施、环境卫生等方面进行规范与监督，全面引导乡村休闲观光与人文生态旅游基地建设与优化经营，促使乡村旅游的家庭农场、合作组织与行业协会逐步创立，并规范走出一条自律管理与特色发展之路。

（四）人文旅游的开发利用

1. 民居建筑的开发和利用

住宿是游客最重要的基本需要，也是游客停留时间较长的地点。现代饭店服务功能的增加都是在满足游客住宿需求这一最根本、最重要功能的基础上的延伸。如何能使游客在享受舒适和休息的同时，领略民族独特的文化氛围、异地风情和异国情调，是值得我们去认真研究和开发利用的。

人类的居住形式是人类物质文化的反映，人们居住地的自然环境、气候条件、社会经济发展水平各异，因此，人们的居住习俗也就各具特色。民居建筑是时代的写照，是艺术、文化、科技高度集中的反映。各个历史时期的建筑，都反映了其所处时代的文化、民族和地域特色。所以，民居建筑有巨大的艺术容量和强烈的艺术表现力，它能映射某一文化环境中的群体心态，构成了人文旅游资源中一道绚丽的风景。在我国,至今仍能看到各种不同形式的民居建筑,它们几乎涵盖了人类早期建筑的各种形态,是宝贵的人文旅游资源。我们可以充分利用民居文化资源,建设具有民俗特色的饭店,如云南傣族的竹楼饭店、北京的四合院饭店、西北的窑洞饭店、草原的蒙古包饭店等,往往能吸引更多的游客。

2. 民俗节日的开发利用

从人类社会进入文明时代后,就形成了形形色色、数目众多的民俗节日、庆典活动,这是我们可开发利用的宝贵的人文旅游资源。节日文化是以文化活动、文化产品、文化服务和文化氛围为主要表象,以民族心理、道德伦理、精神气质、价值取向和审美情趣为深层底蕴,以特定时间、特定地域为时空布局,以特定主题为活动内容的一种社会文化现象。它是人类文化的组成部分,是社会文化的一个重要分支,是观察民族文化的一个窗口,是研究地域文化的一把钥匙。从中挖掘出内容健康向上、展示性强、独具特色的民俗节日、庆典活动,可使游客在浓烈的节日气氛中满足自身对物质、文化的需求。所以,充分利用民俗节日、庆典资源,推出丰富多彩的节日旅游产品,是发展人文旅游资源的最佳选择。

在某种意义上,民俗节日是该民族民俗生活的一次集中演练,是民俗活动的大展示,游客可以由此直接了解和考察该民族或地区的民俗生活,在群众性的狂欢中受到感染和熏陶,增加知识,得到休息、娱乐,使身心愉快和放松。在节日中,人们会把民族文化展现得淋漓尽致,把各种民俗娱乐活动推向高潮,这是游客平时看不到的风景,体验不到的民情,是一项待深层次开发的民族文化宝库。

3. 民俗娱乐活动的开发利用

为了改变游客"白天看庙,晚上睡觉"的单调、枯燥的旅游生活,我们必须重视娱乐、文化生活的开发、利用工作。在文化、娱乐方面,我国有丰富的人文旅游资源。民间文学作品如神话故事、娱乐故事、地方故事、民歌、民间戏剧等反映的物质生活和精神生活,既是当时社会、经济、文化、政治的一面镜子,也是一笔可开发利用来满足游客精神文化的需求的旅游资源。民间音乐、舞蹈以及体育是民族风俗文化的一部分,它们反映了民族性和兴趣爱好,具有广泛的群众性和参与性,能使游客休息娱乐、锻炼身体、愉悦身心。民族音乐、舞蹈以及体育应当成为重要的人文旅游内容。

第八章　乡村振兴战略下乡村旅游发展

第一节　乡村振兴战略下的乡村旅游发展概述

一、乡村振兴战略下乡村旅游发展要求

党的十九大报告高度重视"三农"工作,首次提出"乡村振兴战略",指出农业农村农民问题是关系国计民生的根本性问题,进一步强调必须始终把解决好"三农"问题作为全党工作重中之重的战略定位,并对相关工作进行了部署,为新时代农业农村发展明确了重点、指明了方向。

(一)实施乡村振兴战略的必然性与紧迫性

党中央一直坚持把解决好"三农"问题作为全党工作的重中之重,出台了一系列的支农强农惠农政策,极大地促进了农业农村发展。农业连年丰收,农民收入持续提高,农民生活质量显著提高,农村社会和谐稳定,社会主义新农村建设呈现新面貌,农业农村形势向好,为经济社会发展全局提供了基础支撑。

但同时,进入新时代,农业农村发展进入新阶段,农村发展不充分,成为全面建成小康社会的短板,主要体现在以下几个方面。

1. 农业发展质量效益竞争力不高

当前,国内农业生产成本持续上涨,与此同时,国际农产品价格持续下跌,国内农产品价格高于国际农产品价格,国内农产品与国际农产品相比缺乏竞争力,也导致国内农产品价格上涨难度加大,迅速上升的农业生产成本与较低价格的农产品价格导致农业经营效益不高。与此同时,农业资源环境约束日益强化,农业兼业化、农民老龄化趋势明显,"谁来种地","为何种地"问题突出,势必会影响现在乃至未来的农业发展质量效益

2. 农民增收后劲不足

农民收入主要由工资性收入、家庭经营性收入构成。目前农民的工资性收入

已经超过家庭经营性收入,成为第一大收入来源,但受整个中国经济进入经济新常态的影响,近几年外出农民工净增数量和工资水平出现增速"双降",在一定程度上限制了农民工资性收入的进一步增长。与此同时,受农业生产面临成本"地板"和农产品价格"天花板"这"两块板"的双向挤压,农民持续增收的压力越来越大。

3. 农村自我发展能力弱

从提出实施新农村建设战略开始,已经连续十多年对农村进行大量的投入,但结果却并不理想,有起色的乡村并不多,大部分农村还是老样子,环境脏乱差,大量的农村没有活力,没有生机,呈现一片萧条景象,农村发展的内生动力缺乏决胜全面建成小康社会,解决好"三农"问题迫在眉睫,振兴乡村势在必行。

有人认为通过工业化、城镇化发展就可以解决"三农"问题,这是非常片面的。一方面,作为国民经济的基础,农业为工业化城镇化的发展提供基础支撑,无论工业化城镇化如何推进,其基础地位都不会改变;另一方面,随着城镇化进程的推进,人们对能留得住乡愁的美丽乡村风光会有更多需求。此外,据测算,到2050年,即使中国城镇化率达到70%,仍然有4亿左右的农村人口居住在农村,基于人们对美好生活的向往,也需要农村更加富饶、美丽、和谐。

实施乡村振兴战略,是在中国特色社会主义进行新时代的背景下,党中央在深刻把握我国农业农村发展新阶段,立足我国城乡发展不平衡,着眼于确保如期全面建成小康社会和基本实现现代化、遵循以人民为中心的发展思想,对"三农"工作做出重大决策部署、提出新的目标要求,只有坚持农业农村优先发展,采取超常规振兴措施,推动资源要素向农业农村倾斜,才能加快补齐农业农村发展短板,缩小城乡差距,让农业成为有奔头的产业,让农民成为有吸引力的职业,让农村成为安居乐业的美丽家园。

(二)发展乡村旅游是乡村振兴战略的重要途径

党的十九大报告明确提出实施乡村振兴战略的总要求,即要按照"产业兴旺、生态宜居、乡风文明、治理有效、生活富裕"的总要求,建立健全城乡融合发展体制机制和政策体系,加快推进农业农村现代化,用20个字系统概括了新时代农业农村发展总要求。乡村旅游作为推进一、二、三产业融合的典型产业业态,其对农业农村农民的积极作用是完美契合乡村振兴战略对新时代农业农村发展的总要求。

（三）乡村振兴战略下发展乡村旅游的注意事项

党的十九大报告提出实现乡村振兴战略的总目标是促进农业农村发展现代化，相较于单一的农业现代化，农业农村现代化涵盖的范围更广，涉及农村的经济、政治、文化、社会、生态文明等各个方面，是要实现农村的全面发展和繁荣，以此为指导，在发展乡村旅游过程中应加强以下三个方面的工作。

1. 秉持可持续发展理念

乡村旅游是以乡村生态资源、乡村民风民俗等为吸引物而开发的一种旅游活动，有赖于良好的农村自然生态、良好的民风民俗，而如果通过发展乡村旅游造成对农村资源的肆意开发、环境生态的破坏、扰乱当地社会秩序等，乡村旅游也就成了无本之源，发展不可持续，也就不能实现农村的全面发展和繁荣。因此，在乡村旅游开发过程中要秉持一种可持续开发理念。这就要求发展乡村旅游：一要因地制宜，依托当地乡村旅游资源进行科学规划，引导乡村旅游有序开发；二要注重培养政府管理人员及乡村旅游从业人员保护生态环境、发扬农村优秀传统文化的理念；三要在发展乡村旅游过程中充分考量乡村旅游可能带来的负面影响，做好防范措施。

2. 与农村其他工作相结合

党和国家一直高度重视"三农"工作，尤其是党的十八大以来出台了许多政策措施，投入了很多资源以促进农业农村全面发展和繁荣，可将乡村旅游与国家正大力推进的农村其他工作相结合，如精准扶贫、美丽乡村建设等。通过将乡村旅游与农村其他工作相结合，一方面可以整合资源，弥补农村发展资金等资源的匮乏，对农村发展有利于形成更大效应；另一方面，乡村旅游与精准扶贫、美丽乡村建设等农村工作相互依赖、相互促进，有利于形成农村发展的良性循环，实现农村全面发展和繁荣。

3. 充分发挥政府引导扶持作用

为实现农村的全面发展和繁荣，在当前农业农村仍为发展短板的情况，要坚持农业农村优先发展，意味着尽一切可能促进要素、资源、公共服务等向农村倾斜，这一过程需要充分发挥政府引导扶持作用为乡村旅游的发展营造良好环境。一要制定乡村旅游发展的行业标准，明确乡村旅游发展方向；二要出台乡村旅游发展的政策,明确乡村旅游发展的管理机制;三要加强基础配套服务设施建设,补齐乡村道路、水、电、通信等短板;四要加强对乡村旅游的宣传推介,作为以自驾游为主的乡村旅游,游客是否前来游玩有赖于宣传推介,尤其需要政府对整个旅游地的整体宣传推广;五要创新各种体制机制为乡村旅游保驾护航,如设立乡村旅游专门发展委员会、投融资体制等。

二、乡村振兴战略下乡村旅游开发的模式

(一)田园农业旅游模式

田园农业旅游模式是以农村田园景观、农业生产活动和特色农产品为休闲吸引物,开发农业游、林果游、花卉游、渔业游、牧业游等不同特色的主题休闲活动来满足游客体验农业、回归自然的心理需求。

1. 田园农业游

以大田农业为重点,开发欣赏田园风光、观看农业生产活动、品尝和购置绿色食品、学习农业技术知识等旅游活动,以达到了解和体验农业的目的如上海孙桥现代农业观光园,北京顺义"三高"农业观光园。

2. 园林观光游

以果林和园林为重点,开发采摘、观景、赏花、踏青、购置果品等旅游活动,让游客观看绿色景观,亲近美好自然。

3. 农业科技游

以现代农业科技园区为重点,开发观看园区高新农业技术和品种、温室大棚内设施农业和生态农业,使游客增长现代农业知识。如北京小汤山现代农业科技园。

4. 务农体验游

通过参加农业生产活动,与农民同吃、同住、同劳动,让游客接触实际的农业生产、农耕文化和特殊的乡土气息。

（二）民俗风情旅游模式

民俗风情旅游模式即以农村风土人情、民俗文化为旅游吸引物，充分突出农耕文化、乡土文化和民俗文化特色，开发农耕展示、民间技艺、时令民俗、节庆活动农耕节气、农产品加工活动等，开展农业文化旅游如新疆吐鲁番坎儿井民俗园。

1.农耕文化游

利用农耕技艺、农耕用具农耕节气、农产品加工活动等，开展农业文化旅游。

2.民俗文化游

利用居住民俗、服饰民俗、饮食民俗、礼仪民俗、节令民俗、游艺民俗等，开展民俗文化游。

3.乡土文化游

利用民俗歌舞、民间技艺、民间戏剧、民间表演等，开展乡土文化游：如湖南怀化荆坪古村。

4.民族文化游

利用民族风俗、民族习惯、民族村落、民族歌舞、民族节日、民族宗教等，开展民族文化游如西藏拉萨娘热民俗风情园。

（三）农家乐旅游模式

农家乐旅游模式即指农民利用自家庭院、自己生产的农产品及周围的田园风光、自然景点，以低廉的价格吸引游客前来吃、住、玩、游、娱、购等旅游活动。

1.农业观光农家乐

利用田园农业生产及农家生活等，吸引游客前来观光、休闲和体验。

2.民俗文化农家乐

利用当地民俗文化，吸引游客前来观赏、娱乐、休闲。

3.民居型农家乐

利用当地古村落和民居住宅,吸引游客前来观光旅游。

4.休闲娱乐农家乐

以优美的环境、齐全的设施,舒适的服务,为游客提供吃、住、玩等旅游活动。

5.食宿接待农家乐

以舒适、卫生、安全的居住环境和可口的特色食品,吸引游客前来休闲旅游。

6.农事参与农家乐

以农业生产活动和农业工艺技术,吸引游客前来休闲旅游。

(四)村落乡镇旅游模式

村落乡镇旅游模式是以古村镇宅院建筑和新农村格局为旅游吸引物,开发观光旅游。

第一,古民居和古宅院游,大多数是利用明清两代村镇建筑来发展观光旅游。

第二,民族村寨游,利用民族特色的村寨发展观光旅游。

第三,古镇建筑游,利用古镇房屋建筑、民居、街道、店铺,古寺庙、园林来发展观光旅游。

第四,新村风貌游,利用现代农村建筑、民居庭院、街道格局、村庄绿化、工农企业来发展观光旅游。

(五)休闲度假旅游模式

休闲度假旅游模式是指依托自然优美的乡野风景、舒适怡人的清新气候、独特的地热温泉、环保生态的绿色空间结合周围的田园景观和民俗文化,兴建一些休闲、娱乐设施,为游客提供休憩、度假、娱乐、餐饮、健身等服务。

1.休闲度假村

以山水、森林、温泉为依托,以齐全、高档的设施和优质的服务,为游客提供休闲、度假旅游。

2. 休闲农庄

以优越的自然环境、独特的田园景观、丰富的农业产品、优惠的餐饮和住宿，为游客提供休闲、观光旅游。

3. 乡村酒店

以餐饮、住宿为主，配合周围自然景观和人文景观，为游客提供休闲旅游。

(六) 依托农业产业的旅游模式

依托农业产业的旅游模式是指利用农业观光园、农业科技生态园、农业产品展览馆、农业博览园或博物馆，为游客提供了解农业历史、学习农业技术、增长农业知识的旅游活动。

第一，农业科技教育基地是在农业科研基地的基础上，利用科研设施作景点，以高新农业技术为教材，向农业工作者和中小学生进农业技术教育，形成集农业生产、科技示范、科研教育为一体的新型科教农业园。

第二，光休闲教育农业园，利用当地农业园区的资源环境，现代农业设施、农业生产过程、优质农产品等，开展农业观光、参与体验、DIY 教育活动。

第三，少儿教育农业基地，利用当地农业种植、畜牧、饲养、农耕文化、农业技术等，让中小学生参与休闲农业活动，接受农业技术知识的教育。

第四，农业博览园，利用当地农业技术、农业生产过程、农业产品、农业文化进行展示，让游客参观。

(七) 回归自然旅游模式

回归自然旅游模式是指利用农村优美的自然景观、奇异的山水、绿色森林、静荡的湖水，发展观山、赏景、登山、森林浴、滑雪、滑水等旅游活动，让游客感悟大自然、亲近大自然、回归大自然。

三、乡村振兴战略下乡村体验旅游创新发展思路

随着近年来旅游业的高速发展，乡村振兴战略下乡村体验旅游越来越成为当今旅游发展潜力巨大的一支新生力量，旅游业的竞争重心，也正逐步由基于价格的竞争转变为基于体验价值的竞争。乡村旅游因其具有更优良的体验感知特征

而成为近二十年旅游产业持续稳定的增长点,以体验为主导的乡村旅游开发研究成为人们关注的焦点。

(一)体验经济与乡村旅游开发关联性

对于旅游者而言,旅游产品是从背包外出旅游开始到再次回到家中这一时间段中的所有经历的总和,而在这一过程中,旅游者消费的不是某些具体的产品或是资源,而是付出了自己的时间、情感及行动从这个角度来看,旅游者需求的本质就是想获得一个独特、愉悦而又难忘的旅游体验。在体验经济的背景下,旅游企业经营的核心也不仅仅是提供某一产品或服务,而是为旅游者创造美好而快乐的回忆和体验。与传统旅游相比,体验旅游具有更大的优势。乡村旅游是以乡村地域和乡村风情为主要吸引物,吸引游客前往观光、学习及休息的旅游活动,其本质是向旅游者提供认识及体味农家生活的某种体验,由此可见,乡村旅游与体验经济之间有着天然的耦合性。

(二)乡村体验旅游开发的必要性

由于起步较晚,乡村体验旅游的开发目前还处于不发达阶段,尤其在实践中还存在着一些亟待解决地突出问题,主要表现在以下几个方面。

1. 项目开发普遍缺乏规划,同质化现象严重

我国乡村旅游项目大多投资及经营规模较小、组织形式分散,在乡村旅游开发过程中,许多地区对农业休闲文化还没有认真了解,便仓促的进行乡村旅游的开发,地方政府也缺乏具体的政策性引导及专项规划统筹。旅游产品要具有多元化与特色化的特点,只有这样才能满足游客个性化特色的体验要求,但由于进入门槛较低,很多地方为了追求经济效益,忽视对于市场的分析和规划论证,盲目开发。有的仅就现有农村景观资源略加修改而并未对旅游产品特色特点予以充分体现,从而极大地影响旅游产品的吸引力打造及游客的回访,不利于游客个性体验需求的满足。

2. 产品缺乏深层次开发,季节性显著

当前国内许多乡村旅游产品缺乏与本土资源的深度挖掘与有效整合,忽视对传统乡村文化、宗教理念、社会组织、家庭关系、乡村建筑、生活方式、乡村节庆等

旅游资源的有效利用,旅游产品开发深度不够。千篇一律的产品模式难以形成独特卖点及旅游吸引力,使得游客逗留时间短,消费支出受到抑制。另外,受自然气候影响,乡村旅游的季节性较为明显旺季旅游者的过度集中会为旅游目的地带来环境以及设施上的较大压力,而在淡季又出现了大量的资源、设施闲置的情况。对游客而言,旺季旅游者过于拥挤,而淡季又找不到乡村旅游的吸引点,不能很好地享受乡村田园的农家生活。

3. 体验型活动项目较少,旅游者参与度不高

随着体验经济时代的到来,传统的旅游产品已经越来越难以满足不断变化发展的旅游者的需求,人们参与乡村旅游的目的,除了进行传统农业观光,同时还希望借助各种体验型旅游产品更全方位、多角度的体验及感受乡村生活。由此可见,体验将是旅游者未来乡村旅游的主要动机之一,而体验型旅游产品的设计也将是乡村旅游可持续发展的一个重要方面。但就目前情况而言,绝大多数的乡村旅游产品开发还维持在初级阶段,更多的是依托现有资源优势对产品进行初级开发以满足旅游者需要,产品设计缺乏参与性及趣味性,旅游者的参与性不高。

4. 乡村旅游产品链不完善,旅游设施设备不足

旅游者在选择乡村旅游体验的同时,除了追求与城市居住环境不一样的青山绿水、田园风光,势必也会考虑游览过程中的各种基础配套设施,即"食住行游购娱"六要素。许多乡村旅游项目仍然停留在"吃农家饭、住农家屋、干农家活"的初级阶段,更有甚者误以为乡土设施越土、越旧越能吸引旅游者。在乡村旅游开发的过程中,某些元素的开发还略显滞后。如餐厅不满足卫生检疫标准,道路、停车场等达不到景区运营的标准,娱乐设施不足且缺乏特色等问题均成为直接影响游客综合体验的重要因素。

(三)乡村体验旅游开发的策略

1. 识别旅游资源,确定开发方向

首先,应对乡村旅游资源进行调研分析,并对其进一步的梳理分类。其次,针对乡村旅游资源进行评价,基于旅游资源评价的结果对资源进行适度的筛选、优化及整合,使乡村体验旅游开发具备相应的设计依据及物质依托,对于乡村旅游的评价可以从定性及定量两个角度做出定性评价方法主要是景区需对自身既有

的乡村旅游资源整体情况与其他景区做相应的比较分析,在此基础之上最终确定景区的相关特色和垄断资源定量的评价方法则可以考虑运用国标法,即依照旅游资源共有因子综合评价并系统赋分。其由系统评价项目及评价因子组成,评价项目由要素价值(从珍奇度、完整性、观赏游憩价值、规模丰度及历史文化价值等几方面进行评判)、资源影响力(从适游期、知名度、影响力几方面进行评判)、附加值(从环境安全及保护角度评判)等指标构成,评价项目及评价因子最终用量值来表示,根据旅游资源的实际情况分别对应予以赋分。

2. 细分旅游市场,明确客群定位

针对目标细分市场进行乡村旅游产品的设计及市场策略的制定,企业的经营才能更有针对性,才能为乡村旅游者留下更好的旅游体验。需要针对乡村旅游市场,按照旅游者的年龄、受教育程度、职业、收入、学历等指标,将客源市场按照相关标准进行分类。在市场细分的基础上,按照细分变量的特征,需要仔细深入地分析具有这种细分变量特征的旅游者的消费特征和消费习惯,并结合企业的竞争环境、乡村旅游经营者自身的竞争能力以及针对目标客群提供体验式旅游产品的难易程度,选择一个或多个目标细分市场,根据不同细分市场的旅游者需求开展相应的乡村旅游体验活动。

3. 定制旅游产品,差异化营销策略

观光体验型产品营销策略,此类产品是需要旅游者借助观览来完成的旅游活动,游客与乡村旅游资源之间的交流是观赏,包括林地、湖泊、瀑布等自然生态景观,蔬菜、良田、果园等乡村田园景观以及耕作、灌溉等乡村农事活动等。

这类产品的开发主要针对期望回归自然的银发市场、学生市场、商务市场、婚庆蜜月市场等。在宣传产品的过程中需强调乡村旅游景区拥有哪些良好的生态环境,突出"绿色""生态""回归自然",可采用广告促销和网络营销、旅游企业营销相结合的方式。针对学生及婚庆蜜月旅游市场可制作优秀的 DV 作品、摄影作品及微电影等,传达一种美好的旅游情怀和意念,在网上通过微博、微信、旅游门户网站、视频网站、社区论坛等媒介进行广泛传播,或与重要城市知名婚纱影楼合作,拓展景区作为婚庆及摄影的长期外景拍摄基地,赠送门票折扣券吸引拍摄照片的新人在景区旅游,并通过引导影楼及顾客在微博、微信等社交媒体上发布相关照片及文字的方式,为潜在目标客户获取景区信息提供便捷渠道。针对中老年旅游市场,增加宣传画册、明信片等营销工具的应用,在各大旅行社、酒店、商场、

公园等位置散发。针对商务群体,可在繁华的街道、高档写字楼入口、机场、高速公路出入口等树立广告牌,展现乡村旅游景区的自然风光、生态美景,固定与几家大型的旅行社进行长期合作,给予适当优惠,将景区纳入其必游线路。也可考虑与携程等在线旅游网站开展相关合作,打破传统营销模式,实现对景区门票的电子化销售。与人气团购网站如美团、大众点评网等展开团购营销,将景区一日游、二日游等旅游线路实现限期团购营销,从而吸引大量游客。

4. 休闲体验型产品营销策略

对于旅游者而言,乡村旅游活动除了乡村景观的观光之外,还包括采摘、耕种、野营、漂流、拓展训练等户外体验活动,休闲体验型产品因其游客停留时间长、旅游活动松弛平和、重游率高等特点受到旅游市场的欢迎。

此类产品主要针对银发市场、文化市场、商务市场、自驾游市场、家庭自助市场等针对偏好此类型旅游产品的旅游者在旅游过程中的节奏相对平和松弛,因此在产品营销过程中应该主打"休闲""健康""养生"闲适""雅致生活""乡村度假"等主题。同时了解旅游者需求,根据旅游者实际需求组合整体产品,如推出家庭乡村度假套餐,白领乡村度假套餐、中老年乡村度假套餐。另外,需结合乡村特色旅游资源并以此为基础开发大型主题节庆活动,以此开发旅游产品一年四季的价值,并通过新闻媒体曝光吸引游客关注,提高乡村旅游景区的品牌知名度。针对老年客群,可选择他们比较习惯接触的媒体如电视、报纸、广播等进行景区的宣传报道,如可考虑通过电视的旅游频道以图文并茂的方式宣传景区,同时还要注意与当地老年组织保持较为紧密的联系,争取他们的支持和配合。针对家庭旅游游客群体,借助社区便利店、美发店、洗车行、城市公园、照片冲印店等场所设立售卖点,扩大产品销售,与知名户外俱乐部进行广泛合作,挖掘自驾车客源市场。

5. 文化教育体验型产品营销策略

偏好此类产品的旅游者一般都具有较高的文化修养,有较高层次的旅游需求及文化追求,他们外出旅游的目的除了观光和休闲外,更多的是希望能够在旅游的过程当中获取知识、有所学习。

因此此类产品的针对性也较强,主要针对文化市场、学生市场等。在宣传此类产品时,应该主要强调景区深厚的文化底蕴,强调乡村旅游地丰富的历史遗存和人文景观,可针对客群特点开发主题文化游,如"名人主题游""历史文化怀古游""乡村探秘游""寻找乡村的记忆之旅"等,以增强对专项市场的吸引力。举办文化研讨、考察及文化名人对谈活动,邀请文化研究机构、民间艺术家、文化协会、资深宗教人士等。开展定期考察、学习及文化交流活动,使乡村旅游目的地成为国内专业人士关注地及文化旅游的重要目的地,开展竞赛营销,组织以乡村文化为主题的竞赛,诸如赛诗、赛文章、摄影、乡村文化研究等,借助主流媒体新闻报道,吸引游客光顾旅游。

第二节　乡村振兴战略与田园综合体

一、田园综合体及特点

(一)田园综合体概述

1. 田园综合体的提出背景

2017 年 2 月 5 日,"田园综合体"作为乡村新型产业发展的亮点措施被写进中央一号文件,原文如下:支持有条件的乡村建设以农民合作社为主要载体、让农民充分参与和受益,集循环农业、创意农业、农事体验于一体的田园综合体,通过农业综合开发、农村综合改革转移支付等渠道开展试点示范。

经济发展进入新的阶段后,在不同发展时期,需要做好文件处理工作,以政策引导作为基础,现代化农业取得突出的进步,基础设施不断改善,以产业规划和布局为前提,需要了解市场的实际发展需求,根据市场发展空间以及扩展情况可知,要明确改革的后续要求。长期以来,都市农业发展侧重于农业发展的各个方面,考虑到产业的优势,要做好复杂的系统处理工作,提前进行治理,使其满足应用要求。在新的发展形势下,田园综合体应运而生,要创新路径,实现整体进步。

2. 田园综合体的核心内涵

田园综合体是集农业、休闲和旅游等为一体的一种发展模式,田园综合体符合现代化发展要求,根据实际布局和应用情况可知,在各个发展过程中,要严格按照流程要求实施,实现田园综合体的进步

田园综合体以企业和地方方式作为基础,考虑到农村合作社以及其他载体等要求,农民要积极参与到其中,在乡村社会整体分析过程中,提前进行规划和处

理,此外兼顾到运营、开发以及农业等模式要求,必须做好概念分析工作。田园综合体是结合乡村地域空间的概念,考虑到农业、农村用地等要求,复合化处理是关键。在各个园区要明确产业融合要求,不断促进经济转型。田园综合体是跨产业和功能性的综合载体,根据项目的应用要求可知,在多功能以及多业态分析阶段,必须明确产业和功能分区的要求,做好集聚工作,提升综合效益。

(二)田园综合体的特点

1. 功能复合性

产业经济结构多元化,由单一产业向一、二、三产业联动发展,从单一产品到综合休闲度假产品开发升级,从传统住宅到田园体验度假、养老养生等为一体的休闲综合地产的土地开发模式升级。在一定的地域空间内,将现代农业生产空间、居民生活空间、游客游憩空间、生态涵养发展空间等功能版块进行组合,并在各部分间建立一种相互依存、相互裨益的能动关系,从而形成一个多功能、高效率、复杂而统一的田园综合体。而现代农业无疑是田园综合体可持续发展的核心驱动。

2. 开发园区化

田园综合体作为原住民、新移民、游客的共同活动空间,在充分考虑原住民的收入持续增收的同时,还要保证外来客群源源不断地输入,既要有相对完善的内外部交通条件,又要有充裕的开发空间和有吸引力的田园景观和文化等田园综合体做成的方式、选址方式、产业之间关联度、项目内容如何共存、要有并行,运营模式、物质循环、产品关联度、品牌形象都需要考虑。

3. 主体多元化

田园综合体的出发点是主张以一种可以让企业参与、城市元素与乡村结合、多方共建的"开发"方式,创新城乡发展,促进产业加速变革、农民收入稳步增长和新农村建设稳步推进,重塑中国乡村的美丽田园、美丽小镇。一方面强调与原住民的合作,坚持农民合作社的主体地位,农民合作社利用其与农民天然的利益联结机制,使农民不仅参与田园综合体的建设过程,还能享受现代农业产业效益、资产收益的增长等;另一方面强调城乡互动,秉持开放、共建思维,着力解决"原来的人""新来的人""偶尔会来的人"等几类人群的需求。

二、乡村振兴战略下田园综合体发展要求

乡村振兴战略下田园综合体的发展和管理是个复杂的过程,在发展阶段,针对当前存在的各类问题,要突出实际优势。

(一)打造现代化农业示范基地

现代化生态农业示范基地的建设是个复杂的过程,考虑到区域的概况,要做好配套设施落实工作农业种植园和园林景观等需要结合在一起,按照流程进行。例如蔬菜种植园和果树种植园等要配备鱼塘和水池等,注重农业种植和园林景观的融合和进步,此外以渠道建设为例,具备现代化灌溉技术,在不违背国家土地管理规定的前提下进行,主体建筑可以选择架空结构,蔬菜培养阶段,提前保护耕地主体建筑可选择架空结构,直接应用到农业生产中,现代化生态农业示范基地以科学技术为核心,如何做好推广是重点,要注意可循环低碳生产模式的有序应用。在基地建设过程中提前进行规划和指导,考虑到采摘以及整个应用要求,要让受众感受到田园风光和农业魅力,提升整体价值,保证产业生态更有活力。

(二)注重高科技元素的应用

和普通的农业结构相比,现代化生产管理是关键。在实施阶段引进高校、科研所培育的品种,以高科技空间预设为前提,可以采用光伏电板发电,一体式种植机、植物墙、垂直多层水培种植蔬菜,增加土地利用面积和种植面积,提高土地利用率。以一体化管理作为基础,需要实现浇水和施肥的自动化,节省劳动力。高校和科研院校要建立战略合作关系,充分利用高校、科研院所等创新资源。以校企科技平台建设为基础,成立科研中心队伍,打造农业专家。此外科学家作为主体的科研技术团队,在科技成果孵化管理中,要做好技术辅导工作,成立专门的工作站,整合资源,提前进行研发处理,满足实际要求。

(三)提升农民综合能力

现代化农业基地建设对从岗人员的综合能力有一定的要求,在实施过程中要做好观念和理念预设工作,以技术职能指导和管理方式落实等为前提,采用新设备和新工艺等,能满足实际工作要求现代化农业基地建设需要高素质的技术人员,在操作过程中提供更多的技术,满足农业发展要求,促进整体进步。

(四)建立多元化模式

以现代化农业基地建设为前提,要打造观赏农田,在区域规划和预设过程中,乡村振兴战略下田园综合体保持田园特色,此外在基础保证设施建设中,实现现代化居住功能。以城市和乡村人员的整体化管理为例,城区居民和农民等统一参与到项目中,在实践中相互了解和交流,不断促进农业产业升级,让农民充分收益,增加整体收益。

三、乡村振兴战略下田园综合体构建

(一)乡村振兴战略下田园综合体发展模式的背景

1. 经济新常态下,农业发展承担更多的功能

当前我国经济发展进入新常态,地方经济增长面临新的问题和困难,尤其是生态环境保护的逐步开展,对第一、二产业发展方式提出更高的"质"方面的要求,农业在此大环境下既承担生态保护的功能,又承担农民增收农业发展的功能。

2. 传统农业园区发展模式固化,转型升级面临较大压力

农业发展进入新阶段,农村产业发展的内外部环境发生了深刻变化,传统农业园区的示范引领作用、科技带动能力及发展模式与区域发展过程中条件需求矛盾日益突出,使得农业园区新业态、新模式的转变面临较多的困难,瓶颈明显出现。

3. 农业供给侧改革,社会资本高度关注农业,综合发展的期望较强

经过十余年的中央一号文件及各级政策的引导发展,我国现代农业的发展迅速,基础设施得到改善、产业布局逐步优化、市场个性化需求分化、市场空间得到拓展,生产供给端各环节的改革需求也日趋紧迫,社会工商资本也开始关注并进入农业农村领域,对农业农村的发展起到积极的促进作用。同时,工商资本进入该领域,也期望能够发挥自身的优势,从事农业生产之外的二产加工业、三产服务业等与农业相关的产业,形成一、二、三产业融合发展的模式。

4. 在新土地政策影响下,需寻求综合方式解决发展问题

随着经济新常态,国家实施了新型城镇化、生态文明建设、供给侧结构性改革等一系列战略举措,实行建设用地总量和强度的"双控",严格节约集约用地管理。先后出台了《基本农田保护条例》《农村土地承包法》等,对土地开发的用途管制有非常明确的规定。特别是《国土资源部农业部关于进一步支持设施农业健康发展的通知》的发布,更是将该要求进一步明确,使得发展休闲农业在新增用地指标上面临着较多的条规限制。

综上所述,现阶段,传统农业产业园区发展思路已经不适合新形势下的产业升级、统筹开发等要求,亟须用创新的方式来解决农业增效、农民增收、农村增绿的问题,乡村振兴战略下田园综合体就是比较好的创新模式之一。

(二)乡村振兴战略下田园综合体的建设意义

近年来国内休闲农业与乡村旅游热情正盛,而乡村振兴战略下田园综合体作为休闲农业与乡村旅游升级的高端发展模式,更多体现的是农业园区的发展思路,是将农业链条做深、做透,未来还会将发展进一步拓宽至科技、健康、物流等更多维度,未来很长一段时间,"农业园区"的田园综合体模式将会大放异彩。乡村振兴战略下田园综合体的出现,是伴随现代农业发展、新型城镇化、休闲旅游而发展起来的"农业文创新农村"开发的新模式,是一种大势所趋,它是区域经济社会和农业农村发展到较为发达新阶段的产物,是中国农业新跨越的创新载体,其重要意义可归结为以下几个方面。

1. 乡村振兴战略下田园综合体是资源优化配置的"驱动器"

以乡村振兴战略下田园综合体建设为契机,整合土地、资金、科技、人才等资源,促进传统农业转型升级。

(1)创新土地开发模式

乡村振兴战略下田园综合体保障增量、激活存量,解决现代农业发展的用地问题。2017年中央一号文件专门强调提出,要完善新增建设用地的保障机制,将年度新增建设用地计划指标确定一定比例,用于支持农村新产业、新业态的发展,允许通过村庄整治、宅基地整理等节约的建设用地,通过入股、联营等方式,重点支持乡村休闲旅游、养老等产业和农村三产融合的发展。

（2）创新融资模式

乡村振兴战略下田园综合体解决了现代农业发展、美丽乡村和社区建设中的钱从哪儿来和怎么来的问题经济社会发展必须都要有经济目标，工商资本需要盈利、农民需要增收、财政需要税收、国内生产总值需要提高，多主体利益诉求决定了田园综合体的建设资金来源渠道的多样性，同时又需要考虑各路资金的介入方式与占比，比如政府做撬动资金，企业做投资主体，银行给贷款融资，第三方融资担保，农民土地产权入股等，这样就形成田园综合体开发的"资本复合体"田园综合体需要整合社会资本，激活市场活力，但要坚持农民合作社的主体地位，防止外来资本对农村资产的侵占。

（3）增强科技支撑

科技是现代农业生产的关键要素，同时还是品质田园生活、优美生态环境的重要保障，全面渗透、支撑田园综合体建设的方方面面。为降低资源和环境压力，秉持循环、可持续发展理念，以科技手段增强对生态循环农业的支撑，构建农居循环社区，在确保产业发展、农业增收的条件下，改善生态环境，营造良好的生态居住和观光游憩环境。

在乡村振兴战略下田园综合体里面，科技要素的关键作用已经由现代农业园区生产力提升的促进剂，转变为产业融合的黏合剂，这是科技地位本质性改变的地方传统的科技是促进生产效率提升，产品质量和效益提高，现代的科技是能够促进业态效率提升和业态融合，如物联网技术的应用，降低生产成本、提高生产效率的同时，更能促进与消费者之间的互动，有助于建立良好的信任关系。因而从这个意义上说，科技的出发点和要素作用已经发生了改变。

（4）促进区域经济主体的利益联结

通过乡村振兴战略下田园综合体模式，解决几大主体之间的关系问题，包括政企银社研等不同主体以往的农业园区只能解决其中 2～3 个主体之间的关系，现在通过复合体的利益共享模式结构，将关系完全捆绑融合到一起。

2. 乡村振兴战略下田园综合体是产业价值的"放大器"

田园综合体模式强调其作为一种新型产业的综合价值，包括农业生产交易、乡村旅游休闲度假、田园娱乐体验、田园生态享乐居住等复合功能田园综合体和现代农业、旅游产业的发展是相辅相成的，农业生产是发展的基础，通过现代高新技术的引入提升农业附加值，休闲旅游产业需要与农业相融合，才能建设具有田园特色的可持续发展的休闲农业园区，休闲体验、旅游度假及相关产业的发展又依赖于农业和农副产品加工产业、从而形成以田园风貌为基底并融合了现代都市时尚元素的田园社区。田园综合体做的是现代农业、加工体验、休闲旅游、宜居度假,并作为新型城镇化发展的一种动力,通过新型城镇化发展连带产业、人居环境发展,使文化旅游产业和城镇化得到完美的统一。

3. 乡村振兴战略下田园综合体还是城乡统筹发展的"交响曲"

在不同的发展阶段,生产要素的关键地位会不断变化,采用田园综合体的发展模式,生产要素及其余产业的关系更加重要,所以问题必须从生产力要素的问题转向生产关系的问题。自十六大以来逐步确立的统筹城乡发展,工业反哺农业、城市支持农村,建设社会主义新农村,城乡经济社会发展一体化等一系列重大举措,标志着我国的城乡关系进入了一个新的历史阶段。然而这种城市带动乡村、乡村城市化等模式,背后隐含着的主导思路依旧是城市处于绝对主导地位,而乡村的本体地位、能动作用往往处于次要位置。

乡村振兴战略下田园综合体,以乡村复兴为最高目标,让城市与乡村各自都能发挥其独特禀赋,实现和谐发展。它以田园生产、田园生活、田园景观为核心组织要素,多产业多功能有机结合的空间实体,其核心价值是满足人们回归乡土的需求,让城市人流、信息流、物质流真正做到反哺乡村,促进乡村经济的发展从城乡统筹发展的视角出发,打破城市和乡村相互分隔的壁垒,逐步实现城乡经济和社会生活紧密结合与协调发展,逐步缩小城乡差距,使城市和乡村融为一体,而乡村振兴战略下田园综合体正是形成城乡经济社会一体化新格局的重要载体

（三）乡村振兴战略下田园综合体建设的路径

1. 建设定位上,突出绿色发展,乡土文化

强调绿色的农业生产生活方式,建设生态文明的田园综合体。在充分挖掘当地资源优势和文化特色的基础上,注重保护自然环境,强调绿色发展。资源利用方式从粗放型转变为经济型、集约型和环境友好型,使得农村质量与当地环境功能区相对应,让居民共享城乡融合发展和美丽乡村成果。同时,结合美丽乡村建设和乡村振兴战略,采取自上而下的顶层设计和自下而上的逐步推动,通过建设原生态自然环境、独具特色的建筑风格、较为完善的基础设施建设等推动建设"一村一品"特色村,形成各具特色的田园综合体。

为此,要重视文化在田园综合体和美丽乡村建设中的重要作用,深入挖掘当

地的传统历史文化,包括物质文化遗产和非物质文化遗产,以及民俗民艺,打造乡村文化艺术活动及文化艺术节,提高田园综合体的文化内涵。将绿色发展和文化创意融入一、二、三产业融合和"三生"同步过程中,将农村传统文化、民俗民艺与农业技术、农事活动结合起来,发挥产业价值的乘数效应,使之真正成为农民安居乐业的美丽家乡、城市人们向往的世外桃源。

2. 建设内容上,重点推进一、二、三产业融合与"三生"同步发展

在田园总体的具体建设过程中,要围绕农业田园综合体的建设理念、功能区域和主要模式,结合中央一号文件精神和党的十九大精神,重点推进农村一二三产融合发展和生产生活生态同步发展。为此,需要从以下几个方面发力。

(1)搭建田园综合体发展平台

遵循创新、协调、绿色、开放、共享的发展理念,采取绿色集约可持续发展的开发方式,集约化利用农业土地,加强综合体内部的"田园+农村"基础设施建设、健全水电路建设和污水废弃物处理系统,建设良好的新时代乡村风貌。

(2)加快培育新型农业经营主体

田园综合体是依托农业合作社发展的,因此,田园综合体的建设离不开新型农业经营主体,为此,要加快职业农民培训,充分发挥返乡创业农业转移人口的才能,通过土地流转、股份合作等方式促进农业适度规模经营,逐渐形成大中小型田园综合体同步发展的态势。

(3)完善田园综合体的服务功能

田园综合体集循环农业、创意农业、农事体验于一体而形成的宜居宜业特色村镇,为此,要不断完善体系内的生产、加工、消费和服务体系,建设适应市场消费者需求的公共服务平台,聚集现代生产要素和主体资源,促进城乡一体化融合发展。

3. 实施路径上,充分发挥政府和市场机制作用,完善体制机制

乡村振兴战略下田园综合体建设内容丰富,覆盖全面,对资金、土地、科技、人才等要素的需求较大,要坚持以政府投入和政策支持为方针,充分发挥市场在资源配置中的决定性作用,更好地发挥政府的作用,从自上而下的规划引导和自下而上的推动实施出发,激发田园综合体建设的内生动力和创新活力。

(1)多方主体共同发力

作为推进城乡融合发展及乡村振兴的田园综合体,需要各级政府、企业、新型经营主体和农户共同参与建设其中,政府通过顶层设计及颁布政策为田园综合体建设提供规划和引导,企业和村集体组织通过规划设计形成具体的建设方案和推进措施,并提供物质保障,合作社和农户则参与具体的建设过程,充分发挥其主体作用,并形成良好的利益分享机制。

（2）在资金投入上,改进财政资金投入方式

调整财政资金投入结构。综合考虑运用农业财政补助、贴息、基金担保、风险补偿金等多种方式,支持规划建设方案合理的田园综合体发展,在前期规划审核、中期进展检查和后期项目验收阶段提供不同比例的财政支持,提升财政资金使用效益和使用质量同时,充分利用公私合营融资和社会资本,为田园综合体建设输入资金。

（3）创新土地开发模式

充分利用合作社、家庭农场等新型经营主体及现有休闲农业、观光农业的资源条件,引导有意愿的主体参与田园综合体建设完善新增建设用地的保障机制,在保护现有耕地的基础上适当开放用地资源,允许村庄通过整治土地、土地入股等方式支持田园综合体建设,探索解决田园综合体建设用地问题。

（4）完善科技人才和服务支撑体系

田园综合体建设作为一种新型现代化乡村发展模式,其发展离不开科技支撑。为此,需要通过加大科技资金投入力度、提高农业技术人员比例、优化农业技术服务体系结构等方式,提高科技服务人员的质量和水平。坚持市场在资源配置中的决定性作用,更好地发挥政府作用,使田园综合体建设走上良性发展的道路。

第三节　乡村振兴战略下智慧乡村特色小镇发展

一、智慧乡村旅游与特色乡村小镇

（一）智慧乡村旅游概念的界定

1. 智慧化

智慧是智力因素的综合体现,是随着各种知识和技能不断积累,综合素质得

到不断提升的一种能力。简而言之,智慧即是指在面对某事物时,能够迅速、灵活、正确地理解并予以解决的一种能力,是人们在现实生活中得以赖以生存的所必须具备的基础前提条件。

智慧化是在智慧的基础上向外扩展延伸出来,其内涵已不仅限于智慧的含义。这里的智慧化是指通过利用各种现代科学技术,使某事物在其某种功能方面实现全面自动化和智能化。如某一物业管理产业利用新一代的信息技术使某个小区在规划和管理、资源分配、服务等方面实现全面自动化时,物业管理产业的发展基本上也就实现了"智慧化"发展,图书馆通过利用新的信息技术,实现功能升级,能够达到一次服务的同时做多件事情或是多次服务只做一件事情,关注整体效果和效益,在决策、管理和服务等方面实现全面自动化。这时,可以说图书馆踏出了向智慧化发展的关键一步。而当乡村旅游的发展通过各种现代科学技术全面达到了感知自动化、信息数字化、信息传播网络化、服务自动化、管理智能化和决策智慧化的程度时,即可称之为乡村旅游实现智慧化发展。

2. 智慧乡村旅游

陈刚、童隆俊、金卫东在《智慧旅游:南京之探索》一书中指出,智慧旅游是一种将物联网、云计算、下一代通信网络、高性能信息处理、智能数据挖掘等技术应用于游客感知、行业管理、旅游产业发展等方面,使旅游物力资源和信息资源得到高度系统化整合和深度开发,并服务于游客、旅游企业、政府管理部门等面向未来的全新的旅游业态。乡村旅游智慧化就是将智慧旅游运行过程中所使用到的新技术对乡村旅游进行有效嫁接之后的一种新型的乡村旅游方式,是对乡村旅游未来发展方式的一种全新的升级。

通过对乡村旅游和智慧旅游的定义进行详细的分析、理解,将两者进行有效的结合,对乡村旅游智慧化的概念给出了一个全新的定义,即通过智慧的乡村旅游管理平台,利用物联网、云计算、RFID 等高端技术,借助感知系统主动感知、识别、判断并及时发布有关乡村旅游资源、活动、旅游者等各方面的乡村旅游信息,全面实现乡村旅游从管理、营销到服务的整个运营过程的自动化和智能化,使游客的旅游需求得到满足,同时,也为乡村旅游景区、相关旅游管理部门以及乡村旅游企业在监督、管理和发展方面提供便利的一种全新的乡村旅游方式,乡村旅游智慧化也可简称为智慧乡村旅游。

（二）特色乡村小镇概述

1.美丽乡村的内涵

党中央谈到建设社会主义新农村的重大历史任务时，提出和建设美丽乡村相关的一些要求，例如"生产发展、生活宽裕、乡风文明、村容整洁、管理民主"等。在中央发布的文件中，曾明确提出建设"美丽乡村"，同时进一步加强农村生态建设、环境保护和综合整治工作。

2.特色小镇的内涵

特色小镇并不是行政区域意义上的一个镇，也不是类似产业园区的一个区域的划分。特色小镇的定义是按照创新、协调、绿色、开放、共享发展理念，根据地区的优势和特色融合产业发展、文化内涵、旅游、社区功能的创新创业发展，是一种将"产、城、人、文"四位一体有机结合的重要功能平台。

3.美丽乡村和特色小镇的协同性

特色小镇某种意义上可以说是美丽乡村升级，无论是在模式、体量、逻辑上看起来和美丽乡村有很大的不同，但追溯本源，却能够发现二者的很多相通之处。特色小镇的发展是借鉴于美丽乡村的发展经验，融合科技和创新，建设成以产业为依托的聚合区域，相比美丽乡村在很多地方都有了创新和发展。随着多地特色小镇的建设获得了极大的成功，特色小镇又成了美丽乡村借鉴的范本，二者在不断吸收融合的过程中获得了更好的发展。

（1）乡村文化特征主要靠特色小镇表达

美丽乡村的建设往往要依托一些具有特色的景观和文化，实际上这也是一种"特色小镇"的体现。随着乡村的发展和建设，传统的乡村景色和乡村文化也发生了很大的改变，因此体验乡村美景和文化的方式也都需要进行相应的改变，需要借助一些物质文化进行表达。从而让观光旅游的游客和企业能够更加直观的体会乡村特色。

（2）乡村旅游资源依托特色小镇延伸

很多地方在建设美丽乡村时没有进行统一的规划，导致很多乡村旅游是分散的，这样不仅不利于管理，也不容易形成规模，在资源整合方面就可以借鉴特色小镇。因为特色小镇通常能够将具有相同特色和类型的产业结合起来,并形成一定的规模,这样更利于小镇长远的发展。

(3)乡村创业平台依托特色小镇发展

通过融合特色小镇,还能够有效解决了当地乡村农民返乡创业及就业问题。可以通过创建乡村或社区创业服务社的方式,为有创业意愿的年轻人和返乡工作的年轻人搭建创业平台,提供一定的资金和技术支持,带动乡村经济更好发展。

二、乡村振兴战略下智慧乡村特色小镇发展举措

(一)乡村振兴战略下智慧乡村特色小镇的内涵

乡村振兴战略下智慧乡村特色小镇在广义上指乡村特色小镇的全方位信息化,即通过建设宽带多媒体信息网络、地理信息系统等基础设施平台,整合小镇信息资源、建立电子政务、电子商务、劳动社会保险等信息化社区,共享信息化资源,逐步实现小镇国民经济和社会的信息化。

国内特色小镇发展之风盛行,但智慧乡村特色小镇建设尚未有一个统一的整体规划、建设标准等,很多智慧乡村特色小镇建设处于探索阶段,智慧乡村特色小镇建设涵盖方方面面,涉及领域众多,智慧乡村特色小镇的建设不是机械的"功能相加",最关键的是功能的融合,使小镇成为有山有水有人文特色的宜居、宜业、宜游的人居创业福地。

(二)乡村振兴战略下智慧乡村特色小镇的建设方案

从智慧家庭到智慧社区,再到智慧小镇,智慧已成为一个城市、一个乡镇、一个社区的名片,而智慧平台的建设是一个涉及多种技术、应用于多个领域、服务于多个对象的多维立体的复杂系统。搭建一套合理的智慧解决方案,是最终实现乡村振兴战略下智慧乡村特色小镇科学、高效、和谐、便捷发展的基础。

1.建设内容

在实现智慧小镇的解决方案和建设内容上、推荐围绕智慧民生、智慧政务与智慧产业,合理化顶层设计、完善智慧应用、搭建公共基础与信息化基础平台等几个要素,以达到智慧平民化、普及化、科技化、效能化的目的。

（1）顶层设计

顶层设计没有一个固定的构架,做到合理实效、因地制宜才是科学的、顶层设计要充分考虑政府主导与市场主导两个要素。政府主导是指政府部门必须依据城市发展方向、发展目标,结合城市规划及城市定位,并经充分市场调研及技术论证后,有选择地架构顶层设计内容,如城市管理、公共服务、社会管理、市场监管等。而市场主导是指在法律法规及相关政策规范下,依据顶层设计架构内容,打造相应的公共应用支撑平台及公共信息基础设施,以满足社会信息化应用及企业信息化应用等要求。融合政府主导与市场主导,以实现问题、业务及目标三个导向,实现高效决策、便捷服务、统筹集约及精细管理四大目标。顶层设计首先要有合理的目标体系,对每一个具体目标的价值,目标之间的关联,是否有可行性及什么先做、什么后做等做了细致的分析,从全局的视角出发,对整个架构的各个方面、各个层次,各种参与力量、各种正面的促进因素和负面的限制因素进行统筹考虑,以避免工程技术可行而目标设计不合理现象。

（2）智慧应用

民政之间、民企之间、企政之间信息对称、信息互通、信息共享才能让智慧应用得以生存推进,所以在智慧小镇的建设过程中要着重树立面向场景的、微小的、能解决实际问题的智慧应用:通过实现业务系统的信息资源共享与交换,以数据获取和整合为核心,来推动各职能部门基础数据的统一管理。

（3）信息化基础设施建设

乡村振兴战略下智慧乡村特色小镇建设的关键是信息化基础设施,在基础设计的建设过程中,我们的解决方案是本着技术合理、适度超前的原则,优先建设通信网络、感知网络、数据中心以及覆盖整个小镇的便民服务终端网络。

（4）公共基础平台建设

要适当以现有的信息系统与资源为基础,统筹规划,推进统一的信息支撑平台建设:一要延伸信息网络,发展面向城乡居民一体化的信息系统,建立健全公共资源共享服务体系;二要建设完善、便利、快捷的民生服务体系;三要推进信息化在城镇管理和特色产业发展中的应用,同时开展面向基层政府和部门的乡镇电子政务应用。

2. 建设方案与功能体系

根据对项目的理解及建设方对项目的定位与需求,在方案设计中,最终形成的架构模式为:以智慧旅游为主线,建设一个标准数据库,打造三大功能平台,推出 17 个应用系统的智慧乡村特色小镇方案。

（1）标准数据库建设。在镇政府数据中心建设一个服务全镇可扩展的标准基础数据库。

（2）打造智慧民生服务平台、智慧产业平台、智慧政务管理平台。

第四节　乡村振兴战略下抱团取暖型"共享农庄"研究

一、抱团取暖型"共享农庄"发展理念

（一）"共享农庄"基本概念

共享农庄是以农民专业合作社、农村集体经济组织等为主要载体，以各类资本组成的混合所有制企业为建设运营主体，以信息技术为支撑，以农业和民宿共享为主要特征，通过"互联网＋现代农业"技术建设集循环农业、创意农业、农事体验、服务功能于一体的农业综合经营新业态。

"共享农庄"是共享经济的一种新形态，是共享经济在农业经济领域的表现形式，其本质是弱化"拥有权"、强化"使用权"的共享型农业生产和消费模式。即把共享理念带到农村经济发展中去，重新整合农业闲置资源、农业生产者、农业消费者之间的关系，打造共享的农业生产、流通、消费模式通过移动互联网等信息技术，构建共享农庄查询与交易平台，让城市居民"租赁"到农场中的土地，以家庭为单位共享土地的绿色产物和劳作模式，并以此为突破口，充分利用农村的自然景观、田园风光、乡土文化等资源，带动乡村民俗、创客空间、户外运动、自然教育等新型业态发展，推动三产融合发展和美丽乡村建设。

（二）"共享农庄"核心要素

共享农庄也包括五个核心要素，即农业闲置资源、可转移的使用权、扁平化运维、信息共享和高速流动性。

1. 农业闲置资源

农业闲置资源是开发共享农庄的基本前提，随着我国城镇化的快速推进，农

村劳动力大量转移至城市地区,使农村土地、房屋、生产设备等闲置资源增多,大量土地撂荒、屋舍破败、设备老化,不仅不利于美丽乡村建设,也无法为这些资源的潜在需求者所利用,造成极大的浪费。农业闲置资源为共享农庄建设提供了基本资源,而共享农庄发展模式则为限制资源效益转化、改善供需结构性不匹配提供了可行途径。

按照要素的类别,农业闲置资源可以分为三类,分别是土地、劳动力与农业设备按照土地附着物和产出品类别,土地又可分为基本农田、果园、林地、鱼塘、屋舍等不同类型,共享农庄发展要求共享的资源信息透明、公开、共享,其市场交易行为属于卖方市场,因此闲置农业资源必须具有较高品质,能够保证土地产出的农副产品具有较高质量,屋舍具有特色风情、舒适性,否则将无法吸引消费者购买和消费。

2. 使用权转移

农业闲置资源的使用权可转移至农业消费者。土地使用权的转移表现为可直接有偿提供给农业消费者使用,也可以是消费者虚拟占有土地使用权,而最终获得土地产出或享受居住权的形式。因此,此处的土地"使用权"转移主要从土地最终使用的环节考虑,即"使用权"转移到消费者,而非一般意义上的农民土地承包的流转。

劳动力使用权的转移是消费者在一定期限内雇佣农村劳动力参与农业生产,并支付给受雇者一定经济报偿的行为,同样,设备使用权的转移是消费者租赁农业生产设备从事农业生产并支付给设备所有者租金的行为。

3. 扁平化运作

节约中间交易、流通环节。通过信息化平台,消费者与土地承包经营权拥有者直接沟通交易,使用权拥有者本身即是消费者,也可以成为实际生产者,实现产出与消费直接对接和"所见即所得"的生产消费模式,大大减少流通环节,降低空间距离的影响。

4. 信息共享

利用互联网直接跨接农业资源与消费者,实现信息的完全公开、透明、共享。具体为:①闲置农业资源及特色产出的信息共享,消费者可以充分获得资源信息,并以此决定是否购买服务;②农业生产过程的完全可视化,不受时间、空间限制而能随时查看,实现所见即所得;③消费者对闲置农业资源、所雇农民、托管服务、产出品的品质等评价完全公开、可见,对共享农庄的生产过程进行全程在线监督,对产品可溯源追踪,促使其保持服务品质,形成循环、闭合的发展模式。

5.快速流动性

资源使用权可事先约定时限,到期后使用权可收回继续出售给他人,使用权的转移具有时间短、频次高的特性。根据农业产出的周期特点,可按季度、年度出售,一般转移时间间隔为数月到数年。

二、"共享农庄"现代价值

第一,发展"共享农庄"是解决农产品滞销、价格波动问题的有效手段。发展"共享农庄",一个重要目的就是利用互联网、物联网技术,发展定制农业,打破传统的农产品销售流通形态,由消费者决定种什么、种多少、怎么种,最大限度地减少无效供给,扩大有效供给。

第二,发展"共享农庄"是解决美丽乡村建设缺少商业模式和持续运营能力问题的有方抓手。发展"共享农庄",是解决全域旅游示范省创建过程中产品单一、水平较低问题的重要举措。海南旅游产品以观光产品为主,主要集中在"阳光、海岸、沙滩"方面,旅游新业态新产品供给不足。发展"共享农庄",就是深度挖掘农业农村生态价值,高层次、高品位地开发乡村旅游资源,打造集循环农业、创意农业、农事体验于一体的特色田园综合体,满足消费者对田园生活、康体养生的新需求,引领新的生活方式。

第三,发展"共享农庄",是从根本上解决贫困户持续稳定脱贫致富问题的有效途径。贫困户参与建设运营"共享农庄",可以通过土地经营权的流转、民房等闲置资源的盘活利用、土地使用权益入股等方式,获得稳定的财产性收入,可以通过管护农庄、代耕代种等方式在农庄务工,获取工资性收入,可以通过将农产品作为旅游商品销售,获得经营性收入。

第四,发展"共享农庄",是解决农耕文化传承问题的创新方式。海南省希望在发展"共享农庄"的过程中,按照当代精品、后世文物的要求,为后代留下一些有品位、有品质的庄园,而不是建设一批千篇一律的"火柴盒"等。实现这样的目标,需要大量有知识、有文化、有资本的新农人参与。海南发展"共享农庄",就是要吸引这样的新农人来农村,通过他们来打造集人文要素、生态要素、科技要素、创意要素于一体的农庄,从而有效挖掘、保护和传承农耕文化,提升农业、旅游的品质和文化底蕴。

第九章　乡村旅游振兴可持续发展

第一节　可持续发展概述

一、乡村旅游可持续发展的条件

(一)乡村性是乡村旅游可持续发展的前提条件

从供给角度来看,建设社会主义新农村为乡村旅游的发展提供了难得的历史机遇,乡村旅游的供给动力来自农民对现代化的追求。农村与城市在基础设施、医疗卫生、文化教育、经济收入、社会保障等方面的巨大差距,使广大农民向往城市生活,具有强烈的现代化诉求。同时,乡村旅游的本质特征是"农游合一",广大农民"亦农亦旅",既不离土也不离乡,可以就地将生活性资产和生产性资产转化为经营性资产,特点是投资小、风险小、经营灵活、不误农时,具有明显的本土性,非常适合农民经营,是广大农民脱贫致富、实现现代化梦想的最佳途径之一。

乡村风光、乡村民俗、乡村生活、乡村生态等成为旅游活动的对象物,使旅游活动和产品系列更加丰富,旅游者所获得的体验更加全面,旅游者选择乡村旅游的动机主要有回归自然的需要、求知的需要、怀旧的需要与复合型需要。无论从供给角度还是需求角度,乡村性的内容都是乡村旅游的核心要素,"乡村性"是乡村旅游整体推销的核心和独特卖点。

"乡村性"是界定乡村旅游的最重要的标志。存在于乡村的资源可能并不都具有独有的"乡村性"特征,例如,乡村建筑在经济较发达的乡村已具有明显的城市化的特点,传统的建筑景观可能已荡然无存。但具有吸引力、能成为旅游开发资源的景观必须是具有典型"乡村性"的景观,所以,乡村旅游资源的景观构成是具有显著指向性的,而不能仅仅从存在于某种空间范围内的景观形态来确定。

乡村旅游可持续发展的前提条件是保持乡村旅游的乡村性,但是,在乡村旅游发展的过程中,乡村性却遭到极大的戕害,比如,乡村民俗的商业化问题、乡村景观的城市化问题、乡村旅游产品低层次化问题、乡民在旅游发展中的边缘化问题等。乡村旅游乡村性的丧失意味着乡村的独特生态环境和民俗文化将不复存在，这往往导致其吸引力将衰竭，使乡村旅游的可持续发展成为空谈。所以，乡村性是要保证乡村旅游的可持续发展前提条件。

（二）乡村旅游开发应遵循科学的文化观和经济观

近年许多西方发达国家的游客前来我国旅游的动机，虽名目繁多，但仍可以发现其中的一个重要热点，即是仰慕中国悠久的游牧、农耕文明史以及围绕此而产生的不胜枚举的名胜古迹。他们认为最能拿得出富有吸引力的旅游产品——诗意绵绵、古朴淳厚的田园之美，以满足其返璞归真的愿望的"回归自然"的旅游意向应首推中国的乡村旅游。

多年来，由于观念信息和教育文化的障碍，广大农民过着自给自足的小农经济生活，习惯了日出而作日落而息的生活，他们年年岁岁围绕着家里的几亩土地转，他们的思维已经形成定势，被田地牢牢地束缚住，关于发展问题他们想得少，甚至不敢想，跳出农村看发展的人更少。因为信息落后，外界的消息他们几乎一无所知，他们不愿走出山村，不敢参与到外界轰轰烈烈的经济社会发展建设中。

所以，只有实现了乡村文化的自主和和谐发展，才能实现经济的自主和健康发展，才能实现乡村旅游的可持续发展。

二、实现乡村旅游可持续发展的目标

可持续发展的乡村旅游，应当是一种生态合理、经济可行、社会适宜的旅游活动，是一种高效低耗、无公害的旅游活动，要改变传统的发展观念，杜绝短期行为，是实施乡村旅游可持续发展的关键所在。对乡村旅游来说，其可持续发展要求在时间尺度上强调既要满足当代人旅游与旅游开发的需要，又不能危害后代人满足自身旅游需要的能力。在空间尺度上，要提高旅游者和当地居民的旅游质量，维护乡村旅游发展的持续性，并与周边区域和谐共处、资源共享。在开发广度上，要协调乡村"独特性"与旅游开发，环境保护和旅游开发之间的矛盾，注重乡村资源、经济、文化、社会、环境的协调发展。所以，乡村旅游可持续发展的目标可以归结为生态平衡、文化平衡、经济平衡、相对公平4个方面。

三、振兴乡村旅游可持续发展的方法

(一)发展乡村教育,提高乡民的文化素养和审美鉴别能力

乡村旅游发展的过程中强势文化对弱势文化的冲击是不可避免的,旅游开发中出现的主客双方不对等现象、"飞地"现象和"新殖民主义"现象,都源于乡村落后的文化教育。要大力发展乡村教育,提高当地居民的文化素养和鉴别能力是乡村文化传承发展的根本。由于旅游客源地和旅游目的地之间的主客双方的交往与相互作用存在非均衡关系,乡村文化受到的各种戕害,都源于乡村文化教育发展的落后。通过发展教育,培养原居民的民主观念和主人翁意识,培养其乡村文化保护与传承的自觉意识,提高其文化素养和审美鉴别能力,提高其保护与科学开发乡村的自我传承能力,实现乡村旅游的人本化,保证乡村旅游的可持续发展。

(二)发展乡村经济,构建农业循环经济产业链

"旅游脱贫""旅游拉动相关产业的发展""旅游拉动内需"就是乡村社区发展旅游业的目标之一,乡村旅游一直被看作乡村经济甚至文化及城乡一体化发展的"万能药"受到推崇。乡村旅游的发展要靠乡村支柱产业经济的健康发展作为强大经济后盾。乡村的支柱经济产业是农、林、牧和农副产品加工工业。要实现乡村经济的健康快速发展,就要构建科学的以粮食及其他农副产品龙头加工企业为依托的农业循环经济产业链,以畜牧、水产生产加工企业为依托的畜牧、水产加工循环经济链条,以秸秆综合利用为重点的秸秆循环经济链条大力发展绿色、有机、无公害原料,加工企业要采取先进节能、无污染技术改造传统工艺,提高企业的经济效益,以林业及其加工业为依托的林业循环经济链条。

(三)发展乡村旅游,构建理想的旅游环境

乡村旅游的长远目标是建设发达的田园化乡村,构建理想的人居环境和生命栖息地,构筑和谐的旅游环境。这样旅游环境既面向城市居民,也面向乡村居民,使乡村居民不仅获得经济收益,更获得现代旅游的精神满足。在构建人居环境和旅游环境的过程中,旅游开发需要制定科学的旅游规划,对核心资源进行重点开发,对不同需求层次分别开发。同时,加强对旅游者的教育,端正其旅游心态,树立科学的旅游观,建立控制和优化"大旅游"的系统旅游观,要加强乡村旅游伦理

教育,树立基于生态链的遵循 3R(reduce 减量化、reuse 再利用、recycle 再循环)原则的旅游生产发展观,提倡文明化、减量化和无害化绿色旅游消费观。面对"旅游示范效应"所带来的各种文化冲击,乡村基层组织和人民要头脑清醒、提高警惕,取其精华、去其糟粕,丰富和提高乡村文化的整体抵抗力,要在保持乡村特色与精髓的基础上,积极学习外来文化,使乡村文化得到保护、传承和发扬光大,并逐步建立起一个以人为本、尊重乡土文化、尊重乡土自然、包容差异的旅游新环境,进而促进乡村旅游向健康、稳定、繁荣和可持续的方向发展,实现乡村旅游的规范化、生态化及和谐化。

第二节　振兴乡村旅游经济的可持续发展研究

一、乡村旅游开发对农村经济的影响

乡村旅游开发对提高乡村居民的工资性收入能起到一定的作用,特别是对于中西部地区来说,乡村旅游是农村吸引城市,欠发达地区吸引发达地区居民前来消费的一种手段,从而使得乡村地区和欠发达地区能够分享东部城市化和工业化发展的成果。所以,乡村旅游开发对农村经济的影响,可以从几方面理解。

(一)扶贫作用

乡村旅游开发对乡村经济最大的影响是能够对贫困地区起到扶贫作用主要表现在促进当地对外开放、对内搞活、发展横向经济联合、解决劳动就业等方面起到了积极作用,从而使"一座山搞活一地区、一座湖繁荣一个县、一个洞富裕一个乡"的现象屡见不鲜。农村旅游开发适合农村环境与小规模旅游经营,使农村和农户受益。

(二)产业影响

乡村旅游能使农业与第三产业相互结合,是推动传统农业向"高新技术、高附加值、高效益"现代农业转化的途径之一,是实现旅游行业中"高投入、低风险、高收益"经营策略的新选择。由于乡村旅游开发带动了农村通信的发展,也为农村中小企业的发展带来了新的动力。

（三）综合效益

乡村旅游开发能够起到促进农村经济发展、提高农民收入、保护农村文化、稳定社会等作用，如果农村旅游开展得较好，旅游经济可以占到农村地方经济总量30％左右的份额。特别是乡村旅游通过旅游消费可带动农村通信、交通、加工、餐饮、娱乐等其他产业的发展，因而具有较高的经济效益。另外，还具有解决农村剩余劳动力就业等方面的社会效益以及农业固有的生态效益，所以乡村旅游也具有较高的综合效益。

（四）对周边农村的影响

乡村旅游开发不仅对本村的经济社会具有积极的作用、也对周边农村经济产生巨大的直接或间接的带动作用，此外，还增强了各相邻农村对环境资源保护的意识。因此，乡村旅游开发有利于农民收入的提高，农户只有参与乡村旅游开发才能受益更多。

二、乡村旅游经济可持续发展的途径

乡村旅游经济的可持续发展，要求旅游业的发展既能够为旅游者提供高质量的旅游产品，又能够使旅游接待地区的农民生活水平和质量得到改善，两个目标缺一不可。因而，实现乡村旅游经济可持续发展的途径有以下几个方面。

（一）乡村农业经济与旅游经济协调发展

乡村旅游经济有一个基本要素与农业经济是一致的，那就是"靠天吃饭"，这里的"天"是指乡村的自然环境，也就是说乡村旅游经济发展的依托条件还是乡村自然环境。所以要实现乡村旅游经济的可持续发展，离不开保护当地农村自然环境。旅游经济和农业经济的和谐共处是乡村旅游经济可持续发展的一个重要体现，不能因为旅游经济的强劲发展而使农业经济趋于萎缩，那样无异于在乡村地区又制造出一个城市，如果彻底丧失了乡村气息，旅游目的地对旅游者的吸引力也将逐步减弱。但是，旅游的发展也不可能使农业经济一直保持原貌，它必然要适应形势的发展而进行调整。因此，把握乡村旅游经济发展的"度"，是乡村旅游经济可持续发展的关键。换句话说，乡村旅游经济的最终目标不能简单定位为利润的最大化，而应考虑其生态和文化等综合因素。

(二)减少乡村旅游收入的漏损,提高当地农民的旅游收入

通常乡村地区的旅游收入乘数效应比较低,这主要是由于旅游收入的漏损非常严重。因为乡村旅游的投资者大多数是外地人,而且相当多的旅游商品产自外地。漏损程度可以根据流出当地经济的资金比例确定。显然,那些能减少流失的地区,能够让更多的最初消费在当地经济中流通。而那些依赖本地以外的人力、物质和资本的地区,必定会因支付这些服务费用而受到损失。所以,主要依靠自身资源维持旅游业发展的地区,更有可能实现农村经济社会的繁荣与和谐。大量事实证明,旅游企业管理权和控制权在外来者手中时,必然会阻碍当地旅游业的健康发展,宾馆、饭店、汽车公司、缆车公司等,所有这些乡村旅游中最赚钱的企业往往都是由外地投资者所拥有,而当地又依赖于这些企业来输出自己的旅游产品。

因此,发展乡村旅游要让当地人或当地企业成为旅游开发、经营和管理的主体,充分参与其中。政府应鼓励当地农民直接参与旅游的经营与管理,避免旅游区内的旅馆、餐馆和旅游商品的经营被外地企业所垄断,要从立法方面尊重和保护当地农民的利益,明确规定当地农民参与旅游业应达到的比率。

(三)严密监测与评估乡村旅游发展的规模和风险

由于乡村地区脆弱的自然环境、落后的传统农业经济以及处于弱势地位的文化传统,使旅游开发很容易导致乡村生态环境出现不可逆转的破坏,保持乡村地区旅游的可持续发展,应科学、合理地在其环境承载范围内进行。因此,必须对乡村旅游开发的环境容量进行监测和评估。

第三节　振兴乡村旅游文化的可持续发展研究

一、乡村旅游文化可持续发展的战略选择

(一)指导思想

乡村旅游文化可持续发展的任务是相当艰巨的,面临的问题也是迫切需要解决的。为了促进乡村经济、社会,生态等的全面发展,以及社会主义新农村建设与和谐

社会的构建,必须要有一个全新的文化发展战略,这种战略的指导思想可以概括为多元化、非均衡、逐级推进、综合发展。多元化是指各地文化发展战略要因地制宜,不同地区不同时期可以采取不同的发展模式,非均衡是指在不同时期、不同条件下,发展的重点地区应当有所不同,逐级推进是指文化的发展要与物质的发展达到"互动式平衡",或者说二者发展的"和谐",也就是说物质文化要求精神文化必须与之相适应,综合发展是指在发展的过程中,应当兼顾各种效益,力求协调发展。

(二)构建原则

旅游地是能提供所有旅游产品以及旅游经历的一个社区(一般需要一定规模的人口聚居点),乡村旅游地突出了旅游产品的"乡村性",强调了旅游经历的文化体验过程。根据上述指导思想,乡村旅游可持续发展的战略制定需要考虑以下几个方面的原则。

1. 可持续发展原则

发展原则是指乡村旅游地的可持续发展。这也是乡村旅游项目可持续发展的必备条件。可持续发展是当今资源开发利用的主导模式,以发展为核心,综合考虑影响发展的各种限制性因素,特别是文化变迁可能带来的不良后果,使之能够形成良性循环的发展路径。

2. 文化自由选择的原则

自觉意识是文化变迁的内在动力,因此,充分尊重乡村居民对文化的判断和对文化自由选择的权利也是制定发展战略所必须遵循的原则。从这个原则出发,要认识到乡村旅游地的旅游发展需要"政府主导模式",这是乡村居民权利的保障,有了这种保障,才能充分发挥乡村居民的主观能动性和创造性,才能制定出切实符合实际情况和人民意愿的发展战略。

3. 突出地方特色的原则

对于乡村旅游地而言,乡村旅游文化是外来文化与地方文化、现代文化与传统文化的复合体。它不仅是进入市场的品牌和市场竞争的起点,还是乡村传统文化变迁的重要依据,并可以演化为传统文化传承的载体,因此,要以少数民族文化和乡土文化为核心,提高乡村旅游产品的品位和档次,对景区景点的开发,要保持其固有特色,突出其不同之处,注重其"原汁原味"的本色,营造特色鲜明的乡村特色。

4. 社区参与的原则

发展乡村旅游必须明确"扶贫"这一主题，要把乡村旅游项目的开展作为扶贫工作来做。同时，要体现乡村旅游开发的普遍性和农民参与的普遍性，政府要积极引导农民参与旅游业发展，要让农民既是旅游扶贫的对象，又是参与旅游业发展的生力军，使社区居民参与文化的继承和发展，提高其对自己文化的认识和自觉意识，决定文化传承和发展的途径，最终让农民成为真正的最大受益者。

二、乡村旅游文化可持续发展的战略设想

(一)目标

根据上述原则和乡村旅游地可持续发展的目标，以及目前乡村旅游地存在的普遍问题，提出"发展中保护"的战略设想，总体思路是"乡村旅游发展中的乡村文化保护"，从而形成"发展—保护—发展"的可持续发展道路。

乡村文化发展目标就是以鲜明地方特色的乡村旅游文化为标志，引导乡村文化的现代化变迁，根据乡村发展的需求，乡村文化建设既能融入现代社会发展，同时又具备独自文化特色的新型乡村文化体系。

(二)途径

乡村旅游地的发展需要"政府主导"模式，这是乡村居民权利的保障，有了这种保障，才能充分发挥乡村居民群体的积极性和创造性，才能使乡村旅游地文化良性的变迁与发展。因此，乡村旅游地文化要围绕总体思路——"乡村旅游发展中的乡村文化保护"来进行发展，其保护方式为政府主导，保护者(主体)主要包括地方政府、旅游企业、社会力量，保护的对象(客体)是文化传承方式、文化变迁途径、文化创新力。

三、乡村旅游文化可持续发展的战略体系

(一)政府主导

乡村旅游地政府在乡村旅游发展中所扮演的角色是推动者而不是经营者，它应该为乡村旅游发展指明方向，并为乡村旅游发展服务，为小规模的经营者和非

正规部门创造良好的发展环境,这样才能够促进乡村旅游朝着可持续和符合全社会整体利益的方向发展。

1.加强宏观管理

首先,乡村旅游地政府要把乡村旅游的管理纳入政府的行政管理职能,纳入政府的远景规划,各级政府职能部门要明确责任,制定出乡村旅游相关管理办法或条例,对乡村旅游的规划审批、经营管理、安全管理、环境卫生等方面进行规范与监督,引导其逐步走向行业协会自律管理。政府应该通过开发政策、土地和水资源管理计划、提供人力和财力管理等方式,有效干预乡村旅游的发展,协调各方面的利益,从而达到对乡村旅游的宏观管理。

2.正确把握文化的发展方向

在现代化的标准体系内,乡村在经济发展中应该寻找自身文化与其他文化联动发展的切入口,实现文化的整合,从而实现自己的现代化,获取经济效益和社会效益双赢的结局。其根本目的在于获得自己文化的地位,成为多元文化格局中的被承认和赞赏的一员。因为每一个地域都有其独特的文化,各个地域的文化也并非出自一源。因此,政府要通过各种宣传方式和各种媒体使人们树立正确的文化发展观,强调文化发展的多元性,这样有利于克服不同文化之间的偏见,使其认识到自己的文化有其独到的价值和魅力。

3.制定相应的政策予以扶持

现阶段,我国将乡村旅游纳入城市普通休闲体系,由此导致了乡村旅游地与城市休闲体系形体上的相似。掩盖了乡村文化的光辉,失去了"异域风光"的新奇,人们看到了"趋同"表现。乡村地区的经济发展和社会进步不能也不应该是简单的"克隆",其特殊性不仅仅是经济发展问题,乡村的发展没有已经规定和预设的道路,不应该只有一个标准,应该在乡村旅游地旅游开发中,硬件设施必须完善的基础上,建立"差异性"的旅游质量衡量与评价指标体系。强化乡村文化特色,突出人文景观的乡村风格,维持并发展"异域"的形体特征,使乡村旅游地的文化底蕴有所依托,得到自身与外来旅游者共同的心理认同。

4.建立与完善文化自我保护传承机制

制定相应政策扶持乡村建立与完善其文化的自我保护传承机制。全球化是当代不可阻挡的一种潮流。"不可阻挡"只表明当代历史发展的一种趋势,却未必表明它来自人类理性的、负责任的判断和评价,也许正是这种趋势生长出"畸形的果子",就像我们无法阻止世界范围的战争和恐怖主义,却不能说它们符合"道德和道理"一样。文化的影响是相互的,但由于在一个国家乃至世界文化体系中,文化的地位差异使文化彼此间的相互作用不同。乡村文化的弱势地位,使之在发展中不得不成为一种保护对象。

因此,在乡村旅游可持续发展中,要充分保护弱势群体的利益,建立最广泛的民众参与机制,比如可以通过全体村民全体表决等,形成防范各种毁损乡村文化的监督制约机制,使之在旅游发展中发现自身文化的价值,树立民族自信心,要通过引导社区居民正确认识传统乡村文化的价值和作用,充分挖掘农村传统民间文化的精髓,激发农村文化的活力。乡村文化建设不仅要服务社区居民,更重要的是要调动社区居民传承和创造文化的积极性,使其成为新农村文化建设的主体。要积极培养社区居民文化骨干,帮助他们提高业务素质,以促进新农村文化事业的发展。要注重民间文化艺术的挖掘、整理、保护和利用。充分发掘各地的人文资源、传统文化、民俗文化、民间艺术资源,开展"民间艺术之乡""特色艺术之乡"和"民间艺术大师""民间工艺大师"等评选活动,对乡村传统文化生态保持较完整并具有特殊价值的村落或特定区域进行动态整体性保护,积极开发具有传统和地域特色的剪纸、绘画、陶瓷、泥塑、雕刻、编织等民间工艺项目,以及戏曲、杂技、花灯、龙舟、舞狮舞龙等民间艺术和民俗表演项目,培育一批文化名镇、名村、名园、名人、名品,把挖掘光大本土民间文化优良传统与乡村旅游发展结合起来,使传统民间文化显现出其固有的多重功能,保持其旺盛的生命力。

(二)企业经营

1. 促进文化整合,创新旅游产品

每一种文化由于其地域上的适应特征和悠久的历史传统都不可能被完全覆盖和替代,外来文化总是以各种方式被整合,成为本土文化的一部分。在经济现代化所诱发的文化现代化过程中,某些传统被抛弃是正常的现象,旅游活动中,传统文化(吸引旅游者前来游玩的旅游地文化)与外来文化之间的不断冲突和融合,通过选择性吸收和适应性整合,直到转变为旅游者所满意的旅游文化。

对以乡村文化为主要资源的旅游产品形式进行重新设计。现有乡村文化

旅游产品大多为观光型旅游产品,刺激了文化向"浅表性"和"商业性"变化。应该考虑旅游行为文化与地方文化的渗透,使旅游者由现在单纯的"猎奇"消费观转向"理解"和"探索"消费观,旅游方式由观光为主转向以"生活参与"为主。综合考虑乡村的自然景观不适于发展单纯性的观光旅游,而一些历史遗迹也呈片段式的零散分布,民族风情需要有一定的时间才能体验……所以必须创新一种既适合大众参与的,又充分体现乡村文化特色的旅游产品。目前,可开发项目参考主题有生活体验之旅、生产仿真之旅、农事教育之旅、生态示范之旅、民俗娱乐之旅等。

2. 挖掘文化内涵,注重氛围营造

旅游景观之所以区别普通的景观设计,在于旅游项目的景观本身就是旅游吸引力的重要组成部分,甚至是其最重要的部分,是项目的基础或卖点。因此,旅游项目的景观设计,必须服务于旅游项目的"主题"定位,形成项目的独特吸引力,凸显"独特性卖点",形成品牌。

任何旅游项目的运营,都需要进行主题整合,形成鲜明的主题内容,树立独特性,并达到品牌的统一性和特色化。可以说,主题是品牌运作的基础,没有主题的旅游项目将会是一盘散沙。好的文化主题,让营销、管理运作人员可以不断地挖掘和创新出新的内涵和游憩项目,来充实整个旅游项目。旅游项目设计,则需要通过主题定位,进而实现产品的整合。因此,管理人员应该深入挖掘文化内涵,实现景观设计的"主题化",在项目主题定位后,确定旅游景观如何围绕主题进行设计,所有的旅游景观都应该围绕主题进行展开,才能达到整体景观的最佳效果,从而形成独特的乡村旅游氛围。

3. 注重地方特色,树立鲜明意象

乡村旅游的强大动力来源于乡村意象鲜明的乡村,意象是乡村旅游得以开展的巨大财富。乡村意象是一项极为重要的无形的旅游资源,它在乡村旅游中所起的作用,如同城市中的标志性建筑所起的作用一样,是其他事物所无法比拟的。乡村意象强调的是乡村的一种整体氛围,而这种整体氛围的体现,必须靠本地塑造和对外传播两方面结合才能够完成。所以,在乡村旅游开发中,一方面必须有意识地在乡村塑造一种"可印象性"的整体氛围;另一方面又必须通过合适的传播方式把它推向市场,影响受众,形成鲜明的乡村意象。

(三)社会参与

1. 加强自觉意识,培养好客文化

加强民族自觉意识,对外来文化做出自身判断,对文化变迁途径和方式进行自主选择。任何文化都是一个独立又完整的体系,为了单一目的去塑造或改变一种文化都会导致该文化的正常发展受到阻碍,降低其运作效率。当前乡村旅游地所出现的文化变迁实质上是城市文化的移植后果。乡村旅游发展中的"乡村文化复兴"本质是站在城市文化立场上对"异文化"的审视和再造,反映出"异文化"对城市文化的附和,这就意味着其自身丧失了再生产能力。但乡村文化是长期对其生存环境适应的结果,有其存在价值和利用价值,为充分合理地利用当地资源提供了多种可能,因此,要充分尊重乡村居民对文化的判断和对文化自由选择的权利,提高他们的自觉意识,为他们提供文化自由发展的空间,维护其自我发展的轨道,使他们能够自觉地选择、采借、吸收、适应、整合外来文化,实现本土文化的传承与发展。总之,变与不变,如何变等一系列问题的解决,取决于民族对自身文化的理解和认识,取决于是否有利于自身的发展与壮大。

乡村好客文化是乡村文化在对外来旅游者的态度、方式、内容等方面上的综合表现。乡村好客文化的基本内容包括接待礼仪、社会风气和乡村景观。接待礼仪和社会风气是乡村好客文化的人文载体,是游客获得体验的最主要因素,乡村景观是物质载体,是游客到达乡村旅游目的地得到的第一印象,三者相辅相成,相互制约。

好客文化构成乡村旅游吸引力的"核",是乡村旅游的核心竞争力,是乡村旅游人文魅力的最佳代表。应该通过服务质量、旅游营销方式等多方面实现好客文化价值,将其作为乡村旅游市场的卖点和乡村文化传播的途径。

2. 创造沟通机会,加强社会参与

尽量为乡村旅游地与专家和社会群体创造沟通机会,聘请专家作为乡村旅游地文化发展顾问,通过专家和社会群体的参与,可以有以下几个方面的作用得以发挥。

第一,专家和社会群体可以深刻挖掘乡村旅游地的文化内涵。

第二,专家和社会群体可以就如何来开发以及如何用合适的方式来影响受众提出建设性见解。

第三,学者和社会群体还可以为政府对乡村旅游的宏观管理以及乡村旅游文化可持续发展的战略提供咨询意见与一定的帮助。这样可以保存和合理开发旅

游产品的文化素材,使乡村旅游和乡村文化的弘扬紧密结合,促进乡村旅游产品的不断创新,促进乡村旅游的可持续发展。

第四节　美丽乡村旅游振兴的可持续发展研究

一、美丽乡村与乡村旅游的关系

美丽乡村建设较早提出来,有关的研究也相对较多一点,理论研究和实践经验也更加成熟。新农村建设和美丽乡村建设虽在提法和外延上有所不同,但内涵和目标实属一致,研究美丽乡村建设和乡村旅游可持续发展的互动关系,可以借鉴新农村建设和乡村旅游可持续发展的关系研究。

乡村建设与乡村旅游之间存在互动的关系。目前对二者关系的研究主要是定性研究,定量研究相对较少。为了更好地建设农村和发展乡村旅游,要对他们的关系进行深入研究,以实现二者共同发展。美丽乡村建设首先涉及的是房屋、道路等基础设施,基础设施的改善能够帮助乡村旅游的发展,乡村旅游能带动乡村地区的经济、政治、文化和生态的和谐发展,提高居民的满意度和幸福感,对乡村建设和乡村旅游进行定量化研究,发现二者之间的共性和异性,从而构建协同机制,共同促进乡村的发展,进而实现美丽中国梦。

二、美丽乡村与乡村旅游可持续发展的关系

美丽乡村建设和乡村旅游可持续发展的最终目的是一致的,即改善人民生活水平,增强居民幸福感。为了达到共同的目的,有必要去分析它们两者的关系,并找到二者共赢的平衡点,使得二者相互促进,共同实现改善人民生活,增强居民幸福感的目标。美丽乡村建设不当,破坏了乡村性,会影响乡村旅游及其可持续发展。在这里主要从居民对乡村性的认知视角出发,对美丽乡村建设和乡村旅游可持续发展关系进行分析研究,发现二者的相关关系。

美丽乡村建设影响乡村旅游可持续发展,乡村旅游也对美丽乡村建设产生重要影响,二者相互促进,相互影响。乡村旅游发展有助于增加就业岗位,解决农村剩余劳动力的就业问题,维护社会稳定,乡村旅游带动乡村经济发展,增加乡村旅游收入,缩小城乡差距,乡村居民参与乡村旅游,共享利益,他们具有主动保护环境的意识,从而有效地解决乡村地区的环境卫生问题。因此,美丽乡村建设与乡村旅游可持续发展具有密不可分的关系。

参 考 文 献

[1]王爱忠.乡村旅游发展与文化创新研究[M].北京:新华出版社,2018.

[2]徐虹.双创环境下京津冀休闲农业与乡村旅游可持续发展研究[M].北京:中国旅游出版社,2018.

[3]李晓琴.四川省旅游扶贫模式创新与实践研究[M].成都:四川大学出版社,2018.

[4]张建永.湘西自治州乡村旅游发展研究[M].北京:经济科学出版社,2018.

[5]四川省旅游培训中心.乡村旅游创新案例乡村旅游操盘手实录与经验分享[M].北京:中国旅游出版社,2018.

[6]王洋.旅游与乡村振兴研究[M].北京:中国纺织出版社,2018.

[7]高小茹.全域旅游视角下的乡村旅游产业发展研究[M].北京:北京工业大学出版社,2018.

[8]郭屹岩,郑辽吉.绿道与乡村旅游转型升级发展[M].北京:中国商业出版社,2018.

[9]陈杰.中外乡村旅游之比较研究[M].长春:吉林出版集团股份有限公司.2018.

[10]石培华,黄萍.乡村旅游发展的中国模式[M].北京:中国旅游出版社,2018.

[11]朱寅健.上饶乡村旅游扶贫实践研究[M].北京:中国旅游出版社,2018.

[12]张广瑞,魏小安,刘德谦.中国旅游发展分析与预测2017年—2018年中国社会科学院旅游研究中心研究报告[M].北京:社会科学文献出版社,2018.

[13]宋瑞,金准,李为人,等.2018—2019年中国旅游发展分析与预测[M].北京:社会科学文献出版社,2018.

[15]张霞,王爱忠,张宏博.生态经济视阈下的乡村旅游开发与管理研究[M].成都:电子科技大学出版社,2018.